MARTIN ALBERTS

Die Feststellung doppelt relevanter Tatsachen in der strafprozessualen Revisionsinstanz

Münsterische Beiträge zur Rechtswissenschaft

Herausgegeben im Auftrag der Rechtswissenschaftlichen Fakultät
der Westfälischen Wilhelms-Universität in Münster durch die Professoren
Dr. Hans-Uwe Erichsen Dr. Helmut Kollhosser Dr. Jürgen Welp

Band 41

Die Feststellung doppelt relevanter Tatsachen in der strafprozessualen Revisionsinstanz

Von

Martin Alberts

Duncker & Humblot · Berlin

CIP-Titelaufnahme der Deutschen Bibliothek

Alberts, Martin:
Die Feststellung doppelt relevanter Tatsachen in der strafprozessualen Revisionsinstanz / von Martin Alberts. — Berlin: Duncker u. Humblot, 1990
(Münsterische Beiträge zur Rechtswissenschaft; Bd. 41)
Zugl.: Münster, Univ., Diss., 1989
ISBN 3-428-06819-X
NE: GT

D 6

Druck: Alb. Sayffaerth – E. L. Krohn, Berlin 61
Printed in Germany

ISSN 0935-5383
ISBN 3-428-06819-X

Für meine Eltern

und meine Familie

Vorwort

Die Arbeit hat der Rechtswissenschaftlichen Fakultät der Westfälischen Wilhelms-Universität zu Münster als Dissertation vorgelegen.

Die Anregung zu diesem Thema erhielt ich von Herrn Prof. Dr. Jürgen Welp, dem ich für seine Unterstützung und Förderung herzlich danken möchte. Mein weiterer Dank gilt den Herausgebern, die die Arbeit in die Schriftenreihe aufgenommen haben, und der Westfälischen Wilhelms-Universität für die Gewährung eines Druckkostenzuschusses.

In guter Erinnerung wird mir auch meine Zeit als wissenschaftlicher Mitarbeiter und die Zusammenarbeit mit meinen Arbeitskollegen am Institut für Kriminalwissenschaften bleiben.

Münster, September 1989

Martin Alberts

Inhaltsverzeichnis

3. Kapitel

Die in Rechtsprechung und Literatur zur Doppelrelevanz vertretenen Auffassungen und ihre kritische Würdigung 50

4. Kapitel

Die Zulässigkeit des Freibeweises als Legitimation der Bindungswirkung bei doppelt relevanten Tatsachen 86

Abkürzungsverzeichnis

a. A.	anderer Ansicht
a. a. O.	am angegebenen Ort
Abs.	Absatz
AcP	Archiv für die civilistische Praxis
a. E.	am Ende
a. F.	alte Fassung
allg.	allgemein
Alt.	Alternative
a. M.	anderer Meinung
Anm.	Anmerkung
AnwBl.	Anwaltsblatt
Art.	Artikel
Aufl.	Auflage
BayOblG	Bayerisches Oberstes Landesgericht
BayOblGSt	Entscheidungen des Bayerischen Obersten Landesgerichts in Strafsachen
Bd.	Band
BGBl.	Bundesgesetzblatt
BGH	Bundesgerichtshof
BGHSt	Entscheidungen des Bundesgerichtshofes in Strafsachen
BGHZ	Entscheidungen des Bundesgerichtshofes in Zivilsachen
BL	Baumbach / Lauterbach, Kommentar zur Zivilprozeßordnung
BT-Drucks.	Drucksachen des Deutschen Bundestages
BVerfGE	Entscheidungen des Bundesverfassungsgerichts
BVerwGE	Entscheidungen des Bundesverwaltungsgerichts
bzw.	beziehungsweise
(D)	bei Dallinger
DAR	Deutsches Autorecht
Diss.	Dissertation
DJ	Deutsche Justiz
DJT	Deutscher Juristentag
d. h.	das heißt
DVBl	Deutsches Verwaltungsblatt
Einl.	Einleitung
f., ff.	folgende
FGG	Gesetz über die Angelegenheiten der freiwilligen Gerichtsbarkeit
FN	Fußnote
FS	Festschrift
GA	Goltdammer's Archiv für Strafrecht
GerS	Der Gerichtssaal
GG	Grundgesetz

GVG	Gerichtsverfassungsgesetz
(H)	bei Holtz
h. A.	herrschende Ansicht
h. L.	herrschende Lehre
h. M.	herrschende Meinung
HRR	Höchstrichterliche Rechtsprechung
hrsg. v.	herausgegeben von
i. d. R.	in der Regel
insb.	insbesondere
i. S. d.	im Sinne des
i. S. v.	im Sinne von
i. V. m.	in Verbindung mit
JA	Juristische Arbeitsblätter für Ausbildung und Examen
JGG	Jugendgerichtsgesetz
JR	Juristische Rundschau
JuS	Juristische Schulung
JW	Juristische Wochenschrift
JZ	Juristenzeitung
Kap.	Kapitel
KK	Karlsruher Kommentar zur Strafprozeßordnung
KMR	Loseblattkommentar zur Strafprozeßordnung, herausgegeben von Müller / Sax / Paulus
KO	Konkursordnung
Lehrb.	Lehrbuch
Lehrk.	Lehrkommentar
LG	Landgericht
Lit.	Literatur
LK	Leipziger Kommentar zum Strafgesetzbuch
LM	Lindenmaier / Möhring, Nachschlagewerk des Bundesgerichtshofs
LR	Löwe / Rosenberg, Kommentar zur Strafprozeßordnung und zum Gerichtsverfassungsgesetz
LZ	Leipziger Zeitschrift für Deutsches Recht
mat.-rechtl.	materiell-rechtlich
MDR	Monatsschrift für Deutsches Recht
m. w. N.	mit weiteren Nachweisen
NJW	Neue Juristische Wochenschrift
Nr.	Nummer
NStZ	Neue Zeitschrift für Strafrecht
OLG	Oberlandesgericht
OLGSt	Entscheidungen der Oberlandesgerichte zum Straf- und Strafverfahrensrecht
OWiG	Gesetz über Ordnungswidrigkeiten
Rdn.	Randnummer
RG	Reichsgericht
RGBl.	Reichsgesetzblatt
RGSt	Entscheidungen des Reichsgerichts in Strafsachen
Rspr.	Rechtsprechung
sog.	sogenannte
SchlHA	Schleswig-Holsteinische Anzeigen

Sch-Sch	Schönke/Schröder, Kommentar zum Strafgesetzbuch
SchwurGG	Schwurgerichtsgesetz
SK	Systematischer Kommentar zum Strafgesetzbuch
s.o.	siehe oben
StGB	Strafgesetzbuch
StJ.	Stein/Jonas, Kommentar zur Zivilprozeßordnung
StPO	Strafprozeßordnung
StraffreiheitsG	Straffreiheitsgesetz
StrV	Strafverteidiger
Verh.	Verhandlungen
vgl.	vergleiche
Vorbem.	Vorbemerkung
VRS	Verkehrsrechtssammlung
VwGO	Verwaltungsgerichtsordnung
WM	Wertpapiermitteilungen
z.B.	zum Beispiel
zit.	zitiert
ZPO	Zivilprozeßordnung
ZStW	Zeitschrift für die gesamte Strafrechtswissenschaft
ZZP	Zeitschrift für Zivilprozeß

Einleitung

Die Abgrenzung der Tätigkeitsbereiche des Revisionsgerichts einerseits und des Tatgerichts andererseits gehört zu den zentralen Problemkreisen des strafprozessualen Revisionsrechts. Unbestritten ist lediglich, daß sich aus § 337[1] jedenfalls die Befugnis des Revisionsgerichts zur Überprüfung des angefochtenen Urteils auf Rechtsfehler herleiten läßt[2].

Umstritten ist jedoch die Befugnis des Revisionsgerichts, die tatsächlichen Feststellungen des angegriffenen Urteils zu überprüfen bzw. eigene Feststellungen zu treffen. Erinnert sei hier nur an die noch nicht abgeschlossene Diskussion darüber, ob und inwieweit der Revisionsrichter den Tatbestand des angefochtenen Urteils unter Gesichtspunkten wie „Verstoß gegen Denkgesetze", „Vollständigkeit der Beweiswürdigung" etc. überprüfen darf[3].

Auch bei der Diskussion der sich daran anschließenden Frage, ob eine genaue Abgrenzung von Tat- und Rechtsfrage überhaupt möglich ist, gehen die Meinungen weit auseinander[4].

Angesichts dieses Streitstandes ist es nicht verwunderlich, daß sich die verschiedenen Revisionstheorien, die die Grenzen der Revisibilität zu bestimmen suchen, im Ergebnis insbesondere darin unterscheiden (wenn sie nicht sogar lediglich eine andere dogmatische Herleitung ein und desselben Ergebnisses liefern), inwieweit sie dem Revisionsgericht eigene Tatsachenfeststellungen gestatten[5].

Dabei liegt ihnen — unbeschadet der Unterschiede im Einzelfall — folgende, auf der revisionsrechtlichen Trennung von Sach- und Verfahrensrüge beruhende Grundstruktur zugrunde: Im Bereich der Sachrüge, deren Erhebung zur Überprüfung der rechtsfehlerfreien Anwendung des materiellen Rechts auf den vom Untergericht festgestellten Sachverhalt führt, ist dem Revisionsrichter die Überprüfung der zur Schuld- und Straffrage getroffenen Feststellungen grundsätzlich untersagt. Im Bereich der Verfahrensrüge und bei der Feststellung der

---

[1] §§ ohne nähere Bezeichnung sind solche der Strafprozeßordnung.

[2] Vgl. LR(24)-Hanack, § 337 Rdn. 1; Roxin, S. 331; Peters, S. 634.

[3] Vgl. etwa: Fezer, Erweiterte Revision, S. 13 ff.; Schmid, ZStW *85*, 368 ff.

[4] Bejahend u. a.: Roxin, S. 336 ff.; Schünemann, JA *82*, 74 f. Verneinend u. a.: Hanack, a. a. O., Rdn. 2 m. w. N.

[5] Vgl. dazu etwa Peters, S. 648 f., der die Revisibilität der Tatsachenfeststellungen davon abhänig macht, ob dazu eine unmittelbar-mündliche Hauptverhandlung erforderlich ist oder nicht.

Prozeßvoraussetzungen[6] kann der Revisionsrichter dagegen eigene, von den tatrichterlichen abweichende Feststellungen treffen[7].

Mit dieser „Faustformel“ ließe sich die Revisibilität tatsächlicher Feststellungen aber nur dann abschließend bestimmen, wenn alle Tatsachen nur jeweils einem der genannten Bereiche zugeordnet werden könnten. Eine solch eindeutige Zuordnung ist jedoch nicht möglich, weil viele Tatsachen „doppelt relevant“ sind.

Ihre Behandlung in der strafprozessualen Revisionsinstanz und insbesondere die Frage nach der Befugnis des Revisionsgerichts zu eigenständiger Feststellung solcher Tatsachen ist Gegenstand dieser Untersuchung.

---

[6] Darunter werden im folgenden auch die sog. Prozeßhindernisse verstanden.

[7] Vgl. etwa Schlüchter, Rdn. 697 m.w.N.

1. Kapitel

Doppelt relevante Tatsachen — Beschreibung und Eingrenzung des Untersuchungsgegenstands

Da der Begriff der doppelt relevanten Tatsachen für verschiedenartige, in ihrer rechtlichen Problematik unterschiedliche Phänomene benutzt wird und daher mit verschiedenen Vorverständnissen besetzt ist, ist zunächst zu klären, welche Problemkonstellationen im einzelnen Gegenstand der Untersuchung sein sollen.

A. Der Begriff der Doppelrelevanz

Ganz allgemein ist mit Doppelrelevanz der Umstand umschrieben, daß eine Tatsache für mehr als eine Rechtsfrage von Bedeutung ist, ihre Feststellung also (mindestens) zwei verschiedene Rechtsfolgen nach sich ziehen kann.

Die Entscheidungen, die ein Strafgericht zu treffen hat, lassen sich unterteilen in verfahrensleitende Prozeß- und verfahrensabschließende Endentscheidungen. Letztere wiederum können auf Freispruch, Verurteilung oder Einstellung des Verfahrens lauten. Da Freispruch und Verurteilung lediglich verschiedene Ergebnisse desselben Erkenntnisprozesses über Tatsachen und beide „Sachurteil" sind[8], kann Doppelrelevanz dort nur auftreten, wenn man bei verurteilender Entscheidung zwischen Schuld- und Strafausspruch als zwei voneinander zu trennenden Rechtsfolgen unterscheiden will[9]. Die so verstandene Doppelrelevanz ist revisionsrechtlich jedoch weitgehend unproblematisch. Probleme können erst nach Durchlaufen der Revisionsinstanz auftreten. In einer neuen Hauptverhandlung stellt sich die Frage der Bindung des Tatrichters an die im rechtskräftig gewordenen Teil des Urteils enthaltenen Tatsachenfeststellungen[10]. Diese können im Einzelfall mit den Erkenntnissen aus der neuen Tatsachenverhandlung kollidieren, obwohl das Ergebnis widerspruchsfrei sein muß[11].

Es bleibt also „nur" die Dichotomie zwischen Sach- und Prozeßentscheidung. Die Abgrenzung zwischen Sach- und Verfahrensfragen ist nun im Revisions-

[8] Vgl. Roxin, § 46 A, S. 288.

[9] Vgl. BGH *72*, 548; KK-Pikart, § 353 Rdn. 32; Hanack, a.a.O., § 353 Rdn. 28.

[10] Kleinknecht/Meyer, § 353 Rdn. 21 m.w.N.

[11] Vgl. BGH, a.a.O.; KK-Pikart, a.a.O.; LR(24)-Hanack, a.a.O.

recht zwar nicht allgemeingültig definiert. Das Gesetz unterscheidet jedoch zwischen „Sach-" und „Verfahrensrüge", mit der der Rechtsmittelführer den (vermeintlichen) Fehler des Tatgerichts geltend machen muß[12]. Das Gesetz schreibt insoweit dem Rechtsmittelführer die Aufgabe zu, den beanstandeten Fehler der „richtigen" Kategorie zuzuordnen.

Das Gesetz läßt offen, welche Feststellungsbefugnis das Revisionsgericht in bezug auf einfach relevante Tatsachen hat. Für diesen Bereich haben Wissenschaft und Praxis ein Lösungsmodell entwickelt. Danach unterliegen — vereinfacht gesagt — Prozeßtatsachen der eigenen Feststellungsbefugnis des Revisionsgerichts, materiell-rechtlich bedeutsame jedoch nicht[13].

Schließlich ist auch die Frage nach den einzuhaltenden Verfahrensregeln bei der Tatsachenfeststellung umstritten. Es gilt insoweit aber als kleinster gemeinsamer Nenner, daß einfach relevante Prozeßtatsachen freibeweislich ermittelt werden dürfen, Tatsachen zur Schuld- und Straffrage dagegen dem Strengbeweisverfahren unterliegen[14]. Die unterschiedlichen Rechtsfolgen, die an die Zuordnung einer Tatsache zum materiellen bzw. zum Prozeßrecht geknüpft sind, setzen sämtlich voraus, daß die „relevanten" Tatsachen eindeutig zugeordnet werden können.

Tatsachen, die ausschließlich Bedeutung als Grundlage eines Sachurteils haben, sind „einfach relevant" für die materiell-rechtliche Frage der Schuld (und gegebenenfalls der Strafe).

Tatsachen, die ausschließlich für prozessuale Rechtsfolgen von Bedeutung sind, sind ebenfalls „einfach relevant" in bezug auf die entsprechende prozeßrechtliche Entscheidung. Doppelt relevant kann demnach nur eine Tatsache sein, von deren Vorliegen oder Nichtvorliegen sowohl die Entscheidung in der Sache als auch diejenige über Verfahrensfragen abhängt[15].

Da diese Tatsachen sich definitionsgemäß einer eindeutigen Zuordnung entziehen[16], und ihre Existenz vielgestaltig ist, soll im folgenden zunächst versucht werden, sie für die Untersuchung unter rechtlichen Gesichtspunkten zu Fallgruppen zu kategorisieren. Anknüpfungspunkt sollen dabei zunächst die verfahrensrechtlichen Normen sein, deren tatsächliche Voraussetzungen doppelt relevant sein können.

---

[12] Vgl. Roxin, § 53 C, S. 333; Peters, S. 652.

[13] Vgl. Schlüchter, Rdn. 692.1/2; Roxin, a.a.O.

[14] Vgl. LR(24)-Gollwitzer, § 244 Rdn. 3, 4 m.w.N.

[15] Vgl. Meyer in Alsberg/Nüse/Meyer, S. 131; KK-Herdegen, § 244 Rdn. 9; KMR-Paulus, § 244 Rdn. 358; Kleinknecht/Meyer, § 337 Rdn. 6; BGH MDR *56*, 272.

[16] Siehe auch oben Einleitung.

B. Doppelt relevante Tatsachen bei Prozeßvoraussetzungen

Nach überwiegender Ansicht werden unter Prozeß- oder Sachurteilsvoraussetzungen solche Umstände verstanden, von denen die Zulässigkeit des ganzen Verfahrens oder gewisser Verfahrensabschnitte abhängt[17].

In der Hauptverhandlung führt das Fehlen dieser Umstände gem. § 260 Abs. 3 zur Beendigung des Verfahrens durch Einstellungsurteil (= Prozeßurteil) und nicht durch Freispruch (= Sachurteil)[18]. Ihr Vorliegen ist in jeder Lage des Verfahrens, d. h. auch in der Revisionsinstanz, von Amts wegen zu beachten[19]. Die zugrunde liegenden Tatsachen können gleichwohl auch für die Schuld- und Straffrage bedeutsam sein. Wann und in welchem Umfang dies der Fall ist, ist für die verschiedenen Prozeßvoraussetzungen getrennt zu ermitteln.

I. Anwendbarkeit deutschen Strafrechts

Zunächst muß der Beschuldigte der deutschen Gerichtsbarkeit unterfallen. Dies ist nur dann der Fall, wenn auf den zu beurteilenden Sachverhalt deutsches Strafrecht überhaupt Anwendung findet. Die dafür einschlägigen §§ 3-7 StGB sind zwar Teil des materiellen Strafrechts[20]; ihr Vorliegen ist jedoch zugleich auch Prozeßvoraussetzung, da der deutsche Richter nur deutsches Strafrecht anwenden darf[21]. Bei ihrem Fehlen ist daher das Verfahren durch Einstellung und nicht durch Freispruch zu beenden[22].

1. Voraussetzungen des Territorialitätsprinzips als doppelt relevante Tatsache

Zentralvorschrift des Strafanwendungsrechts ist § 3 StGB, wonach das deutsche Strafrecht auf Inlandstaten Anwendung findet. Dadurch wird der Tatort (§ 9 StGB) zum wichtigsten Anknüpfungspunkt der Prüfung der Reichweite des StGB[23]. Der Tatort ist aber auch wesentlicher Teil des historischen Geschehens — d. h. der Tat i. S. d. § 264 —, das der Tatrichter zur Beantwortung der Schuld/Straffrage feststellen muß[24]. Wird er aber (gegebenenfalls) sowohl zur Vorbereitung einer Prozeß- als auch einer Sachentscheidung benötigt, ist er somit doppelt relevant im oben beschriebenen Sinne.

---

[17] Vgl. Schlüchter, Rdn. 367; BGHSt *15*, 287 (290); MDR *85*, 778; LR(23)-Schäfer, Einl. Kap. 11 Rdn. 6; KK-Pfeiffer, Einl. Rdn. 21.

[18] Vgl. Roxin, § 21 D, S. 125; Fezer, Strafprozeß, Bd. I, S. 186.

[19] Vgl. LR(24)-Hanack, § 337 Rdn. 29 m. w. N.; Krause, S. 90/91.

[20] Vgl. Lackner, Vor §§ 3-7, Anm. 6; Oehler, Rdn. 37.

[21] Vgl. Lackner, a. a. O.; Baumann, S. 163; Baumann/Weber, S. 75; Peters, S. 95; Schlüchter, Rdn. 382.

[22] Vgl. Peters, a. a. O.; OLG Saarbrücken, NJW *75*, 506; LG Frankfurt NJW *77*, 508.

[23] Vgl. Oehler, Rdn. 223.

[24] Vgl. LR(24)-Gollwitzer, § 264 Rdn. 26.

2. Voraussetzungen des Personalitätsprinzips als doppelt relevante Tatsache

Ferner verweisen die §§ 5 u. 6 StGB für Auslandstaten auf bestimmte Straftatbestände des besonderen Teils. Von der Feststellung, *daß* dem Täter eine der genannten Straftaten nachgewiesen werden kann, hängt also zugleich die Frage ab, ob deutsches Strafrecht überhaupt anzuwenden ist. So entscheiden z. B. die den Vorsatz im Hinblick auf einen Meineid begründenden Umstände nicht nur über das Vorliegen des § 154 StGB bzw. des § 163 StGB. Vielmehr hängt davon die Strafverfolgung als Ganzes ab, da bei Auslandstaten gem. § 5 Nr. 10 StGB nur der vorsätzliche Falscheid der deutschen Strafgewalt unterfällt.

II. Strafantrag

Die Verfolgung von Straftaten kann ferner von der ordnungsgemäßen Stellung eines Strafantrags abhänig sein.

Wenn auch die Rechtsnatur dieses Instituts nicht unumstritten ist[25], wird bei Fehlen des erforderlichen Antrags heute überwiegend die Einstellung des Verfahrens und nicht der Freispruch als zu wählende Entscheidungsform angesehen und der Strafantrag somit den Prozeßvoraussetzungen zugeordnet[26].

1. Voraussetzungen des Antragserfordernisses als doppelt relevante Tatsache

Doppelt relevante Tatsachen können zunächst bei der Prüfung der Frage auftreten, ob überhaupt ein Strafantrag erforderlich ist. Sie treten insbesondere dort auf, wo aus einer Gruppe gleichartiger Strafvorschriften nur ein Teil (etwa der „Grundtatbestand") auf Antrag verfolgbar ist. So sind z. B. Tatsachen, von denen die materiell-rechtliche Beurteilung einer Körperverletzung als gefährlich (§ 223 a StGB) abhängt, prozessual zugleich für das Erfordernis eines Antrags (bzw. der Bejahung des besonderen öffentlichen Interesses) erheblich[27], da nach § 232 Abs. 1 StGB nur die einfache Körperverletzung ein Antragsdelikt ist. Entsprechendes gilt für die Umstände, die die Gemeinschädlichkeit einer Sachbeschädigung i. S. d. § 304 StGB bzw. die Bauwerkseigenschaft i. S. d. § 305 StGB begründen.

---

[25] Für dessen mat.-rechtl. Natur z. B.: Kaufmann, S. 153; Hegler, ZStW *36*, 229; Bloy, S. 115ff.; Maiwald, GA *1970*, 38; für dessen Doppelnatur z. B.: Schmidhäuser, ZStW *71*, 551; Mayer, S. 167.

[26] Vgl. Sch-Sch-Stree, § 77 Rdn. 8; SK-Rudolphi, Vor § 77 Rdn. 8; Lackner, § 77 Anm. 1 b; Roxin, S. 122; Peters, S. 275; Schlüchter, Rdn. 386; LK-Jähnke, Vor § 77 Rdn. 7ff. mit zahlreichen weiteren Nachweisen.

[27] Vgl. Krause, Rdn. 116.

2. Einhaltung der Antragsfrist als doppelt relevante Tatsache

Gem. § 77 b Abs. 2 StGB beginnt die Antragsfrist mit dem Ablauf des Tages, an dem der Berechtigte von der Tat und der Person des Täters Kenntnis erlangt. Von der Feststellung dieser Tatsache hängt es also ab, ob ein die Verfolgbarkeit begründender rechtzeitiger Antrag vorliegt. Der Zeitpunkt kann aber im Einzelfall mit der Tatzeit zusammenfallen[28]. Der Tatzeitpunkt ist aber wiederum Bestandteil des historischen Vorgangs, den der Tatrichter gem. § 264 als Grundlage des Schuldspruchs festzustellen hat[29].

III. Verjährung

Die Strafverfolgung ist ferner hinsichtlich solcher Taten unzulässig, bei denen Verjährung (§§ 78ff. StGB) eingetreten ist. Ihre Rechtsnatur ist bis heute umstritten[30]. Soweit diese Verfahrensnorm selbst bereits als „doppelt relevant" gilt, ist jedoch unstreitig, daß im Falle eingetretener Verjährung das Verfahren durch Prozeßurteil (= Einstellung) zu beenden ist[31]. Die Verjährung ist also im Hinblick auf diese Rechtsfolge als Prozeßhindernis anerkannt[32].

Die Dauer der Verjährungsfrist richtet sich gem. § 78 Abs. 3 StGB nach der — abstrakt zu beurteilenden — Höchststrafe des in Frage kommenden Delikts. Durch diesen Verweis auf die Strafrahmen der Tatbestände des Besonderen Teils werden deren Voraussetzungen automatisch auch zur Prüfung der Verjährung benötigt und dienen damit einer Prozeßentscheidung. Problematisch wird dies vor allem dort, wo gleichgelagerte Delikte mit unterschiedlichen Strafrahmen ausgestattet sind. So werden z. B. die Mordmerkmale des § 211 doppelt relevant, wenn von ihnen nicht nur die Unterscheidung zwischen den §§ 211 bzw. 212, sondern darüber hinaus auch die Frage möglicherweise bereits eingetretener Verjährung abhängt.

Gem. § 78a StGB beginnt die Frist, sobald die betreffende Tat beendet ist. Dieser Zeitpunkt kann mit demjenigen der Tatausführung zusammenfallen[33]. Seine Feststellung kann sich also mit Ausführungen zum Schuldvorwurf überschneiden[34].

---

[28] Vgl. BGHSt *22*, 90.

[29] Vgl. BGH a.a.O.; MDR *55*, 143 (D).

[30] Für rein prozeßrechtl. Natur: Sch-Sch-Stree, Vorbem. §§ 78ff. Rdn. 3 m.w.N.; BGHSt *2*, 300 (306); *29*, 168; für mat.-rechtl. Natur: Bloy, S. 184ff. m.w.N.; für Doppelnatur: SK-Rudolphi, Vor § 78 Rdn. 10; Dreher/Tröndle, Vorbem. §§ 78ff. Rdn. 4 jeweils m.w.N.

[31] Vgl. etwa Lackner, § 78 Anm. 1 b; LK-Jähnke, Vor § 78 Rdn. 8 m.w.N.

[32] Vgl. Schlüchter, Rdn. 385; Gössel, S. 134; Peters, S. 274; Müller, S. 68; Roxin, S. 122.

[33] Vgl. LK-Jähnke, § 78 a Rdn. 3.

[34] Zu der entsprechenden Konstellation beim Strafantrag vgl. oben 1. Kap. B. II.

IV. Entgegenstehende Rechtskraft und anderweitige Rechtshängigkeit

Im Strafverfahren gilt — Fälle der Wiederaufnahme einmal ausgenommen — der Grundsatz der Einmaligkeit der Strafverfolgung[35]. Ein Verfahren darf nicht betrieben werden, wenn gegen den Beschuldigten entweder wegen derselben Tat schon eine gerichtliche Untersuchung begonnen hat und noch nicht beendet (§ 12) oder bereits eine rechtskräftige Entscheidung ergangen ist (Art. 103 Abs. 3 GG).

Unter „Tat" i. S. d. Definition ist dabei der historische Vorgang gem. § 264 zu verstehen[36], den der Tatrichter auch bei der Feststellung der Schuld- und Straffrage zugrunde legen muß. Damit haben die Tatsachen, die die Tat im Hinblick auf die anstehende „Unberührtheitsprüfung" charakterisieren, zugleich materiell-rechtliche Bedeutung. Dies kann z. B. hinsichtlich der den Fortsetzungszusammenhang begründenden Tatsachen der Fall sein, soweit sie auch zur Prüfung z. B. des Strafklageverbrauchs herangezogen werden müssen[37].

V. Amnestie

Ein Sachurteil — insbesondere ein verurteilendes — darf ferner nur ergehen, wenn die zu beurteilende Tat nicht unter ein Amnestiegesetz fällt[38]. Es gibt zwar keinen feststehenden Typus des Amnestiegesetzes, jedoch lassen sich bestimmte charakteristische Merkmale feststellen.

Häufig erfassen Amnestiegesetze nur einzelne Tatbestände aus einer Gruppe gleichgelagerter. So nahm z. B. das Straffreiheitsgesetz von 1970[39] aus der Gruppe der Körperverletzungsdelikte die Fälle der schweren und derjenigen mit Todesfolge ausdrücklich von der gewährten Straffreiheit aus, § 2 Abs. 3 Nr. 1b StraffreiheitsG 1970. Dadurch werden diejenigen Tatumstände, die die zusätzlichen Tatbestandsmerkmale der nicht erfaßten Delikte ausfüllen (die also z. B. aus einer Körperverletzung i. S. d. § 223 StGB eine schwere i. S. d. §§ 224, 225 StGB werden lassen), sowohl für die Sach- als auch für die Verfahrensfrage erheblich; eine Fallgestaltung, die ja auch schon beim Strafantrag, bei der Verjährung sowie bei der sachlichen Zuständigkeit festzustellen ist[40].

Ferner beschränken fast alle Amnestiegesetze die Straffreiheit auf Taten, die innerhalb eines bestimmten Zeitraums begangen wurden[41]. Mit dieser Be-

---

35 LR(23)-Schäfer, Einl. Kap. 12 Rdn. 14.

36 Vgl. LR(23)-Schäfer, a. a. O. Rdn. 29; BGHSt *23*, 141 (145).

37 Vgl. etwa RG JW *1928*, 2725 Nr. 24.

38 Vgl. LR(23)-Schäfer, Einl. Kap. 12 Rdn. 76; BGHSt *24*, 265.

39 BGBl. I, S. 509 ff.

40 Vgl. oben 1. Kap. B. I.-III.

41 Vgl. § 1 StraffreiheitsG 1970; § 4 des Reichsgesetzes über Straffreiheit vom 20.12.32 (RGBl. I, S. 559); § 1 Abs. 2 des Gesetzes über die Gewährung von Straffreiheit vom 23.04.36 (RGBl. I, S.378).

schränkung kann der Tatzeitpunkt doppelt relevant werden, wenn von ihm nicht nur die Einordnung der Tat als historisches Geschehen, sondern auch die Anwendbarkeit des Straffreiheitsgesetzes abhängt[42].

VI. Verhandlungsfähigkeit

Voraussetzung zur Durchführung eines subjektiven Strafverfahrens ist grundsätzlich[43] ferner, daß der Angeklagte verhandlungsfähig ist. Sie fehlt, wenn der Betroffene aufgrund seiner physischen oder psychischen Verfassung nicht in der Lage ist, der Verhandlung zu folgen, die Bedeutung des Verfahrens sowie der einzelnen Verfahrensakte zu erkennen oder sich sachgemäß zu verteidigen[44].

Haben die Umstände, die zu Zweifeln an der Verhandlungsfähigkeit Anlaß geben, schon zum Zeitpunkt der Tatausführung vorgelegen, kann davon auch die Schuldfähigkeit des Angeklagten (§§ 20, 21 StGB) betroffen sein[45]. In diesen Fällen werden die entsprechenden Tatsachen sowohl für eine Prozeß- als auch für eine Sachentscheidung benötigt.

C. Doppelrelevanz und Rechtsmittelvoraussetzungen

Als Feld für das Auftreten doppelt relevanter Tatsachen kommen auch die Rechtsmittelvoraussetzungen in Betracht. Bei ihrem Fehlen hat das Revisionsgericht eine Prozeßentscheidung (Verwerfung der Revision als unzulässig) zu treffen. Zwar muß der judex a quo, bei dem das Rechtsmittel einzulegen ist (§ 341 Abs. 1), hinsichtlich bestimmter Voraussetzungen gem. § 346 eine eigene Vorprüfung vornehmen[46]; die Prüfungs- und Entscheidungskompetenz des Revisionsgerichts bleibt davon jedoch unberührt[47]. Die Zulässigkeitsvoraussetzungen lassen sich unterteilen in solche, die die Revisionseinlegung, und solche, die die Begründung betreffen.

Der Prüfungsgegenstand der Zulässigkeit der *Revisionseinlegung* sind die Urteilsurkunde und weitere formalisierte Umstände (z. B. Zustellung gem. § 341 Abs. 2). Die diese Zulässigkeitsnormen ausfüllenden Tatsachen berühren die Tat i. S. d. § 264 nicht, sie sind also immer einfach relevant im Hinblick auf die anstehende Prozeßentscheidung.

Zweifelhaft ist, ob die tatsächlichen Voraussetzungen für die Zulässigkeit der *Revisionsbegründung* ebenfalls nur einfach relevant sein können. Einzelne

[42] So auch Meyer, a. a. O.

[43] Das Sonderproblem bewußt herbeigeführter Verhandlungsunfähigkeit soll hier nicht erörtert werden.

[44] Vgl. KK-Treier, § 205 Rdn. 4; LR(23)-Schäfer, Einl. Kap. 12 Rdn. 98; BGH MDR *58*, 141 bei Dallinger.

[45] Vgl. auch Meyer in Alsberg / Nüse / Meyer, S. 131.

[46] Vgl. Kleinknecht / Meyer, § 346 Rdn. 1.

[47] Vgl. LR(24)-Hanack, § 349 Rdn. 1.

Verfahrensrügen sind nur zulässig erhoben, wenn gem. § 344 Abs. 2 S. 2 die die Verfahrensrüge begründenden Tatsachen in der Revisionsbegründungsschrift dargelegt werden. Nun können zwar den (angeblich) verletzten prozeßleitenden Vorschriften doppelt relevante Tatsachen zugrunde liegen. So sind z.B. die familienrechtlichen Verhältnisse des Angeklagten zu einem Zeugen sowohl für die Anwendbarkeit des § 174 Abs. 1 Nr. 3 als auch für die Frage eines Zeugnisverweigerungsrechts nach § 52 von Belang[48]. Im Rahmen der Zulässigkeit wird jedoch weder geprüft noch festgestellt, ob die behaupteten Tatsachen, im Beispielsfall die familienrechtlichen Beziehungen, bestanden oder nicht. Dies ist eine Frage der Begründetheit der Verfahrensrüge. Die Zulässigkeitsprüfung beschränkt sich darauf, ob der behauptete Verfahrensverstoß in der Begründungsschrift schlüssig dargelegt ist[49]. Prüfungsgegenstand ist also auch hier nicht das historische Geschehen i. S. d. § 264, sondern nur die einfach relevante Tatsache der schlüssigen Darlegung.

Im Bereich der Rechtsmittelvoraussetzungen können also doppelt relevante Tatsachen nicht auftreten.

D. Doppelrelevanz bei verfahrensleitenden und sonstigen Prozeßnormen

Neben den Rechtsmittel- und Prozeßvorausetzungen hat das Revisionsgericht schließlich gem. §§ 337, 344 Abs. 2 noch die Einhaltung derjenigen Verfahrensvorschriften zu überwachen, die „lediglich" die Zulässigkeit einzelner Verfahrensabschnitte oder -handlungen betreffen oder den Prozeßbeteiligten bestimmte Verfahrensrechte einräumen. Auch deren Voraussetzungen können zu einer Prozeßentscheidung führen. Stellt das Revisionsgericht den Fehler fest, darf es in der Sache selbst nicht entscheiden, sondern muß das Urteil gem. § 354 Abs. 2 aufheben und die Sache zur erneuten Verhandlung und Entscheidung zurückverweisen. Die zugrunde liegenden Tatsachen können also sowohl für die Prozeßentscheidung als auch die Sachentscheidung relevant sein[50].

I. Zuständigkeitsvoraussetzungen als doppelt relevante Tatsachen

Innerhalb eines Gerichts gleicher Ordnung sind bestimmten Spruchkörpern durch Gesetz besondere Aufgabengebiete zugewiesen (funktionelle Zuständigkeit). Diese gesetzliche Aufgabenzuweisung steht derjenigen durch Geschäftsverteilungsplan so nahe, daß die funktionelle Zuständigkeit im Revisionsverfahren nur auf eine entsprechende Rüge hin zu überprüfen ist[51]; sie ist also — anders als die Prozeßvoraussetzungen — nicht von Amts wegen zu beachten[52]. Ihre

---

[48] Näheres zur Doppelrelevanz in diesem Bereich sogleich unter D.

[49] Vgl. Schlüchter, Rdn. 706ff.

[50] Vgl. oben 1. Kap. A.

[51] Vgl. LR(24)-Hanack, § 338 Rdn. 74ff.; Schlüchter, Rdn. 380 jeweils m. w. N.; a. A. für das Verhältnis Jugend/Erwachsenengerichte OLG Oldenburg NJW *81*, 1384.

Voraussetzungen können auch für die materiell-rechtliche Entscheidung Bedeutung gewinnen.

So sind z. B. die Jugendgerichte gem. § 108 Abs. 1 JGG für Verfahren gegen Heranwachsende zuständig. Auf Heranwachsende sind gem. § 105 JGG aber auch die speziellen Rechtsfolgebestimmungen des Jugendstrafrechts anzuwenden. Damit hängt vom Lebensalter des Angeklagten sowohl die verfahrensrechtliche Zuständigkeitsfrage als auch die Strafzumessungsgrundlage ab; das Lebensalter ist also in diesen Fällen eine doppelt relevante Tatsache[53].

Die Zuständigkeit der Schwurgerichte und der Staatsschutz- bzw. der Wirtschaftsstrafkammern ist gem. den §§ 74 Abs. 2, 74 a, 74 c GVG bei Vorliegen besonderer Straftatbestände des StGB sowie einiger Bestimmungen des Nebenstrafrechts gegeben. Die diese Normen ausfüllenden Tatsachen sind also sowohl materiell-rechtlich als auch verfahrensrechtlich von Bedeutung. Insbesondere sind hier[54] die Fälle zu nennen, in denen für mehrere gleichartige Straftatbestände verschiedene Zuständigkeiten geschaffen wurden. So entscheiden beispielsweise die einen Tötungsvorsatz begründenden Umstände nicht nur über die Anwendung der §§ 222, 230 StBG einerseits oder der §§ 211 ff. StGB andererseits, sondern auch über die Zuständigkeit der allgemeinen Strafkammer bzw. des Schwurgerichts.

II. Unzulässige Vernehmungsmethoden

§ 136a verbietet es, gegenüber dem Beschuldigten bestimmte Manipulationsmittel, insb. Täuschung oder Drohung anzuwenden, um ihn zu einer bestimmten Aussage oder einem gewünschten Verhalten zu bringen. Die einen Verstoß gegen § 136a begründenden Umstände sind dabei nicht nur für die Frage der Verwertbarkeit — also einer Verfahrensfrage — von Interesse. In der Regel beeinflußen sie auch den Beweiswert und damit die richterliche Überzeugungsbildung[55]. Ob diese Verflechtung so weit geht, daß die zugrunde liegenden Tatsachen notwendig immer materiell-rechtlich relevant sind[56], kann hier offenbleiben. Jedenfalls dort, wo eine Beweisgewinnung mittels Drohung oder Gewaltanwendung zu besorgen ist, ist dies regelmäßig nicht nur für die Prüfung des § 136a, sondern auch für die Beweiswürdigung von Bedeutung. Diese Tatsachen sind insoweit immer doppelt relevant[57].

---

[52] Vgl. BGHSt *18*, 83; Rieß, GA *1976*, 22.

[53] Vgl. BGH StrV *82*, 101.

[54] Vgl. zu entsprechenden Konstellationen bei Prozeßvoraussetzungen, 1. Kap. B. II.-IV.

[55] Vgl. Meyer in Alsberg/Nüse/Meyer, S. 131.

[56] Vgl. etwa Schlüchter, Rdn. 474; Többens, S. 50; Bovensiepen, S. 74 FN 4; LR(24)-Hanack, § 136 a Rdn. 68.

[57] Vgl. Schlüchter, a.a.O.

III. Zeugnisverweigerungsrecht

Gem. § 52 haben Angehörige des Beschuldigten das Recht, das Zeugnis zu verweigern. Die Angehörigeneigenschaft ist insoweit also eine prozessual erhebliche Tatsache. Daneben kann sie aber auch strafbegründend zur Ausfüllung eines Tatbestands herangezogen werden müssen. So wird z. B. durch § 174 Abs. 3 StGB nur die Vornahme tatbestandsmäßiger Handlungen an leiblichen oder angenommenen Kindern unter Strafe gestellt. Ferner sind hier die gesetzlich normierten Fälle zu nennen, in denen die Angehörigeneigenschaft des Tatbegünstigten dem Täter einen persönlichen Strafausschließungsgrund verschafft (vgl. etwa §§ 139 Abs. 2, 157, 258 Abs. 6 StGB).

Die zum Nachweis dieser Angehörigeneigenschaft erforderlichen Tatsachen sind in solchen Fällen also doppelt relevant.

IV. Vereidigungsverbote

Gem. § 59 sind Zeugen im Strafverfahren grundsätzlich zu vereidigen. Die wichtigsten Ausnahmen von diesem Grundsatz sind in den §§ 60 und 61 niedergelegt. Gem. § 60 Nr. 1 1. Alt. hat die Vereidigung zu unterbleiben, wenn der Zeuge das sechzehnte Lebensjahr noch nicht vollendet hat. Ein bestimmtes Lebensalter ist daneben aber auch — insb. im Sexualstrafrecht — Tatbestandsvoraussetzung bestimmter Delikte (vgl. § 174 Abs. 1 Nr. 1)[58].

Die Vereidigung ist ferner unzulässig bei Personen, die infolge mangelnder Verstandesreife oder Verstandesschwäche vom Wesen und von der Bedeutung des Eides keine genügende Vorstellung haben, § 60 Abs. 1 2. Alt.. Psychische Defekte des Opfers können aber zugleich Tatbestandsvoraussetzung bestimmter Delikte sein, wie z. B. des Wuchers gem. § 302a StGB oder des sexuellen Mißbrauchs Widerstandsunfähiger gem. § 179 Abs. 1 Nr. 1 StGB. Zwar hat nicht notwendig jede psychische Störung sowohl Eidesunfähigkeit als auch Widerstandsunfähigkeit i. S. d. genannten Vorschriften zur Folge. Wo dies aber der Fall ist, sind die den Defekt begründenden Umstände damit sowohl für eine verfahrensrechtliche als auch für eine Sachentscheidung bedeutsam und damit doppelt relevant.

Weiter ist gem. § 60 Nr. 2 von der Vereidigung abzusehen, wenn der Zeuge der Begehung der Tat, die dem Beschuldigten vorgeworfen wird, oder der Beteiligung an ihr verdächtig oder deswegen bereits verurteilt worden ist. Auf die Beweiswürdigung — und damit auf die Schuldfrage — wirkt sich dieses Vereidigungsverbot insoweit aus, als Aussagen der Zeugen, die wegen ihrer Beziehung zu dem Gegenstand des Verfahrens unvereidigt geblieben sind, nicht selten nur einen geringen Beweiswert haben[59]. Die den Teilnahmeverdacht begründenden Umstände sind also in der Regel doppelt relevant.

---

[58] Vgl. Meyer, a. a. O.

[59] Vgl. LR(24)-Dahs, § 60 Rdn. 13; BGHSt *17*, 134.

Von der Vereidigung eines Zeugen kann nach § 61 Nr. 1 abgesehen werden, wenn er zur Zeit der Vernehmung das sechzehnte, noch nicht aber das achtzehnte Lebensjahr vollendet hat. Wie schon bei § 60 Nr. 1 1. Alt. erörtert, kann auch hier das Lebensalter zugleich als Tatbestandsvoraussetzung bestimmter Normen — etwa des Sexualstrafrechts (vgl. etwa §§ 174 Abs. 1 Nr. 2 oder 175) — oder für die Strafzumessung von Bedeutung sein.

Schließlich kann die Angehörigeneigenschaft i. S. d. § 52 zur Nichtvereidigung gem. § 60 Nr. 3 führen; ferner haben die Zeugen insoweit ein Eidesverweigerungsrecht gem. § 63. Hinsichtlich der möglichen Doppelrelevanz der Angehörigeneigenschaft gilt das oben zu § 52 Gesagte entsprechend[60].

E. Falltypen doppelt relevanter Tatsachen

Die Zusammenstellung der verschiedenen Möglichkeiten für das Auftreten doppelt relevanter Tatsachen hat zweierlei gezeigt:

Erstens ist Doppelrelevanz keine „exotische" und bestenfalls in seltenen Ausnahmefällen anzutreffende Erscheinung. Vielmehr betrifft dieses Phänomen einen großen Teil der vom Revisionsgericht zu überprüfenden Prozeßrechtsnormen; bei manchen von ihnen — etwa den §§ 60 Abs. 2 oder 136 a — ist das Hinübergreifen ihrer Tatsachengrundlage auch in den Schuld- und Strafbereich eher die Regel als die Ausnahme.

Zweitens ist festzustellen, daß Doppelrelevanz — etwa hinsichtlich der Einordnung der betroffenen Normen — verschiedene Bezugspunkte haben kann. Es soll deshalb im folgenden versucht werden, trotz der möglichen Unterschiede in der rechtlichen Beurteilung, die doppelt relevanten Tatsachen unter weiteren rechtlichen und faktischen Gesichtspunkten zu kategorisieren und in Falltypen zusammenzufassen, die die Grundlage der nachfolgenden Untersuchung bilden können.

I. Einteilung nach der Art der betroffenen Prozeßnormen

Die erste Einteilungsmöglichkeit doppelt relevanter Tatsachen betrifft die Art der Prozeßnormen, bei denen sie auftreten können. Diese Rubrizierung lag der vorangegangenen Materialsammlung zugrunde.

Innerhalb der Aufteilung nach Prozeßnormen lassen sich zwei große Untergruppen bilden. Doppelt relevante Tatsachen können sich in verfahrensrechtlicher Hinsicht zum einen auf *Prozeßvoraussetzungen* beziehen und zum anderen auf *verfahrensleitende oder sonstige Prozeßnormen*[61]. Die Unterscheidung zwischen diesen beiden Gruppen ist deshalb zweckmäßig, weil ihre revisionsrechtliche Beurteilung in der Regel zu unterschiedlichen Entscheidungen des

[60] Vgl. 1. Kap. D. III.

[61] Siehe zu dieser Einteilung auch Willms, Heusinger-FS., S. 408.

Gerichts führt. Fehlt eine Prozeßvoraussetzung, ist das Verfahren in der Regel einzustellen; die Verletzung sonstiger Verfahrensnormen hat hingegen die Aufhebung des angefochtenen Urteils und eine erneute Verhandlung zur Folge[62]. Darüber hinaus sind Prozeßvoraussetzungen stets von Amts wegen, sonstige Verfahrensfehler dagegen nur auf entsprechende Rüge zu beachten[63].

II. Einteilung nach quantitativen Unterschieden

Die zweite Unterteilung betrifft den Umfang der Deckungsgleichheit, die bei Doppelrelevanz hinsichtlich der tatsächlichen Grundlagen von Prozeß- bzw. Sachnormen besteht. Zum einen gibt es Fälle, in denen sich die Doppelzuordnung nur überschneidet, also die genannten Tatsachen nur einzelne — häufig nur eines — der Merkmale der jeweiligen Tatbestände betrifft. So liegt es z. B. bei den für das Tatbestandsmerkmal „Lebensalter" festzustellenden Umständen, die dann sowohl für § 60 Nr. 1 als auch für § 174 Abs. 1 Nr. 1 Bedeutung haben[64].

Zum anderen ist es möglich, daß die gesamte für die Sachnorm festzustellende Tatsachengrundlage auch zur Prüfung der Verfahrensnorm benötigt wird, also volle Kongruenz besteht. Dies ist immer dann der Fall, wenn zur Regelung einer bestimmten Verfahrensfrage auf Vorschriften des materiellen Rechts verwiesen wird. Beispiel dafür ist die Frage der Erforderlichkeit eines Strafantrags oder der funktionellen Zuständigkeit[65] des Schwurgerichts[66]. Berücksichtigt man, daß im Rahmen der Sachrüge eine Ermittlungsbefugnis des Revisionsgerichts nach allgemeiner Ansicht[67] ausgeschlossen ist, so liegt auf der Hand, daß dieser Grundsatz durch Fälle der zuletzt beschriebenen Art stärker tangiert werden könnte, als dies bei lediglich vereinzelt auftretenden, doppelt relevanten Tatsachen der Fall ist. Wenn damit auch noch nicht gesagt ist, daß dieser quantitative Unterschied zwangsläufig in einen qualitativen umschlagen muß, so wird man diesen Punkt bei der Problemdiskussion doch zu beachten haben.

---

[62] Vgl. LR(24)-Hanack, § 337 Rdn. 32 u. § 354 Rdn. 7 u. 51.

[63] Vgl. Kleinknecht/Meyer, § 344 Rdn. 6.

[64] Vgl. oben 1. Kap. D. IV.

[65] Siehe oben 1. Kap. B. II. u. D. I.

[66] Többens, S. 104 und NStZ *82*, 184 (186), spricht in solchen Fällen von „gestaffelter Doppelrelevanz", deren Charakteristikum er darin sieht, daß „die Tatsachen zunächst unmittelbar erheblich werden für einen strafrechtlichen Tatbestand, der weiterhin die notwendige Voraussetzung für die Bejahung einer Prozeßvoraussetzung darstellt". Ob ein solches Stufenverhältnis tatsächlich besteht, ist m. E. zweifelhaft. Die von Többens gewählte Reihenfolge widerspricht jedenfalls der von ihm selbst geteilten (vgl. S. 79) Ansicht, wonach Prozeßvoraussetzungen vorrangig vor anderen Fragen zu prüfen sind.

[67] Vgl. LR(24)-Hanack, Vor § 333 Rdn. 4 m. w. N.; a. A. bei in den Akten befindlichen Urkunden Peters, S. 610ff.

III. Einteilung nach unterschiedlichen Sachverhaltsebenen im Schuld- und Strafbereich

Schließlich ist auch im Hinblick auf den materiell-rechtlichen Bereich eine weitere Unterteilung der doppelt relevanten Tatsachen möglich. Zwar ist es in diesem Bereich — anders als bei den Prozeßnormen — wenig sinnvoll, die Unterteilung nach Normgruppen vorzunehmen, da sich insoweit Regelungsunterschiede, wie sie bei jenen feststellbar waren[68], hier nicht auffinden lassen.

Die dem Schuldspruch zugrunde liegenden Feststellungen lassen sich jedoch in drei Ebenen einteilen[69]: Zur ersten gehören die Tatsachen, in denen die Merkmale des angewandten Straftatbestands zu finden sind. Zur zweiten die darüber hinausgehenden zum Tatgeschehen im Sinne des historischen Vorgangs gem. §264. Und zur dritten schließlich die (Hilfs)Tatsachen, aus denen der Beweis für die vorgenannten abgeleitet wird.

Auf allen drei Ebenen können doppelt relevante Tatsachen auftreten. Die erste ist naturgemäß immer dann betroffen, wenn — wie oben beschrieben — in Prozeßvorschriften auf materiell rechtliche Normen Bezug genommen wird. Aber auch Einzeltatsachen, etwa das Lebensalter in § 174 Abs. 1 Nr. 1, können dazu gehören. Hinsichtlich der zweiten Ebene sind insbesondere Tatort und Tatzeit zu nennen. In der dritten schließlich tritt Doppelrelevanz hauptsächlich im Zusammenhang mit verfahrensleitenden Normen auf, wenn sich gewisse Umstände (wie etwa der Teilnahmeverdacht gem. § 60 Nr. 2) auch auf den Wert eines Beweismittels beziehen.

Ließe sich nun nachweisen, daß diese Schichtung (auch) eine Wertigkeitsabstufung im Hinblick auf die Bedeutung der ihnen jeweils zugehörigen Tatsachen für den Schuldspruch enthielte, könnten daraus gegebenenfalls Rückschlüsse hinsichtlich der Überprüfungsbefugnis durch das Revisionsgericht gezogen werden. Auch diese Frage wird also noch näher zu untersuchen sein.

---

[68] Siehe oben 1. Kap. E. I.

[69] Vgl. BGHSt *24*, 274 (275).

2. Kapitel

Umfang und Form der revisionsgerichtlichen Tatsachenüberprüfung

Rechtsprechung und Literatur behandeln die Doppelrelevanz durchgehend als Ausnahmefall der ansonsten vertretenen Abgrenzung zwischen revisiblen und irrevisiblen Tatsachen[70]. Dabei werden zwei, vom Ansatz her völlig unterschiedliche Lösungswege vertreten, deren Hauptanliegen wie folgt (und hier notwendig vergröbernd) thesenartig vorangestellt werden könnte. Der erste (Trennungsmodell) bestimmt die Feststellungsbefugnis des Revisionsgerichts ausschließlich nach der Rechtsnatur der zu treffenden Entscheidung und läßt daneben die Doppelzuordung außer acht. Der zweite (Vereinheitlichungsmodell) will in jedem Fall sicherstellen, daß die doppelt relevante Tatsache sowohl hinsichtlich ihrer prozessualen als auch ihrer materiell-rechtlichen Funktion einheitlich festgestellt wird, wobei verschiedene Wege zur Erreichung dieses Zieles beschritten werden. Zum einen wird — insbesondere für den Strafprozeß — die Funktionsverteilung zwischen Tat- und Revisionsgericht herangezogen. Andere stellen die unterschiedlichen Beweisverfahren für Prozeßtatsachen einerseits und materiell-rechtliche andererseits in den Vordergrund[71]. Die Stichhaltigkeit der dabei vorgebrachten Argumente kann aber erst überprüft werden, wenn zuvor die dazu grundsätzlich vertretenen Positionen dargestellt werden. Es ist also zunächst zu fragen, wo die Grenze der Revisibilität bei einfach relevanten Tatsachen zu ziehen ist. Danach ist zu untersuchen, in welcher Form die vom Revisionsgericht zu ermittelnden Tatsachen festgestellt werden und welche Unterschiede zum tatrichterlichen Beweisverfahren sich gegebenenfalls feststellen lassen.

A. Prüfungsbefugnis in bezug auf materiell-rechtlich relevante Tatsachen

Gem. § 337 kann die Revision nur darauf gestützt werden, daß das Urteil auf einer Verletzung des Gesetzes beruht. Zwar läßt sich dieser Norm nicht entnehmen, dem Revisionsgericht sei die Prüfung des Tatsächlichen prinzipiell untersagt; einer solchen Interpretation steht schon § 344 Abs. 2 S. 2 entgegen, aus dem sich die Befugnis des Revisionsgerichts zur Überprüfung der zur Begründung eines Verfahrensverstoßes vorgetragenen Tatsachen ergibt[72]. We-

[70] Vgl. oben 3. Kap. B. u. C.

[71] Vgl. zum Ganzen oben 3. Kap. C. III.

[72] Vgl. LR(24)-Hanack, § 337 Rdn. 66; Roxin, S. 333.

nigstens für den Bereich der Sachrüge scheint aber damit die Überprüfung der tatsächlichen Feststellung des tatrichterlichen Urteils ausgeschlossen zu sein. Dies setzt jedoch voraus, daß zwischen Gesetzesverletzung einerseits und unrichtiger Tatsachenfeststellung andererseits eindeutig unterschieden werden kann. Ob dies möglich ist und wo gegebenenfalls im Bereich der Sachrüge die Grenze der Revisibilität zu ziehen ist, ist jedoch streitig.

I. Abgrenzung nach Tat- und Rechtsfrage

Eine der zu dieser Frage vertretenen Grenzziehungen ist die zwischen Tatfrage einerseits, die der revisionsrichterlichen Nachprüfung entzogen sein soll, und Rechtsfrage andererseits[73].

Letztere soll immer dann vorliegen, wenn unter Rechtsbegriffe, d.h. im Rahmen der Rechtssprache verwendete Ausdrücke, subsumiert, erstere, wenn ein Sachverhalt in Alltagsbegriffen beschrieben wird[74]. Die Rechtsbegriffe sollen dabei „je nach Merkmalsvielfalt des zur Entscheidung anstehenden Sachverhalts durch immer konkretere Definitionen und Sub-Definitionen so weitgehend ausdifferenziert werden, bis die Identifikation des festgestellten Sachverhalts mit den dem Rechtsbegriff aus Rechtsgründen unterfallenden Sachverhalten ohne Schwierigkeiten möglich ist."[75]

Ob damit — insb. hinsichtlich unbestimmter Rechtsbegriffe — eine brauchbare Abgrenzungsformel geschaffen wurde, erscheint zweifelhaft; ist doch die Unterscheidung zwischen Rechts- und Alltagsbegriffen zunächst nichts anderes als die lediglich terminologisch „überarbeitete" Wiederholung der Ausgangsfrage nach der Abgrenzbarkeit von Tat- und Rechtsfrage. Die in der revisionsgerichtlichen Praxis übliche Überprüfung der Urteilsfeststellungen auf die Einhaltung von Denkgesetzen und Erfahrungssätzen[76] läßt sich damit jedenfalls nicht rechtfertigen, da es sich bei beiden jedenfalls nicht um Rechtsnormen handelt[77]. Ihre Überprüfung sehen die Vertreter dieser Auffassung daher auch nur kraft Gewohnheitsrechts[78] als zulässig an bzw. betrachten sie als „Notlösung" bis zur Neufassung des Rechtsmittelsystems[79].

---

[73] Vgl. Roxin, S. 336f.; Schünemann, JA *82*, 71 (74); so im Grundsatz auch Henke, S. 137ff.; ebenfalls logisch-begriffliche Abgrenzungskriterien benutzen die Autoren, die sich dabei der Begriffspaare Tatsachenfeststellung/-bewertung (so z.B. Mannheim, S. 37ff.) bzw. Tatsachenfeststellung/rechtliche Würdigung (so z.B. Manigk, S. 125ff.; auch Mezger, S. 114ff.) bedienen. Da sich die so gewonnenen Theorien im Ergebnis nicht wesentlich von der aus Tat-/Rechtsfrage abgeleiteten unterscheiden, werden sie nicht gesondert dargestellt.

[74] Vgl. Schünemann, a.a.O.

[75] Vgl. Schünemann, a.a.O. S. 74/75.

[76] Vgl. etwa BGHSt *3*, 215; *6*, 72; weitere Nachweise bei Schmid, ZStW *85*, 360 (375) FN 30.

[77] Vgl. Sarstedt/Hamm, Rdn. 339, 362.

[78] Vgl. Roxin, S. 336 a.E.

II. Teleologische Abgrenzungskriterien

Ausgangspunkt der teleologischen Abgrenzungsmethoden ist die Feststellung, Tat- und Rechtsfrage seien einer logischen Trennung unzugänglich[80].

Die Grenzen der Revisibilität lassen sich nach dieser Auffassung daher nur unter Zuhilfenahme des Zwecks des Rechtsmittels — hier also des Revisionszwecks — bestimmen. Dieser wird dabei vor allem in der Gewährleistung der Einheitlichkeit der Rechtsprechung gesehen, die zu erreichen vorrangiges Ziel der Revisionsrechtsprechung sein müsse[81]. Demzufolge soll laut Schwinge derjenige Teil des Urteils revisibel sein, dem Richtliniencharakter innewohne; der übrige, da einzelfallbezogen, irrevisibel[82]. Terminologisch unterschiedlich, jedoch inhaltlich wohl nahezu deckungsgleich, bezeichnet Kuchinke das als revisibel, dessen „Problematik mit Rücksicht auf die generellen Ziele einer bestimmten sachlich-rechtlichen Norm und die spezifischen Zwecke des Prozeßrechts so erheblich ist, daß es als Rechtsfrage gelten muß[83]".

Infolge der „Auswechselung" des durch § 337 Abs. 2 vorgegebenen Begriffs „Rechtsnorm" gegen „Richtlinie" erlaubt diese Ansicht eine Ausweitung der revisionsgerichtlichen Prüfung auch auf die tatsächlichen Grundlagen des Urteils. Da bei einer Richtlinie von den konstitutiven Merkmalen einer Rechtsnorm nur die „Allgemeingültigkeit" vorliegen muß, lassen sich darunter auch verbindliche Regeln der Logik, Denkgesetze und u. U. auch Erfahrungssätze fassen. Deren Einhaltung bei Abfassung der Urteilsgründe läßt sich also nach dieser Ansicht „systemimmanent" überprüfen.

III. Funktionale Abgrenzungskriterien

Eine andere Auffassung in der Literatur will die Abgrenzung zwischen Revisiblem und Irrevisiblem mit Hilfe der dem Tat- bzw. dem Revisionsgericht jeweils zugeordneten, unterschiedlichen Funktionsbereichen vornehmen.

Nach der Vorstellung des Gesetzgebers sei es im wesentlichen Aufgabe des Tatrichters, den richtigen Sachverhalt festzustellen und die Strafe gerecht zu bemessen. Dem Revisionsrichter obliege es dagegen, die Einhaltung der Verfahrensvorschriften und der Prozeßvoraussetzungen sicherzustellen; weiter habe er zu prüfen, ob sich das Ergebnis der tatrichterlichen Tätigkeit im Rahmen des Vertretbaren halte, die Rechtsanwendung zutreffe und der gewählte Strafausspruch angemessen sei[84].

---

[79] Vgl. Schünemann, a.a.O. S. 126.

[80] Vgl. Schwinge, S. 56/7; Hanack, S. 142; Kuchinke, S. 67ff.

[81] Vgl. Schwinge, S. 26ff.; Kuchinke, S. 113/4.

[82] Vgl. Schwinge, S. 48-53.

[83] Vgl. Kuchinke, S. 126.

[84] Vgl. LR(24)-Hanack, § 337 Rdn. 5; Kleinknecht/Meyer, Vor § 333 Rdn. 2, 3; KK-Pikart, Vor § 333 Rdn. 1 und § 337 Rdn. 3.

Im Rahmen dieser — teilweise undeutlichen — Zuständigkeitszuweisung wird das Revisionsgericht auch hier für befugt gehalten, die Tatsachengrundlage des angefochtenen Urteils auf die Einhaltung von Denkgesetzen und Erfahrungssätzen zu überprüfen[85]. Insoweit kommt also auch diese Ansicht zu denselben Ergebnissen wie die schon oben dargestellten.

IV. Die Rechtsprechung

Die Rechtsprechung hat es bisher vermieden, sich einem bestimmten der oben vorgestellten Abgrenzungsmodelle anzuschließen, was angesichts der nur geringen Trennschärfe, die sich mit ihnen erzielen läßt, auch nicht verwunderlich ist. Im Bereich der Sachrüge hält die Revisionsrechtsprechung zwar grundsätzlich an der These von der Revision als einem auf die Korrektur von Rechtsanwendungsfehlern gerichteten Rechtsmittel fest; die „Einbrüche" ins Tatsächliche sind jedoch zahlreich[86]. Allen gemeinsam ist, daß sie die Tauglichkeit der tatrichterlichen Urteilsgrundlage für die „eigentliche" Rechtsfehlerprüfung sicherstellen wollen[87]. Dazu hat die Revisionsrechtsprechung bestimmte Fallgruppen von schon auf die Sachrüge hin zu beachtenden Fehlern entwickelt, die gemeinhin unter dem Oberbegriff „Darstellungsrüge" zusammengefaßt werden[88].

Die erste betrifft die Vollständigkeit und Verständlichkeit der tatrichterlichen Sachdarstellung. Als materiell fehlerhaft gilt nicht nur ihr völliges Fehlen (wodurch § 338 Nr. 7 1. Alt. praktisch bedeutungslos wird). Aufgehoben wird das Urteil vielmehr auch dann, wenn der untergerichtliche Sachverhalt Widersprüche[89], Unklarheiten[90] und Lücken[91] aufweist.

Weiter werden die Feststellungen des Tatrichters — vor allem diejenigen zur Beweiswürdigung — im Hinblick auf die Einhaltung der Denkgesetze oder wissenschaftlicher Erkenntnisse geprüft[92]. Unabhänig von der Frage, ob es sich bei ihnen um Rechtsnormen i. S. d. § 337 Abs. 2 handelt, führen Verstöße zur Aufhebung des Urteils schon auf die Sachrüge hin[93].

Entsprechendes gilt bei Nichteinhaltung sog. allgemeingültiger Erfahrungssätze durch den Tatrichter[94]. Darunter werden Regeln verstanden, die aufgrund

---

[85] LR(24)-Hanack, § 337 Rdn. 5.

[86] Vgl. zur statistischen Häufigkeit Rieß, NStZ *82*, 49 ff.

[87] Vgl. dazu etwa LR(24)-Hanack, § 337 Rdn. 121.

[88] Vgl. LR(24)-Hanack, a.a.O Rdn. 120.

[89] Vgl. BGHSt *19*, 34.

[90] Vgl. BGHSt *14*, 165.

[91] Vgl. BGHSt *15*, 3.

[92] Vgl. BGHSt *3*, 215; *6*, 72; weitere Nachweise bei Schmid, ZStW *85*, 360 (375) FN 30.

[93] Vgl. dazu etwa BGHSt *6*, 70, wo die Rechtsnormeigenschaft bejaht wurde; dagegen z. B. Sarstedt/Hamm, Rdn. 339, 362.

allgemeiner Lebenserfahrung oder wissenschaftlicher Erkenntnis gewonnen wurden und mit an Sicherheit grenzender Wahrscheinlichkeit gelten, so daß tatsächliche Ausnahmen schlechthin ausgeschlossen erscheinen[95]. Bei nicht allgemeingültigen Erfahrungssätzen, d.h. solchen, die zwar einen typischen Geschehensablauf beschreiben, jedoch Ausnahmen zulassen[96], überprüft das Revisionsgericht immerhin noch, ob sie im tatrichterlichen Urteil unzulässig verallgemeinert wurden oder ob der Tatrichter ohne zureichende Begründung von ihnen abgewichen ist[97].

Drittens (schließlich) findet auf die Sachrüge hin noch eine Art „Plausibilitätskontrolle" des tatrichterlichen Urteils statt. Dabei überprüfen die Revisionsgerichte, ob die angefochtene Entscheidung naheliegende andere Möglichkeiten des Tatgeschehens nicht beachtet hat[98]. Der Tatrichter ist zwar nicht verpflichtet, jeder nur theoretisch denkbaren Möglichkeit der Fallgestaltung nachzugehen; wo jedoch der Sachverhalt dazu drängt, hat er mögliche Alternativen zu berücksichtigen.

Die Durchsicht der bisher vorgestellten Auffassungen zu den Grenzen der Revisibilität im Rahmen der Sachrüge hat gezeigt, daß die Vorstellung von der Revision als einem in diesem Bereich auf die Überprüfung von Rechtsfehlern gerichteten Rechtsmittel weder der Revisionspraxis noch dem Stand der insoweit geführten Theoriendiskussion entspricht. Vielmehr ist weit verbreitet, daß — in Grenzen — auch auf die Sachrüge hin prinzipiell eine Überprüfung der tatrichterlichen Feststellungen stattfindet. Wie groß dabei der Kreis der Kontrollmöglichkeiten zu ziehen ist, ist zwar noch nicht eindeutig geklärt[99]. Als „kleinster gemeinsamer Nenner" aller bisher dargestellten Auffassungen läßt sich jedoch feststellen, daß dort, wo eine Tatsachenkontrolle zugelassen wird, Prüfungsgrundlage immer nur der in der *Urteilsurkunde* festgestellte Sachverhalt ist[100]. Eine Ergänzung oder gar Ersetzung der tatrichterlichen Feststellungen mittels eigener Beweiserhebung ist dem Revisionsgericht nach diesen Auffassungen jedenfalls verwehrt[101].

---

94 Vgl. BGHSt *31*, 89; KMR-Paulus, § 244 Rdn. 27; KK-Pikart, § 337 Rdn. 28; Schlüchter, Rdn. 695.

95 Vgl. LR(24)-Hanack, a.a.O. Rdn. 171; BGH a.a.O.

96 Vgl. BGH StrV *82*, 60; NStZ *81*, 271 u. *82*, 984.

97 Vgl. LR(24)-Hanack, a.a.O. Rdn. 176 m.w.N.

98 Vgl. BGHSt *18*, 207; *25*, 367; bei Holtz, MDR *83*, 793; siehe auch Fezer, S. 130, 143 ff.

99 Vgl LR(24)-Hanack, a.a.O. FN 229 zu Rdn. 121.

100 Vgl. etwa LR(24)-Hanack, a.a.O. Rdn. 101, 132; Roxin, S. 335 f.; Schlüchter, Rdn. 694/5; RG *31*, 232; *54*, 25; BGH *7*, 77; vgl. auch Schmid, ZStW *85* (1973), 367.

101 Vgl. Schmid, a.a.O.; LR(24)-Hanack, a.a.O. m.w.N. In der Rechtsprechung wird gelegentlich die Auffassung vertreten, im Rahmen der Sachrüge dürfe sich der Revisionsrichter durch Augenschein ein Bild vom Inhalt von Abbildungen und Fotos machen, da sonst nicht geprüft werden könne, ob die rechtliche Beurteilung durch das Tatgericht zutreffend sei, vgl. RGSt *61*, 379; BayObLGSt *1970*, 135; OLG Bremen NJW *72*, 1681;

V. Die Leistungstheorie[102]

Die sog. Leistungstheorie[103] dagegen erkennt diese Beschränkung der revisionsrichterlichen Tatsachenüberprüfung auf die in der tatrichterlichen Urteilsurkunde niedergelegten Entscheidungsgründe nicht an. Weil eine unrichtige Anwendung des Gesetzes auch dann vorliege, wenn eine Rechtsnorm auf einen falsch festgestellten Sachverhalt angewendet werde, sei der Versuch, Tat- und Rechtsfrage zu trennen, von vornherein zum Scheitern verurteilt. Maßgebliches Kriterium der Prüfungskompetenz sei allein die „Leistungsfähigkeit" des erkennenden Gerichts. Daher hält sie alle tatrichterlichen Feststellungen — gleichgültig ob prozessualer oder materiell-rechtlicher Natur — für insoweit irrevisibel, als ihre Überprüfung eine erneute Beweisaufnahme nach den Grundsätzen der Unmittelbarkeit und Mündlichkeit erfordern würde, da der Revisionsrichter zur Durchführung einer solchen nicht in der Lage sei.

Im übrigen habe jeder Richter — auch in der Revisionsinstanz — aus Gründen der Gerechtigkeit und Rechtssicherheit die ihm gesetzlich gewährten Leistungsmöglichkeiten voll auszuschöpfen[104].

Konsequenz dieser Auffassung ist im Bereich der Sachrüge vor allem, daß das Urteil aufzuheben ist, wenn sich die Unrichtigkeit einer Tatsache allein aus den Akten entnehmen läßt. So wäre z.B. ein Urteil aufzuheben, das einen Angeklagten wegen Betrugs verurteilt, weil er, obwohl in Vermögensverfall geraten, einen Mietvertrag abgeschlossen hat, wenn sich aus dem in den Akten befindlichen Vertrag ergibt, daß er bereits ein Jahr früher abgeschlossen worden war, als die Vermögensverhältnisse noch geordnet waren[105]. Nach den „herkömmlichen", oben dargestellten Abgrenzungsmodellen dagegen wäre das Revisionsgericht in einem solchen Fall an die tatrichterlichen Feststellungen zum Zeitpunkt des Vertragsschlusses gebunden, da es danach eigene Beweisaufnahmen zur Schuld- und Straffrage nicht durchführen kann[106].

---

weitere Nachweise bei Schmid, a.a.O., S. 893ff. Uneinheitlich ist insoweit die Rspr. des BGH; bejahend BGHSt *22*, 282 (289); verneinend BGHSt *23*, 64 (78); *29*, 18 (22). Diese Ansicht ist abzulehen. Ein Urteil, das den Inhalt einer Abbildung sprachlich nicht genau wiedergibt, kann nach der Rspr. schon wegen Unvollständigkeit aufgehoben werden. Etwas anderes ergibt sich auch nicht aus § 267 Abs. 1 S. 3; vgl. Schlüchter, Rdn. 696; Kleinknecht/Meyer, § 337 Rdn. 14.

[102] Soweit im folgenden von Leistungstheorie gesprochen wird, werden darunter nur diejenigen Auffassungen verstanden, die das Kriterium der Leistungsfähigkeit sowohl auf den materiellrechtlichen als auch auf den prozeßrechtlichen Bereich revisionsrichterlicher Tätigkeit beziehen. Wo hingegen Leistungsgesichtspunkte nur zur Arbeitsaufteilung innerhalb der Sachrüge verwandt werden, ändert dies an der grundsätzlichen Problematik der Doppelzuordnung nichts, vgl. dazu etwa KMR-Paulus, Vor § 333 Anm. 3; Eb. Schmidt, Lehrk. II, § 337 Rdn. 6-8, 12; Henkel, S.375, 381.

[103] Vgl. Peters, S. 638ff.; Warda, S. 77.

[104] Vgl. Peters, S. 639/40.

[105] Beispiel nach Peters, S. 648.; ähnlich Pfitzner, S. 86, der jedoch nur neue Tatsachen berücksichtigen will, die eine Wiederaufnahme gem. § 359 Nr. 5 begründen können.

Zusammenfassung

Infolge der — vor allem von der Rechtsprechung — vorgenommenen Erweiterungen der Prüfungskompetenz des Revisionsgerichts kann auch im Bereich der Sachrüge nicht mehr von der Revision als reiner Rechtskontrolle gesprochen werden. Vielmehr findet auch in diesem Rahmen eine — in den Einzelheiten stark umstrittene — Kontrolle der tatsächlichen Feststellungen des angefochtenen Urteils statt. Der oben[107] hinsichtlich der Überprüfung des Tatsächlichen grob umrissene Kompetenzkonflikt zwischen Tat- und Revisionsgericht existiert also nur in eingeschränktem Maße, wenn man allein auf die Kontrolle der Sachdarstellung hinsichtlich Plausibilität und Widerspruchsfreiheit abstellt. Da nach überwiegender Auffassung Prüfungsgegenstand im Rahmen der Sachrüge aber lediglich die in der Urteilsurkunde niedergelegten Entscheidungsgründe sind, wird dieser Konflikt insbesondere dort problematisch, wo dem Revisionsrichter in bezug auf prozessual relevante Tatsachen eine weitergehende Befugnis, insb. zu eigenen Tatsachenfeststellungen, eingeräumt wird. Inwieweit dies der Fall ist, soll im folgenden untersucht werden.

B. Prüfungsbefugnis im Hinblick auf prozessual relevante Tatsachen

Im Gegensatz zu den für das materielle Recht relevanten Tatsachen geht die Prüfungsbefugnis nach allgemeiner Meinung[108] bei den prozessual relevanten erheblich weiter. Hier ist das Revisionsgericht grundsätzlich nicht nur zur Überprüfung des tatrichterlichen Urteils anhand der Entscheidungsgründe, sondern darüber hinaus und ohne Bindung an insoweit vom Tatrichter getroffene Feststellungen zu eigenen Ermittlungen befugt. Die Begründung für diese erweiterte Prüfungskompetenz ist je nach Art der betroffenen Prozeßnorm verschieden.

I. Prüfungsbefugnis bei Prozeßvoraussetzungen

1. Herleitung

Rechtsprechung[109] und Lehre[110] vertreten — jedenfalls für den Strafprozeß[111] — einhellig die Auffassung, der Revisionsrichter habe die tatsächlichen

---

[106] Vgl. Eb. Schmidt, Lehrk. II § 337 Rdn. 24; Sarstedt/Hamm, Rdn. 154ff.; LR(24)-Hanack, a.a.O. Rdn. 101, 104f. m.w.N.

[107] Vgl. 2. Kap. A.

[108] LR(24)-Hanack, § 337 Rdn. 33, 70; Roxin, S. 333; Krause, Rdn. 109; Schlüchter, 692.2; KK-Pikart, § 337 Rdn. 5.

[109] BGHSt *16*, 164 (166); *22*, 2.

[110] Vgl. nur LR(23)-Schäfer, Einl. Kap. 11 Rdn. 29; LR(24)-Hanack, a.a.O.; Kleinknecht/Meyer, § 337 Rdn. 15; Peters, S. 648; Eb. Schmidt, Lehrk. II, § 337 Rdn. 12.

[111] A. A. für den Zivilprozeß: Rimmelspacher, S. 190ff.

Voraussetzungen des Vorliegens einer Verfahrensvoraussetzung gegebenenfalls selbst zu ermitteln. Fraglich ist jedoch trotz der großen Akzeptanz dieser Auffassung, weshalb diese Befugnis überhaupt bestehen soll. § 337 ist als Anknüpfungspunkt jedenfalls ungeeignet, da er dem Revisionsgericht nur die Kontrolle von Gesetzesverletzungen gestattet. In Betracht käme allenfalls § 344 Abs. 2 S. 2 i. V. m. § 352 Abs. 1, wonach der Prüfung des Revisionsgerichts zumindest die Tatsachen unterliegen, die zur Begründung eines Verfahrensfehlers bei Anbringung der Anträge bezeichnet worden sind. Das würde jedoch voraussetzen, daß die Nichtbeachtung eines Prozeßhindernisses überhaupt zu den Verfahrensfehlern i. S. d. § 344 gerechnet werden kann. Prozeßvoraussetzungen sind jedoch nach fast einhelliger Ansicht[112] von Amts wegen zu prüfen und bedürfen daher weder einer speziellen Rüge noch einer entsprechenden Begründung. Sie unterfallen daher gerade nicht dem Regelungsbereich des § 344 Abs. 2 S. 2[113]. Eine Begründung für die allgemein anerkannte Ermittlungsbefugnis des Revisionsgerichts hinsichtlich der tatsächlichen Grundlagen der Prozeßvoraussetzungen kann daher dem geltenden Revisionsrecht nicht ohne weiteres entnommen werden.

Vielmehr wird i. d. R. mit der besonderen Funktion der Prozeßvoraussetzungen für das Verfahren argumentiert. Verfahrensvoraussetzungen — so heißt es[114] — müßten deshalb stets geprüft werden, weil sie (auch) Voraussetzungen gerade des *Revisions*verfahrens seien. Das Revisionsgericht habe sie daher von Amts wegen zu prüfen. Das Erfordernis der Prüfung von Amts wegen soll dabei nach h. M. nicht nur die rechtliche, sondern auch die tatsächliche Nachprüfung des Vorliegens der Prozeßvoraussetzungen rechtfertigen.[115]

2. Einschränkung durch die Art des zu wählenden Beweisrechts

Diese umfassende Ermittlungsbefugnis soll aber nach Peters[116] dann nicht bestehen, wenn die zur Feststellung einer Prozeßvoraussetzung erforderlichen Tatsachen nur in einer unmittelbar-mündlichen Hauptverhandlung geklärt werden können. Diese Einschränkung ist Konsequenz des von Peters zur Abgrenzung der revisionsrichterlichen Tätigkeit herangezogenen Leistungsgedankens[117]. Danach ist das Revisionsgericht zur Durchführung einer Beweis-

---

[112] Vgl. nur LR(24)-Hanack, § 337 Rdn. 29 mit zahlreichen weiteren Nachweisen; a. A. hinsichtlich der Rügepflicht Volk, S. 57ff.

[113] Vgl. LR(24)-Hanack, § 344 Rdn. 75; Kleinknecht / Meyer, § 344 Rdn. 6; KK-Pikart, § 344 Rdn. 22 m. w. N. aus der Rspr.

[114] Vgl. LR(24)-Hanack, § 337 Rdn. 29; Roxin, S. 343; Eb. Schmidt, a. a. O.; Gössel, S. 324; Welp, JR *86*, 122/3; Grünwald, S. 327.

[115] Vgl. Roxin, S. 343; LR(24)-Hanack, § 337 Rdn. 29, 33 m. w. N., wo diese Schlußfolgerung zwar nicht ausdrücklich gezogen wird, sich aber aus dem Argumentationszusammenhang ergibt.

[116] Peters, S. 657.

[117] S.o. 2. Kap. A. V., FN 103.

aufnahme nach den Regeln des Strengbeweises nicht in der Lage. Wo eine solche nicht erforderlich sei, könne es ansonsten — sowohl im materiell-rechtlichen wie im prozessualen Bereich — sämtliche erreichbaren Erkenntnisquellen heranziehen. Offen bleibt jedoch, nach welchen Kriterien sich diese Erforderlichkeit bestimmen soll[118].

II. Prüfungsbefugnis bei Verfahrensnormen

1. Herleitung

Außerhalb der Prozeßvoraussetzungen werden Verfahrensfehler vom Revisionsgericht nur berücksichtigt, wenn sie vom Revisionsführer ausdrücklich gerügt und die den Mangel enthaltenden Tatsachen in der Begründungsschrift aufgeführt werden, § 344 Abs. 2. Ist dies geschehen, so hat das Revisionsgericht gem. § 352 Abs. 1 das Recht zur Überprüfung dieser Tatsachen. In der Regel werden sie zunächst in einer Art „Schlüssigkeitsprüfung" darauf geprüft, ob sie überhaupt geeignet sind, einen Verfahrensverstoß zu begründen[119]. Darüber hinaus kann das Revisionsgericht aber auch Beweise zu der Frage erheben, ob die behaupteten Tatsachen zutreffen oder nicht[120]. Andernfalls wäre es häufig auch nicht in der Lage, das Vorliegen eines Verfahrensverstoßes festzustellen, da der Tatrichter dazu meist keine Feststellungen getroffen haben wird[121].

2. Einschränkung der Prüfungsbefugnis bei „Ermessensentscheidungen"

Die StPO ermächtigt den Tatrichter in zahlreichen Fällen (z. B. §§ 79 Abs. 1 S. 1, 118 Abs. 2, 140 Abs. 2 u. a.), Verfahrenshandlungen nach seinem Ermessen vorzunehmen. Diese Entscheidungen werden vom Revisionsgericht nur dahingehend überprüft, ob sich der Tatrichter der Möglichkeit, eine Ermessensentscheidung zu treffen, überhaupt bewußt war und — wenn ja — ob er sein Ermessen rechtsfehlerfrei ausgeübt hat[122]. Da die der Ermessensentscheidung zugrunde liegenden Tatsachen voll nachgeprüft werden können, ist darin keine Einschränkung der Feststellungsbefugnis des Revisionsgerichts zu sehen.

Daneben werden jedoch — insb. von der Rechtsprechung[123] — auch solche Fälle wie Ermessensentscheidungen behandelt, bei denen es in Wahrheit um die Bewertung tatsächlicher Umstände geht, z. B. hinsichtlich des Teilnahmever-

---

118 Vgl. Peters, a. a. O.

119 Vgl. LR(24)-Hanack, § 352 Rdn. 5; KK-Pikart, § 352 Rdn. 14; a. A. Eb. Schmidt, § 352 Rdn. 5, der zuerst prüfen will, ob die Tatsachen zutreffen.

120 Vgl. Roxin, S. 333; Schlüchter, 692.2; Peters, S. 657; siehe auch die oben in FN 121 aufgeführten Fundstellen.

121 Vgl. Peters u. Schlüchter jeweils a. a. O.

122 Vgl. BGHSt *6*, 300; KMR-Paulus, § 337 Rdn. 23; Peters, S. 641 f.

123 Vgl. etwa BGHSt *22*, 267; *15*, 391 ; *12*, 34, 114.

dachts gem § 60 Nr. 2 oder des Verlöbnisses gem § 52[124]. In diesen Fällen prüft das Revisionsgericht die tatsächlichen Umstände, auf denen die Entscheidung beruht, nicht nach. Es beschränkt sich vielmehr — wie bei den „echten" Ermessensentscheidungen — darauf, zu überprüfen, ob dem Tatrichter die Möglichkeit einer Ermessensentscheidung überhaupt bewußt geworden ist und ob er die anzuwendenden Rechtsbegriffe verkannt hat[125]. Es ist auffallend, daß viele Tatsachen, die aus *diesem* Grunde der Kontrolle des Revisionsgerichts entzogen sind, zugleich als möglicherweise doppelt relevant erkannt worden sind[126]. Dies gilt z. B. neben denjenigen, die für das Verlöbnis nach § 52 bzw. den Teilnahmeverdacht nach § 60 Nr. 1 benötigt werden, auch für solche, die die Eidesunfähigkeit eines Zeugen gem § 60 Nr. 2, die zeitweise Verhandlungsunfähigkeit des Angeklagten oder ein Auskunftsverweigerungsrecht nach § 55 begründen. Die Einräumung eines Ermessensspielraums ist jedoch nicht auf solche Tatsachen beschränkt; vielmehr wird er auch bei nur verfahrensrechtlich relevanten wie z. B. den Voraussetzungen einer Änderung des Geschäftsverteilungsplans oder den die Verhinderung des Richters gem. § 21e Abs. 3 GVG begründenden Tatsachen angenommen[127]. Es handelt sich also um rechtlich unterschiedlich begründete Phänomene, die lediglich hinsichtlich ihres Anwendungsbereichs teilweise deckungsgleich sind[128].

Zusammenfassung

Die Nachprüfungs- und Feststellungsbefugnis des Revisionsgerichts hinsichtlich der Tatsachengrundlage des angefochtenen Urteils bestimmt sich somit nicht immer nach der funktionalen Zuordnung einer Tatsache zum materiellen Recht (Sachrüge) bzw. zum Prozeßrecht (Verfahrensrüge). Vielmehr ist die Prüfungskompetenz des Revisionsgerichts bei ersterer dahingehend erweitert, daß der untergerichtlich festgestellte Sachverhalt, so wie er in der Urteilsurkunde dargestellt ist, auf Widerspruchsfreiheit und Plausibilität hin untersucht wird. Bei der Vefahrensrüge dagegen enthält sich jedenfalls die Revisionsrechtsprechung der ihr grundsätzlich möglichen Tatsachenüberprüfung dort, wo die fraglichen Tatsachen Grundlage einer Entscheidung sind, bei der dem Tatrichter ein Ermessensspielraum eingeräumt wird.

---

[124] Weitere Beispiele mit Nachweisen aus der Rspr. bei Meyer in Alsberg / Nüse / Meyer, S. 161 ff.

[125] Vgl. BGHSt *22*, 267; zustimmend: KMR-Paulus, § 337 Rdn. 24; Dahs/Dahs, Rdn. 392; Kappe, GA *1960*, 357 (371); ablehnend: Eb. Schmidt, Lehrk. II, § 337 Rdn. 11; Kautter, S. 32 ff.; Rieker, S. 98; Hanack, JZ *73*, 729; Henkel, S. 289.

[126] Vgl. dazu oben 1. Kap. D.

[127] Vgl. BGHSt *15*, 391; MDR *76*, 234 (Holtz); RGSt *76*, 177.

[128] Pfitzner, S. 242, 249, will im Ergebnis alle Verfahrensnormen, deren tatsächliche Voraussetzungen an Umstände außerhalb der tatrichterlichen Entscheidungssituation anknüpfen, in tatsächlicher Hinsicht nur darauf überprüfen, ob die tatrichterlichen Feststellungen ihrerseits auf einem Verfahrensfehler beruhen.

Für doppelt relevante Tatsachen bedeuten diese von der Rechtsprechung entwickelten Erweiterungen bzw. Einschränkungen revisionsrichterlicher Tätigkeit nun folgendes: Der oben[129] beschriebene Kompetenzkonflikt zwischen Tat- und Revisionsgericht hinsichtlich Überprüfung und Feststellung solcher Tatsachen ergibt sich nicht schon allein aus der Doppelzuordnung zum materiellen Recht einerseits und dem Prozeßrecht andererseits. Doppelt relevante Tatsachen, die in sich widersprüchlich sind, gegen Denkgesetze verstoßen oder Teil eines an diesen Mängeln leidenden Sachverhalts sind, werden auf die Sachrüge hin schon aus *diesem* Grund und ohne Rücksicht auf ihre Doppelzuordnung aufgehoben. Andererseits sind sie revisionsgerichtlicher Kontrolle auch im Hinblick auf ihre prozessuale Funktion entzogen, wenn sie Grundlage einer oben beschriebenen[130] Ermessensentscheidung sind[131]. Erst jenseits dieser Grenzen stellt sich für das Revisionsgericht somit die Frage, ob es Feststellungen hinsichtlich einer von ihm zu entscheidenden prozessualen Frage treffen darf, wenn diese Tatsache vom Tatrichter bereits im Rahmen seiner Beweiserhebungen zur Schuld- und Straffrage festgestellt worden war.

C. Form der Beweisaufnahme bei prozessual relevanten Tatsachen

Wie oben[132] bereits festgehalten, ist die Zuordnung einer Tatsache zum prozessualen oder materiell-rechtlichen Bereich nicht nur für das „Ob" ihrer revisionsgerichtlichen Überprüfung, sondern auch für das „Wie", d. h. für die Frage des anzuwendenden Beweisrechts von Bedeutung. Materiell-rechtlich erhebliche Tatsachen sind strengbeweislich festzustellen[133]. Prozessual relevante werden dagegen nach überwiegender Ansicht freibeweislich ermittelt[134]. Da — wie oben ausgeführt[135] — das Revisionsgericht nur hinsichtlich verfahrensrechtlich erheblicher Tatsachen eine eigene Feststellungsbefugnis besitzt, so ist — folgt man insoweit der fast einhellig vertretenen Auffassung[136] — der Freibeweis das Beweisverfahren der Revisionsinstanz. Seine Ausgestaltung — insb. im Hinblick auf bestehende Unterschiede zum Strengbeweis — soll daher im folgenden dargestellt werden.

---

[129] Siehe oben 1. Kap. A. u. 2. Kap. A.

[130] Siehe 2. Kap. B. II. 2.

[131] Die Auffassung Pfitzners, S. 254, unterschiedliche Überprüfungskompetenzen im Bereich doppelt relevanter Tatsachen seien ausgeschlossen, da sowohl materielle als auch prozessuale Feststellungen nur revisibel seien, wenn sie verfahrensfehlerhaft gewonnen worden seien, ist zwar in sich schlüssig. Der Ansatz wird jedoch nicht konsequent durchgehalten, da er z. B. die absoluten Revisionsgründe sowie die Prozeßvoraussetzungen ausnehmen will, vgl. S. 243ff. und 248.

[132] Siehe Anfang des 2. Kap.

[133] Vgl. nur LR(24)-Gollwitzer, § 244 Rdn. 3 m. w. N.

[134] Vgl. LR(24)-Gollwitzer, a. a. O. m. w. N.

[135] Vgl. oben 2. Kap. A. u. B.

[136] Vgl. LR(24)-Hanack, § 351 Rdn. 5; Roxin, S. 342; Schlüchter, Rdn. 692.2; Peters, S. 657; Eb. Schmidt, Lehrk. II, Vorbem. 19 vor § 244 u. § 337 Rdn. 8ff.

I. Das Beweisergebnis

Eine Tatsache ist bewiesen, wenn sich der Richter die Überzeugung von ihrem Vorliegen verschafft hat[137]. Da nach der im Strafprozeß geltenden Instruktionsmaxime (vgl. § 244 Abs. 2) alle für eine gerichtliche Entscheidung erheblichen Tatsachen — also auch die prozessual relevanten[138] — bewiesen werden müssen, ist demnach das angestrebte Ergebnis bei Frei- und Strengbeweis identisch. Beide sollen zur vollen richterlichen Überzeugung vom Vorliegen oder Nichtvorliegen der zu beweisenden Tatsachen führen. Eine Ausnahme davon stellen lediglich die fünf speziell geregelten Fälle dar, in denen eine Prozeßtatsache dem Gericht lediglich glaubhaft gemacht und nicht bewiesen werden muß. Dies bedeutet, daß der Richter das Vorliegen dieser Tatsache lediglich für wahrscheinlich halten muß[139]. Dies „vereinfachte" Verfahren gilt für die Tatsachen, die zur Begründung eines Ablehnungsantrages gem. § 26 vorgebracht werden, für diejenigen gem. § 51 Abs. 2, ferner für solche, die zur Begründung eines Zeugnisverweigerungsrechts vorgetragen werden (§ 56), weiter für die, die einen Wiedereinsetzungsantrag gem. § 45 stützen sollen, und schließlich für diejenigen, die einem Antrag im Nachverfahren gem. § 439 Abs. zugrunde liegen. Es ist somit nur ein kleiner Teil der im Laufe des Verfahrens möglicherweise beweisbedürftigen Prozeßtatsachen betroffen. An der prinzipiell bestehenden Zieläquivalenz von Frei- und Strengbeweis ändern diese wenigen Ausnahmen daher nichts.

II. Die Beweismittel

Im Freibeweisverfahren — so lehrt die h. M. — können neben den strengbeweislich zugelassenen Beweismitteln (Zeugen, Sachverständige, Urkunden und Augenschein) auch alle sonstigen Erkenntnismittel herangezogen werden, soweit ihre Verwendung mit den Grundsätzen eines ordnungsgemäßen Verfahrens im Einklang steht[140]. So darf das Gericht z. B. Akten und dienstliche Äußerungen heranziehen sowie Auskünfte auch jederzeit außerhalb der Hauptverhandlung einholen. Diese Lehre erweckt auf den ersten Blick den Eindruck, als stehe dem Richter im Freibeweisverfahren eine größere Zahl von Erkenntnisquellen zur Verfügung, als dies beim Strengbeweis der Fall ist. Damit scheint er in diesem Bereich insoweit zur Erfüllung der ihm in § 244 Abs. 2 zugewiesenen Aufgabe der Wahrheitserforschung besser gerüstet zu sein als beim Strengbeweis.

Dieser Eindruck trügt jedoch. Die Möglichkeiten des Richters, sich Kenntnis von bislang zweifelhaften oder unbekannten Tatsachen zu verschaffen, sind mit den Beweismitteln des Strengbeweises erschöpfend aufgezählt, und es gibt keine

---

[137] Vgl. Roxin, S. 135; Peters, S. 286.

[138] Vgl. LR(24)-Gollwitzer, § 244 Rdn. 42 m. w. N.

[139] Vgl. Kleinknecht/Meyer § 26 Rdn. 5; BGHSt *21*, 334 (347).

[140] Vgl. LR(24)-Gollwitzer, § 244 Rdn. 3, 7; KK-Herdegen, § 244 Rdn. 11 jeweils m. w. N.

sog. Erkenntnisquelle des Freibeweises, die sich nicht auf eine der dort genannten Beweisarten zurückführen ließe. So beruhen z.B. die im Freibeweis für zulässig gehaltenen schriftlichen Äußerungen — insbesondere dienstlicher Art — in der Regel auf Wahrnehmungen, die ebensogut in Form des Zeugen- oder Sachverständigenbeweises in den Prozeß eingeführt werden könnten. Entsprechendes gilt für in den Akten befindliche, schriftlich niedergelegte Äußerungen von Verfahrensbeteiligten oder Dritten, die im Freibeweis ohne Bindung an die §§ 250ff. verlesen werden können. Soweit die freibeweisliche Kenntnisnahme von Lichtbildern oder Tonträgern für zulässig gehalten wird[141], sind die daraus zu gewinnenden Erkenntnisse auch durch strengbeweisliche Augenscheinseinnahme zu erzielen.

Streng- und Freibeweis unterscheiden sich somit weniger durch unterschiedliche Erkenntnisquellen, aus denen das Gericht das für seine Entscheidung erforderliche Tatsachenmaterial gewinnt, als vielmehr durch die Art und Weise, in der es sich diese Quellen erschließt und das so gewonnene Wissen in den Prozeß einführt.

III. Die Geltung der Grundsätze „Mündlichkeit, Öffentlichkeit und Unmittelbarkeit" der Beweisaufnahme im Freibeweisverfahren

Dementsprechend ist es wesentliches Merkmal des Freibeweises, daß für ihn die den Strengbeweis beherrschenden Grundsätze der Mündlichkeit, Öffentlichkeit und Unmittelbarkeit der Beweisaufnahme nicht gelten[142].

Dies wirkt sich in zweierlei Weise aus. Zum einen ist das Gericht nicht verpflichtet, die zum Nachweis einer Verfahrenstatsache erforderlichen Beweise in der Hauptverhandlung zu erheben[143], vielmehr kann es solche Fragen auch außerhalb derselben — etwa durch vorherige schriftliche oder fernmündliche Auskunft — abklären. Daraus ergibt sich notwendig, daß in solchen Fällen nicht nur die Öffentlichkeit, sondern auch die übrigen Prozeßbeteiligten und insbesondere der Angeklagte und gegebenenfalls sein Verteidiger von der Teilnahme an der Beweisaufnahme ausgeschlossen werden können.

Ob darin, wie Bovensiepen meint[144], eine Verletzung des durch Art. 103 Abs. 1 GG garantierten Grundsatzes des rechtlichen Gehörs zu sehen ist, kann letztlich dahinstehen. Dieser Grundsatz verlangt, daß den Betroffenen die Beweisergebnisse zur Kenntnis gebracht werden und sie dazu Anregungen und

---

141 Vgl. BGH MDR *76*, 634 (H); Meyer, a.a.O., S. 145.

142 Ganz einhellige Ansicht: vgl. Meyer, a.a.O., S. 143; KK-Herdegen, a.a.O. jeweils m.w.N.

143 Vgl. etwa BGH bei Spiegel, DAR *79*, 186; F. W. Krause, Jura *82*, 231; KK-Herdegen, a.a.O.

144 A.a.O., S. 29ff.; vgl. auch Grünwald, JZ *66*, 489 (494) und Dahs, Rechtl. Gehör, S. 87/88.

Stellungnahmen anbringen können[145]. Insoweit ist er aber auch im Freibeweisverfahren zu beachten[146]. Die insbesondere dem Angeklagten eingeräumten Mitwirkungsrechte gehen aber weit über die Gewährung rechtlichen Gehörs i. S. d. Art 103 Abs. 1 GG hinaus. So erlaubt etwa das in § 240 Abs. 2 gewährte Fragerecht, durch gezieltes Nachfragen auf die vollständige Erörterung des Verfahrensgegenstands und die bestmögliche Ausschöpfung der persönlichen Beweismittel hinzuwirken[147]. Dadurch kann in nicht unerheblichem Umfang auf die richterliche Überzeugungsbildung eingewirkt werden[148]. Dies gerade im Hinblick auf die Wahrheitsfindung wichtige Recht der Betroffenen kann im Freibeweisverfahren durch nicht parteiöffentliche Beweisaufnahmen erheblich beeinträchtigt werden, womit zugleich auch seine Stellung als Prozeßsubjekt betroffen ist[149]. Zwar soll § 240 nach h. M. auch im Freibeweisverfahren gelten, aber nur, wenn und soweit der Beweis eben innerhalb der Hauptverhandlung erhoben wird[150].

Zum anderen bedeutet gerade der Verzicht auf den Beweisgrundsatz der Unmittelbarkeit, daß der Richter im Freibeweisverfahren nicht wie beim Strengbeweis auf das tatnächste Beweismittel zurückgreifen muß, sondern — wie bereits erwähnt — sich auch mit sog. Beweissurrogaten begnügen darf[151].

Neben den bereits oben genannten Beispielen[152] kann er dabei etwa, statt einen Zeugen in der Hauptverhandlung zu vernehmen, ein Protokoll einer vorherigen Vernehmung verlesen, ohne dabei an die Voraussetzungen des § 251 gebunden zu sein. Auch wird es im Freibeweis für zulässig erachtet, daß das Gericht die Beweisaufnahme nicht selbst durchführt, sondern von einem Dritten vornehmen läßt (z. B. durch einen Kriminalbeamten) und entweder nur diesen Dritten in der Hauptverhandlung als Zeugen vernimmt oder gar lediglich dessen schriftliche Aufzeichnungen über die Beweisaufnahme in irgendeiner Form in die Hauptverhandlung einführt[153].

Auch diese Verfahrensweise birgt erhebliche Gefahren für die Wahrheitsfindung in sich. Diese liegen zum einen darin begründet, daß dem Richter als letztlich zur Beweiswürdigung berufenen Person der persönliche Eindruck von

---

145 Vgl. etwa Maunz/Dürig/Herzog, Art. 103 Rdn. 28ff. mit zahlreichen w. N.

146 Vgl. BVerfGE *24*, 56 (61/62); BGHSt *21*, 87; Alsberg, GA *62*, 2; W. Schmid, SchlHA *81*, 4; R.v. Hippel, S. 326; Beling, Lehrb., S. 284.

147 Vgl. etwa LR(23)-Gollwitzer, § 240 Rdn. 1.

148 Vgl. KK-Treier, § 240 Rdn. 1.

149 Es ist sehr fraglich, ob diese Einschränkung von Verfahrensrechten durch den Freibeweis zulässig ist. Darauf kann jedoch im Rahmen dieser Untersuchung nicht näher eingegangen werden.

150 Vgl. Meyer, a. a. O., S. 152.

151 Vgl. Roxin, S. 135/6; Meyer, a. a. O., S. 145; Többens, S. 10/1; KK-Herdegen, a. a. O.; RGSt *64*, 239 (246); BGHSt *12*, 404 (403).

152 Vgl. oben 2. Kap. C. II.

153 Vgl. LR(24)-Gollwitzer, § 244 Rdn. 7 m. w. N.

Zeugen bzw. Sachverständigen fehlt. Ohne diesen Eindruck wird sich oft ein klares Bild vom Wert bzw. von der Glaubwürdigkeit der Bekundungen nicht gewinnen lassen[154]. Ferner steigt mit jeder „Vermittlungsstufe" die Gefahr möglicher Verdrehungen oder Verfälschungen der ursprünglichen Aussagen. Der Mittelsmann kann einzelne Feststellungen falsch oder mißverständlich aufgenommen haben; soweit er ein Protokoll anfertigt, sind Übertragungsfehler möglich. Ferner kann er — wenn auch vielleicht unbewußt — die ursprüngliche Aussage bereits bewertet haben, etwa indem er seiner Meinung nach Unwesentliches wegläßt[155].

Der im Freibeweis mögliche Verzicht auf das tatnächste Beweismittel ist aber nicht nur im Hinblick auf Übermittlungsfehler bedenklich. Auch die Rückfragemöglichkeiten der Prozeßbeteiligten, insb. des Angeklagten, werden hier erschwert. So kann der Zeuge vom Hörensagen bzw. die Vernehmungsperson auf das nur dem unmittelbaren Zeugen präsente Wissen verweisen[156].

All diese Unwägbarkeiten des mittelbaren Beweises sind ausführlich im Rahmen der V-Mann Problematik erörtert worden[157]. Sie sind aber auch bei Anwendung des Freibeweises zu befürchten, bei dem der Grundsatz der Unmittelbarkeit von vornherein nicht gilt, gleichgültig, ob das tatnächste Beweismittel erreichbar ist oder nicht.

IV. Das Beweisantragsrecht

Weiteres wesentliches Unterscheidungsmerkmal zwischen Frei- und Strengbeweis ist, daß Beweisanträge bei letzterem nur im Rahmen der §§ 244 Abs. 3-6 und 245 Abs. 2 abgelehnt werden können.

Beim Freibeweisverfahren dagegen wird der Umfang der Beweisaufnahme „lediglich" durch die allgemein in § 244 Abs. 2 statuierte Aufklärungspflicht[158] des Gerichts bestimmt[159]. Die Verfahrensbeteiligten haben also im Freibeweisverfahren keine Möglichkeit, das Gericht zu einer Beweisaufnahme zu zwingen, wenn es diese als zur Wahrheitsfindung nicht erforderlich ansieht. Dies mag man als geringfügige Beeinträchtigung ansehen , wenn man — wie ein Teil der Literatur[160] — auf dem Standpunkt steht, die Reichweite der Ablehnungsgründe und die Aufklärungspflicht seien ohnehin deckungsgleich.

---

[154] Vgl. K. Peters, S. 317; siehe auch Bosch, S. 111 ff.; Geppert, S. 167 ff.; Klug, Verh. des 46. DJT, Bd. II, S. F57.

[155] Vgl. Bovensiepen, S. 56; Geppert, a.a.O.

[156] Vgl. Peters, a.a.O., S. 317/8.

[157] Vgl. dazu etwa Fezer, JZ *84*, 433; Frenzel, NStZ *84*, 39; Bruns, MDR *84*, 177; siehe auch Peters, a.a.O., S. 319 m.w.N.

[158] Dazu mehr unten 2. Kap. C. V.

[159] Allg. Ansicht, vgl. RGSt *2*, 221 (222); BGHSt *16*, 166; BVerfGE *7*, 279; LR(24)-Gollwitzer, a.a.O.; KMR-Paulus, § 244 Rdn. 365; a.A. OLG Königsberg, HRR *1928*, Nr. 2161 b.

Die Rechtsprechung[161] und die h. A. im Schrifttum[162] halten jedoch das Beweisantragsrecht für weitergehend. Wenn das richtig ist, so besteht aber zumindest die Gefahr, daß das Freibeweisverfahren gegenüber dem Strengbeweis insoweit zu einem „Aufklärungsfreiraum" führen kann[163]. Die Entscheidung, ob eine beantragte Beweisaufnahme aus Gründen der Aufklärungspflicht noch durchzuführen ist, ist notwendigerweise eine Prognoseentscheidung[164] und unterliegt daher auch den diesen immanenten Fehlerquellen. Es kommt hinzu, daß das Verbot der Beweisantizipation nach überwiegender Ansicht[165] im Freibeweisverfahren keine Anwendung findet. Dies ist insbesondere deshalb bedenklich, weil „auch die scheinbar sicherste Überzeugung durch neue Beweise erschüttert, wenn nicht gar umgestoßen werden kann[166]". Gerade diese Überlegung war es ja auch, die das Reichsgericht[167] zur Aufstellung der jetzt in § 244 Abs. 3 u. 4 niedergelegten Grundsätze zur Ablehnung von Beweisanträgen bewogen hat. Das Beweisantragsrecht i. S. d. § 244 Abs. 3 u. 4 erweist sich somit als wirkungsvolles Mittel insbesondere des Angeklagten, im Sinne einer optimalen Sachverhaltserforschung auf den Umfang der vom Gericht vorzunehmenden Beweisaufnahme einzuwirken. Wo es fehlt — wie z. B. im Freibeweisverfahren —, wird dem Gericht in weitaus größerem Maße als unter seiner Geltung eine Vorwegnahme der Beweiswürdigung — wie sie im Rahmen der kraft Aufklärungspflicht zu treffenden Prognoseentscheidung unvermeidlich ist[168] — gestattet.

Man mag dem entgegenhalten, diese beweisrechtliche Differenzierung sei sachlich gerechtfertigt, da das Vorliegen einer bestimmten Verfahrenstatsache, für deren Ermittlung der Freibeweis ja gerade vorgesehen sein soll, stets sicher festgestellt werden müsse und der Grundsatz „in dubio pro reo" nicht gelte[169]. Daher sei es auch nicht erforderlich, in solchen Fällen neue Beweise dann zu erheben, wenn dies infolge der bereits durchgeführten Beweisaufnahme lediglich zu Zweifeln des Gerichts am Vorliegen dieser Tatsache führen könne[170].

---

[160] Vgl. Beling, JW *25*, 2782; Wessels, JuS *69*, 4; Bergmann, MDR *76*, 891; Engels, GA *1981*, 21; Gössel, § 29 B II; Ulsenheimer, AnwBl. *83*, 373.

[161] Vgl. RGSt *74*, 147 (152); BGH NJW *51*, 283; BayObLG MDR *79*, 603; OLG Karlsruhe VRS *51*, 61.

[162] Vgl. LR(23)-Schäfer, Einl. Kap. 13, Rdn. 69; LR(24)-Gollwitzer, a. a. O., Rdn. 59; Herdegen, NStZ *84*, 97; Meyer, a. a. O., S. 29.

[163] So Ulsenheimer, a. a. O.; vgl. auch Cramer, DAR *81*, 277.

[164] Vgl. KK-Herdegen, § 244 Rdn. 24; LR(24)-Gollwitzer, a. a. O. Rdn. 59.

[165] Vgl. KK-Herdegen, § 244 Rdn. 21 m. w. N.

[166] Vgl. etwa Hellwig, JW *32*, 2674; Graf zu Dohna, Kohlrausch-FS, S. 329; Niethammer, Sauer-FS, S. 33; Herdegen, NStZ *84*, 99; siehe auch Ulsenheimer, a. a. O.

[167] Vgl. RGSt *47*, 104; *65*, 305.

[168] Vgl. LR(24)-Gollwitzer, a. a. O.

[169] Vgl. LR(24)-Hanack, § 337 Rdn. 76; Sax, Stock-FS, S. 165 f.; LR(23)-Gollwitzer, § 261 Rdn. 133; BGHSt *16*, 167; a. A. Lehmann, S. 56 ff.

[170] So etwa Willms, Heusinger-FS, S. 399 a. E.

Inwieweit dieser Grundsatz im Hinblick auf die Prozeßvoraussetzungen eingreift, ist aber umstritten[171]. Darauf soll später noch näher eingegangen werden[172]. Jedenfalls wird dort, wo der in-dubio-Grundsatz auch nach h. A. eingreift — wie etwa bei der Frage der Verjährung[173] —, die Anwendung des Freibeweises dem Angeklagten wegen des oben aufgezeigten möglichen „Aufklärungsfreiraums" häufig schon die Möglichkeit rauben, die tatsächlichen Grundlagen für die Anwendung diese Grundsatzes überhaupt zu schaffen.

V. Die Aufklärungspflicht

Im Gegensatz zum Beweisantragsrecht besteht nach h. M. die allgemeine Aufklärungspflicht des Gerichts auch beim Freibeweis uneingeschränkt[174]. Dies bedeutet zunächst, daß in diesem Bereich die Wahrheit ebenso in vollem Umfang ermittelt werden muß, wie dies bei Anwendung des Strengbeweises der Fall ist[175]. Dies klingt auf den ersten Blick wie selbstverständlich; die Erfüllung dieser Forderung mit den Mitteln des Freibeweises ist jedoch nicht so unproblematisch, wie dies von den Vertretern der h. L. offenbar gesehen wird.

Wenn es tatsächlich richtig ist, daß gerade die im Freibeweisverfahren suspendierten Grundsätze der Unmittelbarkeit und Mündlichkeit der Beweisaufnahme bzw. das formalisierte Beweisantragsrecht Hilfsmittel zur optimalen Wahrheitsfindung sind, ist nicht ohne weiteres ersichtlich, wie mittels eines qualitativ schlechteren Beweisverfahrens (Freibeweis) ein Beweisergebnis erreicht werden soll, das einem mit den Mitteln des Strengbeweises erzielten gleichwertig ist. Damit ist nicht gesagt, daß dies im Einzelfall nicht möglich ist. Solche Ausnahmen können jedoch die prinzipiellen Bedenken, die sich aus den geschilderten Besonderheiten des Freibeweises ergeben, nicht ausräumen.

Diese Diskrepanz anerkennt im Grunde auch die h. A., wenn sie lehrt, die Aufklärungspflicht begründe nicht nur die Notwendigkeit zur Erforschung der vollen Wahrheit, sondern begrenze im Bereich des Freibeweises auch die grundsätzlich gegebene Freiheit des Richters hinsichtlich Art und Form der Beweiserhebung[176]. Wenn sich auch genauere Aussagen über die heranzuziehenden Auswahlkriterien angesichts der Vielzahl denkbarer Fälle nur schwer treffen lassen[177], so kann man doch sagen, daß das Gericht sich bei der Beweiserhebung

---

[171] vgl. etwa LR(24)-Hanack, a.a.O. Rdn. 34 m.w.N.

[172] Siehe unten 5. Kap. B. II. 1.

[173] Vgl. BGHSt *18*, 274; KK-Hürxthal, § 261 Rdn. 62.

[174] Vgl. etwa BGHSt *26*, 281 (284); KMR-Paulus, § 244 Rdn. 362; LR(24)-Gollwitzer, § 244 Rdn. 7; Fezer, Mündl. Verhandlung, S. 77.

[175] Vgl. Meyer, a.a.O., S. 149; Busch, JZ *63*, 457 (461); Többens, NStZ *82*, 184.

[176] Allg. Ansicht, vgl. etwa LR(24)-Gollwitzer, a.a.O.; Willms, a.a.O., S. 398ff.; KK-Herdegen, § 244 Rdn. 14.

[177] Vgl. etwa LR(24)-Gollwitzer, § 244 Rdn. 42, der davon spricht, der Aufklärungsumfang sei von der jeweiligen Verfahrenslage abhängig; siehe auch Nelles, StV *86*, 77 zu ähnlichen Problemen im Ermittlungsverfahren.

um so stärker den strengbeweislichen Formen zumindest annähern muß, je mehr die Bedeutung der aufzuklärenden verfahrensrechtlichen Tatsache für die jeweils zu treffende gerichtliche Entscheidung zunimmt[178]. Dies kann auch nach h. L. im Einzelfall dazu führen, daß verfahrensrechtliche Tatsachen im Wege des Strengbeweises festzustellen sind[179]. Gibt es aber diese an der „Entscheidungserheblichkeit" ausgerichtete Ermessensbindung des Gerichts, so folgt daraus, daß die von der h. M. selbst vertretene Prämisse, wonach auch der Freibeweis zur Erforschung der vollen Wahrheit geeignet ist, von ihr selbst, zumindest in Teilbereichen, nicht aufrechterhalten wird.

V. Sonstige Schutzbestimmungen

Im Freibeweisverfahren sind ferner auch die Vorschriften zu beachten, die dem Schutz des Angeklagten oder sonstiger Verfahrensbeteiligter dienen.

Dazu gehören u. a. das Schweigerecht des Angeklagten nach § 136 Abs. 1 S. 2 sowie die Verwertungsverbote der §§ 136a, 69 Abs. 3; die Zeugnis- bzw. Aussageverweigerungsrechte der §§ 52ff., die Vereidigungsverbote bzw. das Eidesverweigerungsrecht gem. den §§ 60, 63 sowie bestimmte Beweisverbote, etwa gem. § 97[180].

Diese Bestimmungen sind Ausprägungen des Rechtsstaatsprinzips, insb. des Gedankens des „fair trial", und daher unabhänig von der Art des gewählten Beweisverfahrens zu beachten. Gleichwohl liegt auf der Hand, daß auch dadurch die oben aufgezeigten Mängel des Freibeweisverfahrens im Hinblick auf eine möglichst optimale Wahrheitserforschung nicht ausgeglichen werden können.

---

[178] Schlüchter, Rdn. 474; KK-Herdegen, § 244 Rdn. 14; Willms, S. 399f.; siehe auch Meyer, a. a. O., S. 150.

[179] Vgl. Schlüchter, Rdn. 475 ; KK-Herdegen u. Willms jeweils a. a. O. Diese Ansicht vom Verhältnis zwischen Frei- und Strengbeweis gibt es auch in anderen Verfahren, etwa in dem der freiwilligen Gerichtsbarkeit; vgl. Jansen, § 12 FGG Rdn. 39; Keidel/Kuntze/Winkler, § 12 FGG Anm. 29; Baur, Schima-FS, S. 66/7; Kollhosser, S. 150ff.

[180] Allg. Ansicht, vgl. etwa LR(24)-Gollwitzer, a. a. O. Rdn. 7; KK-Herdegen, a. a. O. Rdn.12; W. Schmid, SchlHA *81*, 2 u. 41; Willms, a. a. O.

3. Kapitel

Die in Rechtsprechung und Literatur zur Doppelrelevanz vertretenen Auffassungen und ihre kritische Würdigung

Die Grenze der dem Revisionsgericht zugestandenen Feststellungskompetenz ist also hinsichtlich prozessual bzw. materiell-rechtlich relevanter Tatsachen unterschiedlich weit gezogen[181]. Bei Doppelzuordnung von Tatsachen stellt sich daher zunächst die Frage, welche ihrer beiden Funktionen den Grad ihrer Nachprüfbarkeit bestimmen soll.

Diese Frage kann auf zwei grundsätzlich unterschiedlichen Wegen angegangen werden. Zum einen ist es denkbar, ein und dieselbe Tatsache hinsichtlich ihrer Revisibilität unterschiedlich zu behandeln. Zum anderen kann man ihre Nachprüfbarkeit sowohl hinsichlich ihrer materiell-rechtlichen wie auch ihrer prozessualen Bedeutung einheitlich festlegen. Wie bereits angedeutet[182], lassen sich auch die in Rechtsprechung und Literatur vorzufindenden Lösungswege jeweils einem dieser verschiedenen Ansatzpunkte zuordnen.

A. Konkreter oder abstrakter Maßstab der Doppelzuordnung?

Bevor diese Lösungswege im einzelnen dargestellt werden können, ist es erforderlich, eine Vorfrage zu erörtern, die alle betrifft und deren Beantwortung daher „vor die Klammer" gesetzt werden soll. Es ist nämlich nicht unumstritten, wann eine Tatsache als doppelt relevant anzusehen ist.

Nach der Rechtsprechung und der ganz überwiegenden Auffassung in der Literatur ist dafür die Ausgestaltung des Einzelfalls maßgebend[183]. Danach ist eine Tatsache nur dann doppelt relevant, wenn sie im konkreten Fall tatsächlich sowohl für eine materiell-rechtliche als auch für eine Prozeßentscheidung benötigt wird.

E. Peters[184] und Sauer[185] dagegen halten die objektive Möglichkeit, daß eine Tatsache doppelt relevant werden könnte, für entscheidend. Hat z. B. das

---

[181] Vgl. oben 2. Kap. A. u. B.

[182] Vgl. oben zu Beginn des 2. Kap.

[183] Vgl. etwa LR(23)-Schäfer, Einl. Kap. 11, Rdn. 29 m.w.N.; Meyer in Alsberg/Nüse/Meyer, S. 132 m.w.N.; Gössel, S. 197; BGH MDR *55*, 143 (D); St *22*, 90 (91).

[184] E. Peters, S. 54.

[185] Sauer, S. 410ff., insb. S. 422.

Tatgericht bei einer auf einfache Körperverletzung lautenden Anklage das Verfahren eingestellt, weil der Strafantrag nicht rechtzeitig gestellt worden war, so ist nach h. A. der Tatzeitpunkt schon deshalb keine doppelt relevante Tatsache, weil das tatrichterliche Urteil keine Ausführungen zur Schuld- und Straffrage enthält[186]. Sauer dagegen spricht auch in diesen Fällen von Doppelrelevanz, da es anderenfalls dem bloßen Zufall überlassen bleibe, ob ein und dieselbe Tatsache der Revisionsprüfung unterliege oder nicht[187]. Da Sauer zudem für eine strikte Bindung des Revisionsgerichts an vom Tatgericht festgestellte doppelt relevante Tatsachen auch im prozessualen Bereich eintritt[188], führt diese Auffassung angesichts der oben dargestellten[189] zahlreichen Erscheinungsformen der Doppelrelevanz zu einer erheblichen Einschränkung der revisionsgerichtlichen Ermittlungsbefugnis.

Fraglich ist, ob diese starke Beschneidung revisionsrichterlicher Kompetenzen sachlich gerechtfertigt ist. Wie gezeigt[190], ist die Doppelzuordnung von Tatsachen für den Bereich des Revisionsrechts u. a. deshalb problematisch, weil wegen der unterschiedlich weiten Kontrollmöglichkeiten bei prozessualen Normen einerseits und materiell-rechtlichen andererseits ein und dieselbe Tatsache für das Revisionsgericht im Rahmen der Sachrüge bindend sein kann, während es sie auf die Prozeßrüge hin grundsätzlich frei nachprüfen könnte. Zu fragen ist also, ob eine solche Konstellation auch dann auftreten kann, wenn dem zu überprüfenden tatrichterlichen Urteil Ausführungen zur Schuld- und Straffrage ganz oder teilweise fehlen, weil sich das Tatgericht an ihrer Feststellung aus verfahrensrechtlichen Gründen gehindert sah. Bestätigt die revisionsgerichtliche Überprüfung die tatrichterlichen Feststellungen zur Verfahrensfrage und hat das tatrichterliche Urteil somit Bestand, sind weitere Feststellungen zur Schuld- und Straffrage ausgeschlossen. Kommt es dagegen zu dem Ergebnis, das Verfahrenshindernis habe in Wahrheit nicht bestanden, trifft es gleichwohl keine eigenen Feststellungen zur Schuldfrage, sondern hebt das tatricherliche Urteil gem. § 351 Abs. 1 auf und verweist die Sache gem. § 354 Abs. 2 zur erneuten Verhandlung und Entscheidung zurück. In beiden Fällen kann es daher auf revisionsgerichtlicher Ebene nicht zu einem Übergreifen revisionsrichterlicher Feststellungen zu prozessualen Fragen auf den Schuld- und Strafbereich kommen.

Die abstrakte Betrachtungsweise Sauers könnte aber dann gerechtfertigt sein, wenn solche Feststellungen des Revisionsgerichts den neuen Tatrichter bei seiner Entscheidung über die entsprechende Verfahrensfrage bänden. Denn dann wäre der oben beschriebene Kompetenzkonflikt nur von der revisionsrichterlichen auf die tatrichterliche Ebene verlagert. § 358 bindet den neuen Tatrichter aber

[186] Vgl. Meyer, a. a. O.

[187] Vgl. Sauer, S. 421.

[188] Vgl. Sauer, S. 422.

[189] Vgl. oben 1. Kap. B. u. D.

[190] Vgl. 2. Kap. A. u. B.

nur an die rechtliche Beurteilung, die der Aufhebung des Urteils zugrunde gelegen hat. Hinsichtlich der für die neue Entscheidung festzustellenden Tatsachen ist der nachfolgende Tatrichter jedoch völlig frei, und zwar sowohl was ihre Ermittlung als auch was ihre Würdigung betrifft[191]. Etwas anderes gilt nur hinsichtlich der gem. § 353 Abs. 2 aufrechterhaltenen tatrichterlichen Feststellungen. An diese ist der neue Tatrichter zwar nach herrschender Ansicht gebunden[192]. Erfolgt jedoch — wie in der hier interessierenden Fallkonstellation — die Aufhebung aufgrund abweichender tatsächlicher Feststellungen im prozessualen Bereich, so können von dieser Ausnahme die (potentiell) doppelt relevanten Tatsachen jedenfalls nicht betroffen sein. Es ist daher der h. A. zu folgen, wonach von Doppelrelevanz nur gesprochen werden kann, wenn und soweit das tatrichterliche Urteil Feststellungen sowohl zu Verfahrensfragen als auch zum Schuld- und Strafbereich enthält und die betreffende Tatsache beiden Bereichen zuzuordnen ist.

Nach Klärung dieser Vorfrage können nun die verschiedenen Lösungsmodelle zur Doppelrelevanz dargestellt und untersucht werden.

B. Trennungsmodelle

I. Strenges Trennungsmodell (Eb. Schmidt)

1. Darstellung

Wie oben bereits angemerkt[193], ist Doppelrelevanz infolge der unterschiedlichen Revisibilität von prozessual relevanten Tatsachen einerseits und materiellrechtlichen andererseits problematisch. Zwei grundsätzlich unterschiedliche Lösungswege stehen zur Verfügung. Der erste besteht darin, beide Bereiche strikt zu trennen und den Umfang der Revisibilität — auch in Fällen von Doppelrelevanz — ausschließlich anhand der Rechtsnatur der zu treffenden Entscheidung zu bestimmen.

Diese strenge Trennung beider Komplexe wird von Eb. Schmidt[194] vertreten. Er lehnt daher jegliche Bindung in dem einen oder anderen Bereich, insbesondere also eine solche des Revisionsgerichts an tatrichterliche Feststellungen, generell ab. Eine ausdrückliche Begründung dieser Ansicht findet sich bei Eb. Schmidt zunächst für doppelt relevante Tatsachen bei Prozeßvoraussetzungen. Diese müsse das Revisionsgericht immer in eigener Verantwortung nachprüfen,

---

191 Einhellige Auffassung, vgl. LR(24)-Hanack, § 358 Rdn. 13; Mohrbotter, ZStW *84*, 630; Tiedtke, S. 163; Kaiser, NJW *74*, 2080; KK-Pikart, § 358 Rdn. 16; BGHSt *9*, 329; RGSt *31*, 436.

192 Vgl. LR(24)-Hanack, a.a.O.; KK-Pikart, § 353 Rdn. 32 jeweils m.w.N.; auch Grünwald, S. 66f.

193 S.o. zu Beginn des 3. Kap.

194 Eb. Schmidt, Lehrk. II, § 337 Rdn. 12 u. 13; Lehrk. I, Nr. 176 zu Anm. 197; Anm. zu BGH 2 Str 719/67 in JZ 68, 434.

da es nur so feststellen könne, ob es sich mit dem ihm vorgelegten Fall überhaupt sachlich befassen dürfe[195]. Daß das Tatgericht bereits zu derselben Frage Feststellungen im Strengbeweis getroffen und diese dann auch prozessualen Entscheidungen zugrunde gelegt hat, kann dabei nach Schmidt keine Rolle spielen, da der Revisionsrichter diese Tatsachen eben nur zur Prüfung der prozessualen Frage benötige und daher auch nur diese funktionale Bedeutung der zu treffenden Entscheidung maßgebend sein könne[196].

Dagegen findet sich bei Eb. Schmidt keine ausdrückliche Stellungnahme zu doppelt relevanten Tatsachen bei sonstigen, insb. verfahrensleitenden Normen. Er tritt jedoch generell für die freie Nachprüfbarkeit verfahrensrechtlich erheblicher Tatsachen durch das Revisionsgericht ein[197] und lehnt auch andere, von der h. M. vertretene Einschränkungen dieses Grundsatzes — wie z. B. in dem oben beschriebenen[198] Komplex sog. tatrichterlicher Ermessensentscheidungen — ab. Daraus läßt sich folgern, daß er auch bei doppelt relevanten Tatsachen im Zusammenhang mit verfahrensleitenden Normen eine Bindung des Revisionsrichters an tatrichterliche Feststellungen verneint.

2. Strenges Trennungsmodell und Grundsatz der Widerspruchsfreiheit von Entscheidungen

Gegen diese, sich vor allem auf funktionale Aspekte stützende Auffassung läßt sich vom Boden der oben beschriebenen[199] Revisionslehre aus dogmatisch wenig einwenden. Denn wenn die Aufteilung der Feststellungsbefugnis tatsächlich durch die Zuordnung einer Tatsache zum sachlichen oder zum Prozeßrecht bestimmt wird, ist es nur konsequent, auf die funktionale Bedeutung der jeweils anstehenden Entscheidung abzustellen und ein etwaiges Übergreifen in den jeweils anderen Bereich außer acht zu lassen. Und auch dem weiteren, von Schmidt benutzten Argument, Prozeßvoraussetzungen seien immer ohne Bindung an untergerichtliche Feststellungen zu prüfen, wird außerhalb des Bereichs doppelt relevanter Tatsachen ja fast einhellig zugestimmt[200]. Diese „Systemreinheit" der Schmidtschen Auffassung ist aber zugleich auch ihre größte Schwäche, was die Umsetzung in die Praxis betrifft. Da Schmidt an der Bindung des

---

[195] Eb. Schmidt, a.a.O. Auch Paulus (KMR § 244 Rdn. 360) spricht sich zwar grds. für eine unbeschränkte Feststellungsbefugnis des Revisionsgerichts aus, schränkt diesen Grundsatz in Anlehnung an BGHSt 22, 90 jedoch insoweit stark ein, als er das Revisionsgericht dort für gebunden hält, wo die Feststellungen des Tatrichters zur sicheren Identifizierung der Straftat unentbehrlich sind. Seine Auffassung entspricht daher im Ergebnis der h. M.

[196] Vgl. Eb. Schmidt, Lehrk. II, § 337 Rdn. 12 u. Vorbem. zu §§ 244-256 Rdn. 20.

[197] Vgl. Eb. Schmidt, Lehrk. II, § 337 Rdn. 13f.

[198] Vgl. 2. Kap. B. II. 2.

[199] Vgl. oben 2. Kap. A. u. B.

[200] Vgl. für viele: Kleinknecht/Meyer, Einl. Rdn. 152; LR(23)-Schäfer, Einl. Kap. 11 Rdn. 13, 29; Dahs/Dahs, Rdn. 103; Gössel, S. 131; siehe auch schon oben 2. Kap. B.

Revisionsrichters an tatrichterliche Feststellungen im sachlich-rechtlichen Bereich festhält[201], ist denkbar, daß das Revisionsgericht, nachdem es zuvor im prozeßrechtlichen Bereich vom tatrichterlichen Urteil abweichende Feststellungen getroffen hat, nachfolgend im Rahmen der Sachrüge gerade diese von ihm selbst als unrichtig erkannten Tatsachen seiner Beurteilung zugrunde legen muß. Diese Auffassung kann also nicht ausschließen, daß dem revisionsgerichtlichen Urteil zwei widersprüchliche Tatsachen als wahr zugrunde gelegt werden.

Hat z. B. der Tatrichter ein bestimmtes Datum als Tatzeit festgestellt und sowohl für die Prüfung der Verjährung als auch für den Schuld- und Strafbereich als wesentlich verwandt (etwa, weil eine Täterschaft des Angeklagten zu anderen Zeitpunkten ausgeschlossen wäre [Alibi]), so ist — nach Schmidt — der Revisionsrichter nicht gehindert, die tatsächlichen Grundlagen der Verjährung nochmals und ohne Bindung an die tatrichterlichen Feststellungen zu überprüfen. Ermittelt er dabei einen vom tatrichterlichen abweichenden, aber noch innerhalb der Verjährungsfrist liegenden Tatzeitpunkt, so enthielte das Urteil dann eine „verfahrensrechtliche" und eine „materiell-rechtliche" Tatzeit.

Fraglich ist also, ob solche (möglichen) Widersprüche innerhalb einer Einheit (= Revisionsurteil) hingenommen werden können. Diese Frage stellt sich nicht nur im Zusammenhang mit doppelt relevanten Tatsachen. Auch die vom Gesetz sowohl bei der Berufung wie bei der Revision eingeräumte Möglichkeit zur Teilaufhebung (vgl. §§ 328 Abs. 1, 353) kann dazu führen, daß das nachfolgende Tatgericht sich nur noch mit Teilaspekten der Sache befassen darf und dabei vor der Frage steht, inwieweit die bestehenbleibenden und die von ihm gegebenenfalls neu festgestellten Tatsachen ein einheitliches Ganzes bilden müssen. Nach ständiger Rechtsprechung[202] des BGH, die im Schrifttum gebilligt wird[203], ist Widerspruchsfreiheit der tatsächlichen Feststellungen eines Urteils jedenfalls dann zwingend erforderlich, wenn sie sich auf eine einheitliche Tat beziehen. Ist also z. B. das Urteil nur im Strafausspruch mit den dazugehörenden Feststellungen aufgehoben, so dürfen die vom Tatgericht in der neuen Verhandlung dazu zu treffenden Feststellungen mit den aufrechterhaltenen zum Schuldspruch nicht im Widerspruch stehen[204]. Gilt dies aber schon für verschiedene Tatsachen, die Bestandteil eines historischen Vorgangs sind, so erst recht für ein und dieselbe Tatsache, die — wie bei Doppelzuordnung regelmäßig der Fall — „lediglich" Grundlage verschiedener Entscheidungsformen (Prozeß-/Sachentscheidung) sein kann[205].

Noch nicht geklärt ist damit allerdings, woraus der BGH seine Forderung nach Widerspruchsfreiheit ableitet. Die einschlägigen Entscheidungen begnügen sich durchgehend mit der schlichten Feststellung, Widersprüche in einem

[201] Vgl. Schmidt, a.a.O., Rdn. 34.

[202] Vgl. BGHSt 7, 287; *10*, 72; *24*, 275; *28*, 121; *29*, 366; *30*, 342.

[203] Vgl. LR(24)-Hanack, § 353 Rdn. 28; KK-Pikart, § 353 Rdn. 25.

[204] Vgl. LR(24)-Hanack, a.a.O.

[205] So im Ergebnis auch Willms, S. 407.

einheitlichen Urteil seien unzulässig[206], ohne den tragenden Grund dafür anzugeben. Dieser könnte in der verfassungsrechtlichen Verankerung der Begründungspflicht zu finden sein. Es ist anerkannt, daß das Erfordernis einer Begründung hoheitlicher Entscheidungen eine Konkretisierung des in Art. 20 Abs. 3 GG niedergelegten Rechtsstaatsgrundsatzes ist[207]. Dies gilt jedenfalls dann, wenn die Entscheidung möglicherweise grundrechtsrelevante Bereiche des Betroffenen berührt[208], wie dies bei strafprozessualen Urteilen regelmäßig der Fall sein wird. Dadurch soll zum einen der gerichtliche Rechtsschutz gesichert werden, dessen Durchführung in der Regel nur möglich ist, wenn die Erwägungen des Gerichts offenkundig gemacht werden. Dieser Gesichtspunkt tritt bei Revisionsentscheidungen allerdings zurück, da diese — von der Möglichkeit der Verfassungsbeschwerde einmal abgesehen — nicht mehr anfechtbar sind. Daneben soll sich aus der Begründung aber auch ergeben, ob das Gericht sich im vorliegenden Fall an Recht und Gesetz gehalten hat[209]. Die Begründungspflicht bezweckt also unabhänig von der Anfechtbarkeit der Entscheidung auch eine Legitimation hoheitlichen Handelns[210]. Beide Ziele werden sicher dann verfehlt, wenn die Entscheidung überhaupt keine Gründe enthält. Welche Gründe die Entscheidung tragen, ist darüber hinaus aber dann nicht erkennbar, wenn die Feststellungen widersprüchlich sind. Fehlende und fehlerhafte Feststellungen stehen sich also insoweit gleich[211]. Somit ist also auch das Erfordernis der Widerspruchsfreiheit einheitlicher Entscheidung letztlich ein Ausfluß des Rechtsstaatsgebots aus Art. 20 Abs. 3 GG[212].

Dies bedeutet zwar nicht, daß im Strafprozeß zwei sich widersprechende Entscheidungen zu ein und derselben Frage generell unzulässig wären. So ist z. B. das erkennende Gericht bei der Beurteilung der Frage, ob angeklagte Taten wegen ihrer Einbeziehung in eine bereits abgeurteilte Fortsetzungstat rechtskräftig erledigt sind, nicht an die Feststellungen des früheren Urteils gebunden[213]. Dabei handelt es sich jedoch um ein Problem der Bindungswirkung. Jedes der beiden Urteile muß aber in sich widerspruchsfrei sein, auch wenn sie zu jeweils unterschiedlichen, sich gegenseitig ausschließenden Ergebnissen kommen.

---

[206] Vgl. etwa BGHSt *7*, 286/287 sowie die oben in FN 202 genannten Entscheidungen.

[207] Vgl. BVerfGE *49*, 66/67; *55*, 206; Ule, DVBl *59*, 537 (542); *81*, 363 (367) m.w.N.; Kopp, VwGO § 108 Rdn 30.

[208] Vgl. BVerfGE *49*, 66/67; u.a. deshalb sind auch Revisionsurteile trotz § 34 StPO zu begründen; vgl. LR(24)-Wendisch, § 34 Rdn. 1; KK-Maul, § 34 Rdn. 3; Krehl, GA *1987*, 162 (172).

[209] Vgl. Ule, a.a.O.

[210] Vgl. etwa BVerfGE *55*, 206, wo ein unanfechtbarer Beschluß des BGH wegen fehlender Begründung aufgehoben wurde.

[211] Vgl. LR(24)-Hanack, § 338 Rdn. 117; so auch Eb. Schmidt selbst, wenn er für die Aufhebung von Urteilen eintritt, die auf widersprüchlicher Tatsachengrundlage beruhen, vgl. § 337 Rdn. 32.

[212] So auch Willms, a.a.O.

[213] Vgl. BGHSt *15*, 268.

Die eingangs aufgeworfene Frage, ob ein Revisionsurteil auf widersprüchlicher Tatsachengrundlage hingenommen werden kann, muß also verneint werden. Die Schmidtsche Auffassung führt daher nur dort zu befriedigenden Ergebnissen, wo die Ermittlungen des Revisionsgerichts ein Eingehen auf den sachlich-rechtlichen Bereich überflüssig machen, d. h. dort, wo es entweder das Verfahren als Ganzes wegen Fehlens einer Prozeßvoraussetzung einstellt oder aber die tatrichterlichen Feststellungen (teilweise) aufgrund von Verstößen gegen eine sonstige Verfahrensnorm aufhebt. In den übrigen Fällen müßte sie — da der Grundsatz der Widerspruchsfreiheit gilt — die Frage beantworten, welche von zwei entgegengesetzten Tatsachenfeststellungen letztlich gelten soll. Somit kann diese Ansicht die Abgrenzung der Ermittlungskompetenz zwischen Tat- und Revisionsgericht im Bereich doppelt relevanter Tatsachen nicht lückenlos durchführen und ist daher zur Lösung des Gesamtproblems nicht geeignet.

II. Modifiziertes Trennungsmodell

Um die beim strengen Trennungsmodell möglichen Widersprüche auszuschließen, will eine andere, insbesondere von Schlüchter vertretene Auffassung die Verwendbarkeit der vom Revisionsgericht getroffenen Feststellungen davon abhängig machen, ob sie im Ergebnis zur Einstellung des Verfahrens führen oder nicht[214]. Ausdrücklich Stellung bezieht diese Ansicht zwar nur zu doppelt relevanten Tatsachen im Bereich der Prozeßvoraussetzungen. Dort soll das Revisionsgericht immer zu einem „überholenden“ Einstellungsurteil gem. § 354 Abs. 1 befugt sein, wenn es das Nichtvorliegen einer Sachurteilsvoraussetzung festgestellt hat[215]. Begründet wird diese Auffassung mit der Erwägung, letztlich komme es darauf an, einen Widerspruch in einer Einheit (= Urteil) zu verhindern. Dieser Ansatz läßt sich auch auf verfahrensleitende Normen übertragen. Dort könnten vom Revisionsgericht ermittelte Tatsachen eben nur dann dem Urteil zugrunde gelegt werden, wenn sie zur Begründetheit der Verfahrensrüge und damit zur Aufhebung der tatsächlichen Feststellungen des angefochtenen Urteils führten.

Da der Revisionsrichter ex-ante nicht erkennen kann, ob seine Ermittlungen nun zur Einstellung führen oder nicht, muß diese Ansicht ihn im Bereich doppelt relevanter Tatsachen immer für befugt halten, eigene Tatsachenfestellungen zu treffen. Insoweit unterscheidet sie sich nicht von der Schmidtschen Auffassung. Dann ist sie aber auch den gleichen Einwendungen ausgesetzt wie diese. Auch hier stellt sich also die Frage: Wie soll das Revisionsgericht mit seinen von den tatrichterlichen abweichenden Feststellungen, die nicht zur Einstellung bzw. zur

---

[214] Schlüchter, Rdn. 693.

[215] Schlüchter, a. a. O.; ähnlich auch Hannack in LR(24) § 337 Rdn. 36; dort wird jedoch zusätzlich gefordert, das Revisionsgericht dürfe von vornherein nur die tatrichterlichen ergänzende Feststellungen treffen, nicht aber solche, die zu ihnen im Widerspruch stehen.

Begründetheit der Verfahrensrüge führen, verfahren? Da Schlüchter nur „überholende" Einstellungsurteile des Revisionsgerichts zulassen will und im übrigen die Widerspruchsfreiheit als Endziel ihrer Auffassung postuliert, müßte ihre Antwort darauf etwa lauten: In solchen Fällen muß das Revisionsgericht zur Vermeidung einer widersprüchlichen Urteilsgrundlage seine eigenen Feststellungen beiseite schieben und wieder auf die tatrichterlichen zurückgreifen. Diese Auswirkungen ihrer Ansicht werden von Schlüchter jedoch weder angesprochen noch diskutiert.

Ihre Problemlösung überzeugt jedoch auch aus einem anderen Grunde nicht. Zwar hat die Auseinandersetzung mit der Schmidtschen Auffassung schon gezeigt, daß ein widerspruchsfreies Urteil tatsächlich das Ziel jeder sich mit der Doppelrelevanz befassenden Ansicht sein muß. Hinsichtlich dieser Zielvorgabe ist der Schlüchterschen Auffassung also durchaus zuzustimmen. Geht es jedoch allein darum, so läßt sich dieses Ergebnis auch auf anderen als dem von Schlüchter beschriebenen Weg erreichen. Widerspruchsfrei wäre das Urteil z. B. auch dann, wenn man das Revisionsgericht bei doppelt relevanten Tatsachen strikt an die tatrichterlichen Feststellungen bände. Ein anderer Weg wäre, ihm keinerlei Beschränkungen aufzuerlegen und seine insoweit getroffenen Feststellungen dann auch der Prüfung des materiellen Rechts zugrunde zu legen. In diesem Fall würde die Widerspruchsfreiheit dann „auf Kosten" der tatrichterlichen Feststellungsbefugnis erreicht. Zwar soll nicht behauptet werden, diese anderen Wege seien der Schlüchterschen Auffassung vorzuziehen. Die Tatsache allein, daß die Widerspruchsfreiheit auch anders erreichbar ist, zeigt jedoch: Die Vorzugswürdigkeit eines der möglichen Wege wird nicht allein durch die Nennung der Zielvorgabe bewiesen. Diese Methode ist nur dort anwendbar, wo mit der Angabe des zu erreichenden Zwecks schon der einzig dahin führende Weg vorgezeichnet ist. Gibt es aber — wie hier — mehrere Wege, müssen zur Begründung auch andere als nur teleologische Aspekte herangezogen werden.

C. Vereinheitlichungsmodelle

Im Gegensatz zu den oben beschriebenen Trennungsmodellen lösen die in Rechtsprechung und Literatur vorherrschenden Vereinheitlichungsmodelle den mit der Doppelrelevanz auftretenden Kompetenzkonflikt, indem sie von vornherein den Feststellungen des Revisions- oder des Tatgerichts den Vorrang einräumen und sie auch der Prüfung des jeweils anderen Bereichs (Prozeß- bzw. Sachrüge) zugrunde legen. Dazu können wiederum zwei grundsätzlich unterschiedliche Vorgehensweisen angewandt werden. Die erste beläßt es bei der oben beschriebenen[216] Aufteilung zwischen prozessualen Fragen einerseits und materiell-rechtlichen andererseits. Die Frage, welche Feststellungen bei doppelt relevanten Tatsachen zugrunde zu legen sind, wird dann anhand außerhalb dieser Einteilung liegender Gesichtspunkte (z. B. aus dem Beweisrecht) beant-

[216] Vgl 2. Kap. A. u. B.

wortet[217]. Die andere Möglichkeit ist, die Revisibilität von Tatsachen von vornherein — auch bei Doppelrelevanz — anhand der Leistungsfähigkeit des Revisionsgerichts zu bestimmen.

I. Die Leistungstheorie

Dieser zweite Weg wird von der schon oben vorgestellten[218] Leistungstheorie beschritten. Zwar anerkennen ihre Vertreter grundsätzlich die Unterscheidung zwischen materiellem und Prozeßrecht und damit die Existenz von beiden Rechtsgebieten zuzuordnenden, also doppelt relevanten Tatsachen. Da sie aber die Trennung von Revisiblem und Irrevisiblem „lediglich" anhand der Leistungsfähigkeit des Revisionsgerichts vornehmen, vermeiden sie mögliche Widersprüchlichkeiten der Urteilsgrundlage. Danach ist eine doppelt relevante Tatsache entweder nur durch eine den Grundsätzen der Unmittelbarkeit und Mündlichkeit unterliegende Beweisaufnahme aufzuklären; dann ist sie nach dieser Ansicht dem Revisionsgericht sowohl in ihrer materiell-rechtlichen als auch in ihrer prozeßrechtlichen Funktion entzogen[219]. Bedarf es einer solchen Beweisaufnahme nicht, dann kann das Revisionsgericht erneute Ermittlungen im Wege des Freibeweises (insb. Akteneinsicht) nicht nur hinsichtlich der verfahrensrechtlichen Bedeutung der Tatsache, sondern auch mit Wirkung für den Schuld- und Strafbereich anstellen[220]. Sich überschneidende Tatsachenfeststellungen von Tat- bzw. Revisionsgericht sind somit bei konsequenter Durchführung dieses Ansatzes ausgeschlossen.

Die Leistungstheorie hat sicher den Vorzug, eine in sich abgeschlossene Lösung anzubieten, in der das Problem der Doppelrelevanz nicht als Ausnahme der „an sich" gegebenen Abgrenzung der Tätigkeitsbereiche von Tat- und Revisionsgericht begriffen werden muß. Fraglich ist jedoch, ob sie mit der derzeitigen gesetzlichen Ausgestaltung der Revision in Einklang zu bringen ist. Zunächst könnte sie gegen § 337 verstoßen. Zwar ist es nach dem Gesetzeswortlaut durchaus möglich, eine Gesetzesverletzung auch dann anzunehmen, wenn eine Rechtsnorm auf einen unrichtig festgestellten Sachverhalt angewandt wird[221]. Die Revision sollte jedoch nach dem Willen des Gesetzgebers keine erneute Tatsacheninstanz zur Klärung der Schuld- und Straffrage sein, wie sich schon aus den Motiven ihrer Entstehung ergibt. Dort heißt es[222]: „... ergibt sich, daß die rein tatsächliche Würdigung des Straffalls, ..., von der Tätigkeit des höheren Richters ausgeschlossen bleiben muß. ..., und das von diesem (dem

---

217 Siehe dazu unten 3. Kap. C. II. u. III.

218 Vgl oben 2. Kap. A. V. u. B. I. 2.

219 Vgl. Peters, S. 638/640, 657.

220 Vgl. Peters, S. 647/8; so im Ergebnis auch Pfitzner, S. 254. Vgl. dazu jedoch oben FN 131.

221 Vgl. Sarstedt/Hamm, Rdn. 324.

222 Vgl. Hahn, Materialien Bd. 1, S. 250.

Tatrichter) festgestellte Ergebnis ist für die höhere Instanz maßgebend, insoweit dasselbe nicht etwa im Wege eines gesetzwidrigen Verfahrens gewonnen worden ist."

Danach sollte die Revision also grundsätzlich auf die Nachprüfung richtiger Rechtsanwendung beschränkt sein. Entsprechendes ergibt sich auch aus einem Vergleich des § 337 mit der Kompetenznorm des Berufungsverfahrens, dem § 318. Dort wird, abgesehen von möglichen Berufungsbeschränkungen, der gesamte Inhalt des erstinstanzlichen Urteils der Prüfungskompetenz des Berufungsgerichts unterstellt. Hält man sich weiter vor Augen, daß die Tätigkeit des Strafrichters im wesentlichen durch die Komponenten Sachverhaltsfeststellung und Rechtsanwendung bestimmt wird, so kann die einschränkende Kompetenzzuweisung des § 337, wonach das Urteil nur auf falsche Rechtsanwendung hin überprüft werden kann, eben nur so verstanden werden, daß der Revisionsrichter — zumindest im Schuld- und Strafbereich — keine neue Tatsachenfeststellung mehr betreiben soll. Die Unterscheidung zwischen Tat- und Rechtsfrage wird also de lege lata dem geltenden strafprozessualen Rechtsmittelsystem zugrunde gelegt[223]. Sie kann daher nicht, wie es die Leistungstheorie tut, bei der Bestimmung des Revisiblen einfach beiseite geschoben werden, selbst wenn die Durchführung der Unterscheidung im Einzelfall schwierig sein sollte.

Darüber hinaus ist fraglich, wie das Revisionsgericht von ihm selbst festgestellte Tatsachen im Rahmen der Sachrüge berücksichtigen soll. Insbesondere stellt sich die Frage, ob eine veränderte Tatsachengrundlage es zu einer eigenen Sachentscheidung gem. § 354 berechtigt. Die Problematik wird durch folgendes Beispiel verdeutlicht: Der Angeklagte wird wegen Betrugs verurteilt. Er habe zu einer Zeit, da er in Vermögensverfall geraten war, einen Mietvertrag abgeschlossen. Aus dem in den Akten befindlichen Vertrag ergibt sich, daß dieser in Wahrheit ein Jahr früher abgeschlossen wurde. Zu dieser Zeit waren die Vermögensverhältnisse noch geordnet. Nach der Leistungstheorie darf das Revisionsgericht dies feststellen und die neue Tatsache seiner Entscheidung zugrunde legen[224].

Wie aber soll diese Entscheidung aussehen? Dem Revisionsgericht lediglich die Aufhebung des Urteils und die Zurückverweisung zur erneuten Entscheidung zu gestatten, erscheint gekünstelt, nachdem das Revisionsgericht bereits die Schuld- und Straffrage durch eigene Tatsachenfeststellungen dahingehend geklärt hat, daß nur noch ein Freispruch in Frage kommt. Denn die Notwendigkeit der Zurückverweisung ergibt sich ja gerade daraus, daß dem Revisionsgericht eigene Feststellungen zur Schuld- und Straffrage verwehrt sind[225]. Eine eigene Sachentscheidung des Revisionsgerichts ist aber gem. § 354 Abs. 1 nur möglich, soweit die Aufhebung eines Urteils wegen Gesetzesverletzung bei Anwendung des Gesetzes auf die *dem Urteil zugrunde liegenden Feststellungen*

223 Vgl. auch Schlüchter, Rdn. 692.

224 Vgl. Peters, a. a. O.

225 Vgl. Roxin, S. 346.

erfolgt. Nach dieser Formulierung ist eine eigene Sachentscheidung somit nur dort möglich, wo die tatrichterlichen Feststellungen unverändert auch der Revisionsentscheidung zugrunde gelegt werden können[226].

Über die von der h. A. für möglich gehaltene Überprüfung des Sachverhalts anhand der in der Urteilsurkunde niedergelegten Urteilsgründe hinaus läßt sich eine Ermittlungsbefugnis des Revisionsgerichts im Schuld- und Strafbereich — so wie sie von der Leistungstheorie vertreten wird — mit dem derzeit gesetzlich festgelegten Revisionsrechtssystem nicht vereinbaren. Da sie somit vom methodischen Ansatz her nicht geeignet ist, auf der Grundlage der gesetzlichen Ausgestaltung der Revision eine befriedigende Abgrenzung zwischen revisiblen und irrevisiblen Tatsachen vorzunehmen, kann sie auch — trotz der oben geschilderten Vorzüge — nicht zur Lösung der sich aus der Doppelrelevanz ergebenden Probleme herangezogen werden.

II. Vorrang des prozessualen Aspekts

1. Darstellung

Ein widerspruchsfreies Revisionsurteil wird auch erreicht, wenn man in Fällen von Doppelrelevanz die vom Revisionsgericht zur prozessualen Frage getroffenen Feststellungen auch der Prüfung der materiell-rechtlichen Seite zugrunde legt und sich damit für einen Vorrang des prozessualen gegenüber dem sachlich-rechtlichen Aspekt entscheidet. Diese Lösung wird zwar für die strafprozessuale Revision nicht vertreten, sie findet sich jedoch in Rechtsprechung und Schrifttum zum Zivil- bzw. Verwaltungsprozeß. Die dort vertretenen Begründungen können somit auf ihre Anwendbarkeit im Strafprozeß überprüft werden.

a) Die Rechtslage im Zivilprozeß

Die zentrale Vorschrift zur Eingrenzung des Prozeßstoffes im zivilprozessualen Revisionsrecht ist § 561 ZPO. Nach dessen Abs. 1 werden in der Revisionsinstanz zwar grundsätzlich nur die Parteibehauptungen verhandelt, die schon vor dem Berufungsgericht vorgetragen wurden und daher aus dem Tatbestand des Berufungsurteils bzw. dem Sitzungsprotokoll ersichtlich sind. Hinsichtlich dieser Tatsachen ist das Revisionsgericht gem. Abs. 2 darüber hinaus auch an die Entscheidung des Berufungsgerichts über deren Wahrheit bzw. Unwahrheit gebunden, d. h. eine eigene Beweisaufnahme findet grundsätzlich nicht statt. Bei Entscheidungen über prozessuale Fragen gibt es jedoch zwei Ausnahmen von dieser Bindung. Die eine entspricht § 344 und bezieht sich auf Tatsachen, die eine Rechtsverletzung in bezug auf das Verfahren begründen sollen. Insoweit hat das Revisionsgericht neue Tatsachen sowohl zu beachten (§ 561 Abs. 1 S. 2 ZPO) als auch gegebenenfalls selbst Beweis zu erheben (§ 561 Abs. 2 letzter Halbsatz

[226] Ganz einhellige Auffassung: vgl. für viele LR(24)-Hanack, § 354 Rdn. 1; KMR-Paulus, § 354 Rdn. 1 jeweils m. w. N.; so selbst Peters, S. 664.

ZPO). Die andere bezieht sich auf von Amts wegen zu beachtende Umstände, zu denen auch die Prozeßvoraussetzungen gerechnet werden. Auch hier ist das Revisionsgericht weder an den Parteivortrag noch an die vom Berufungsgericht insoweit getroffenen Feststellungen gebunden[227]. Das schon im Strafprozeß festgestellte Grundschema[228] — Bindung im materiell-rechtlichen, keine Bindung im prozeßrechtlichen Bereich — läßt sich also auch hier wiederfinden.

Im Bereich doppelt relevanter Tatsachen ist das Revisionsgericht nach fast einhelliger Auffassung jedenfalls bei Vorbereitung einer prozessualen Entscheidung immer zu eigenen Ermittlungen befugt. Eine Bindung hinsichtlich dieser Tatsachen, wie sie von der — noch vorzustellenden[229] — vorherrschenden Ansicht im Strafprozeß angenommen wird, wird hier — mit einer Ausnahme — nicht vertreten, meist nicht einmal erwogen[230]. Im Gegenteil wird das Revisionsgericht im Anschluß an entsprechende Urteile des BGH für befugt gehalten, die im prozessualen Bereich getroffenen Feststellungen auch der materiell-rechtlichen Prüfung zugrunde zu legen und gegebenenfalls eine eigene Sachentscheidung zu treffen[231].

Die Begründungen, die dabei für das Übergreifen dieser Tatsachen auf den sachlich-rechtlichen Bereich gegeben werden, sind unterschiedlich.

In einigen Entscheidungen wird vorrangig darauf abgestellt, daß die neu vorgetragenen Tatsachen im wesentlichen unstreitig seien, die Parteien eine Sachentscheidung wünschten und es daher der Prozeßökonomie zuwiderliefe, das Urteil lediglich aufzuheben und die Sache zur erneuten Verhandlung zurückzuverweisen[232]. Dieses Argument fußt letztlich in dem im Zivilprozeß geltenden Verhandlungsgrundsatz[233]. Er bedeutet, daß allein die Parteien den Streitstoff in den Prozeß einführen, über seine Feststellungsbedürftigkeit entscheiden und seine Feststellung betreiben[234]. Insbesondere muß das Gericht die Tatsachen als wahr unterstellen, die von den Parteien übereinstimmend vorgetragen werden[235]. Zu Punkten, bei denen solch übereinstimmender Parteivortrag vorliegt, könnte demnach auch das neue Tatgericht keine eigenen Feststellungen mehr treffen.

---

[227] Vgl. BL/Albers, § 561 Anm. 3; StJ.-Grunsky § 561 Rdn. 8, 9, 25.

[228] Vgl. oben 2. Kap. A. u. B.

[229] Vgl. unten 3. Kap. C. III.

[230] Vgl. etwa BL/Albers, a.a.O.; StJ.-Grunsky, a.a.O.; RGZ *128*, 66 ff.; BGH LM Nr. 5 zu § 146 KO; BGHZ *28*, 13; a.A. Rimmelspacher, S. 197.

[231] Vgl. BGH LM Nr. 10 zu § 562 Abs. 3 ZPO; BGH LM Nr. 4 zu § 146 KO; BGH LM Nr. 2 und 3 zu § 61 KO; BGH WM *64*, 1173; ausdrücklich zustimmend Wieczorek, § 561 ZPO Anm. B III a 2, 3; Jansen, § 27 FGG Rdn. 42 a.E.; Rosenberg/Schwab, § 146 II 3 d; Mattern, JZ *63*, 649 (653).

[232] BGH LM Nr. 2, 3 zu § 61 KO; WM *64*, 1173.

[233] Vgl. Rosenberg/Schwab, § 78 II, S. 406 m.w.N.

[234] Rosenberg/Schwab, a.a.O.

[235] Vgl. Rosenberg/Schwab, a.a.O., S. 407 m.w.N.

In einem anderen Urteil[236] heißt es, die Berechtigung zur Sachentscheidung ergebe sich daraus, daß das neue Tatgericht an die rechtliche Beurteilung der für die Zulässigkeit der Revision vorgebrachten Tatsachen jedenfalls dann gebunden sei, wenn sich an den tatsächlichen Grundlagen der Beurteilung nichts geändert habe. Dementsprechend müsse das neue Tatgericht auch an die Feststellungen des Revisionsgerichts gebunden sein, die es zur Überprüfung der zugrunde liegenden Prozeßnormen getroffen habe. Das Revisionsgericht ging in dieser Entscheidung also offenbar davon aus, daß bei doppelt relevanten Tatsachen das neue Tatgericht entgegen § 561 Abs. 2 ZPO, der eine Bindung nur an die der Aufhebung zugrunde liegenden Rechtsauffassungen festschreibt, auch an die tatsächlichen Feststellungen des Revisionsgerichts gebunden sei.

Im zivilprozessualen Schrifttum begründet lediglich Mattern seine der Rechtsprechung zustimmende Auffassung näher[237]. Er geht dabei von der für den Zivilprozeß verbreiteten Ansicht aus, nach der unter bestimmten Voraussetzungen neue sachlich-rechtliche Tatsachen zumindest auch dann noch in der Revisionsinstanz berücksichtigt werden können, wenn sie nicht beweisbedürftig sind[238]. Die in § 561 festgeschriebene Bindung des Revisionsrichters an das aus dem Tatbestand des Berufungsurteils bzw. dem Sitzungsprotokoll ersichtliche Parteivorbringen bezwecke lediglich, dem Revisionsgericht aufwendige Beweisaufnahmen zu ersparen. Seien die fraglichen Tatsachen aber entweder unstreitig oder offenkundig, so sei für eine Beweisaufnahme kein Raum mehr und folglich entfalle auch die in § 561 festgelegte Bindung[239]. Doppelt relevante Tatsachen, bei denen das Revisionsgericht in prozessualer Hinsicht Ermittlungen angestellt habe, bedürften wegen der dadurch bereits gebildeten richterlichen Überzeugung ebenfalls keines Beweises mehr und seien daher den von vornherein nicht beweisbedürftigen Tatsachen gleichzustellen[240]. Daraus ergebe sich für den Regelfall die Zulassung dieser doppelt relevanten Tatsachen auch in materieller Hinsicht. Auch diese Argumentation fußt also auf dem im Zivilprozeß gültigen Verhandlungsgrundsatz, der das Gericht an unstreitiges Vorbringen bindet und damit den Parteien die Bestimmung des Streitstoffes überläßt.

Zusammenfassend läßt sich somit feststellen, daß im Zivilprozeß ein Übergreifen des vom Revisionsgericht zu prozessualen Fragen festgestellten Sachverhalts auch auf den materiell-rechtlichen Bereich unter zwei Gesichtspunkten für zulässig gehalten wird. Zum einen wird auf die Bindung sowohl des Revisions- als auch des Tatgerichts an übereinstimmendes Parteivorbringen abgestellt, weil in diesen Fällen auch durch Aufhebung und Zurückverweisung keine von einer evtl. revisionsrichterlichen abweichende Entscheidung zu erwarten sei. Zum andern soll das neue Tatgericht im Bereich doppelt relevanter Tatsachen nicht

[236] BGH LM Nr. 10 zu § 565 Abs. 3 ZPO.

[237] Vgl. Mattern, a.a.O.

[238] Vgl. etwa StJ-Grunsky, § 561 Rdn. 17 m.w.N.

[239] Vgl. StJ-Grunsky, a.a.O.; Rosenberg/Schwab, § 146 II, S. 834.

[240] Vgl. Mattern, a.a.O.

nur an die Rechtsauffassungen, sondern auch an die tatsächlichen Feststellungen des Revisionsgerichts gebunden sein.

b) Die Rechtslage im Verwaltungsprozeß

Auch im Verwaltungsprozeß ist das Revisionsgericht — was die Befugnis zur eigenen Tatsachenfeststellung bzw. die Berücksichtigung neuer Tatsachen betrifft — im wesentlichen auf den Bereich des Prozeßrechts beschränkt, während es bei der Entscheidung der materiell-rechtlichen Fragen gem. § 137 Abs. 2 VwGO an die Feststellungen des tatrichterlichen Urteils gebunden ist[241]. Hinsichtlich doppelt relevanter Tatsachen wird auch dort das Revisionsgericht für befugt gehalten, seine zu prozessualen Fragen getroffenen Feststellungen auch der Sachprüfung zugrunde zu legen[242].

Ausgangspunkt der dafür gegebenen Begründung ist eine — wenn auch umstrittene[243] — Rechtsprechung des Bundesverwaltungsgerichts[244], wonach das Revisionsgericht auch im Verwaltungsprozeß neue materiell-rechtliche Tatsachen dann berücksichtigen darf, wenn sie unstreitig sind. In dieser Verfahrensart gilt jedoch gem. § 86 Abs. 1 VwGO der Amtsermittlungs- und nicht der Verhandlungsgrundsatz. Die Zulassung neuer unstreitiger Tatsachen in der Revision kann im Verwaltungsprozeß somit nicht mit der Dispositionsbefugnis der Verfahrensbeteiligten über den Prozeßstoff erklärt werden. Vielmehr wird darauf abgestellt, daß die Berücksichtigung dieser Tatsachen den Verfahrensfortgang beschleunige und keine wesentlichen Interessen der Parteien verletze[245].

Doppelt relevanten Tatsachen sollen — im Anschluß an Matterns Auffassung[246] — den unstreitigen gleichgestellt werden. Damit sind sie nicht nur prozessual, sondern auch in materiell-rechtlicher Hinsicht zu berücksichtigen[247]. Zwischen dem Ergebnis des Freibeweises und dem, was bei den materiellrechtlichen Tatsachen revisionsinstanzlich verwertbar sei, weil es als offenkundig oder unstrittig und deswegen nicht beweisbedürftig angesehen werde, bestehe kaum ein Unterschied[248].

---

241 Vgl. Eyermann/Fröhler, § 137 VwGO Rdn. 13f.; Redeker/van Oertzen, § 137 VwGO Rdn. 15ff.

242 Vgl. Rasenack, S. 78/79.

243 Vgl. Redeker/van Oertzen, a.a.O. Rdn. 17; Eyermann/Fröhler, a.a.O., Rdn. 14.

244 BVerwGE *29*, 127 (130); *58*, 152.

245 Vgl. BVerwGE, a.a.O.

246 Vgl. oben 3. Kap. C. II. 1. a) zu FN 237.

247 Vgl. Rasenack, S. 78/79.

248 So Rasenack, a.a.O.

2. Der Vorrang des prozessualen Aspekts im Strafprozeß

Soviel zur Herleitung des Modells vom Vorrang des prozessualen Aspekts im Zivil- bzw. Verwaltungsverfahren. Zu prüfen bleibt, ob es auch bei der Behandlung doppelt relevanter Tatsachen im Strafprozeß angewandt werden kann. Um dies festzustellen, sollen im folgenden zunächst die in den anderen Verfahrensarten vertretenen Begründungen unter strafprozessualen Gesichtspunkten gewürdigt werden.

a) Bindung des Gerichts an tatsächliches Vorbringen von Verfahrensbeteiligten

Die Grundstruktur der Argumentation war dabei sowohl im Zivil- als auch im Verwaltungsprozeß identisch. Bei beiden geht man davon aus, daß mit der Zulassung unstreitigen neuen Vorbringens in der Revisionsinstanz den Parteien eine gewisse Dispositionsbefugnis über den Tatsachenstoff der Verhandlung eingeräumt werden kann. Im Anschluß daran setzt man dann die zu prozessualen Fragen gewonnenen Tatsachen den unstreitigen gleich und begründet so bei Doppelrelevanz ihr Hinübergreifen auch auf den materiell-rechtlichen Teil.

Im Strafverfahren gilt aber der insbesondere in den §§ 155 Abs. 2 und 244 Abs. 2 niedergelegte Amtsermittlungsgrundsatz. Er bedeutet, daß das Gericht den Sachverhalt selbst ermittelt und dabei weder an Anträge noch an Erklärungen der Prozeßbeteiligten gebunden ist[249]. Auch ihre tatsächlichen Behauptungen (z. B. ein Geständnis des Angeklagten) sind nicht verbindlich; das Gericht steht ihnen vielmehr völlig frei gegenüber[250]. Soweit also im Zivilprozeß aus der Herrschaft der Prozeßparteien über die entscheidungserheblichen Tatsachen Rückschlüsse auf die Behandlung doppelt relevanter gezogen werden, ist dieser Weg im Strafprozeß wegen der unterschiedlichen Ausgangslage nicht gangbar.

Da die Zulassung neuen unstreitigen Vorbringens aber auch im Verwaltungsprozeß für zulässig gehalten und dieser — ebenso wie der Strafprozeß — vom Amtsermittlungsgrundsatz beherrscht wird[251], müssen dort andere Gesichtspunkte herangezogen werden. Die tragenden Gründe der einschlägigen Entscheidungen, wonach die Zulassung „Interessen der Parteien nicht verletze[252]" bzw. das unstreitige Vorbringen „gleichsam eine übereinstimmende Erledigungserklärung[253] enthalte", weisen insoweit auf den im Verwaltungsprozeß geltenden Verfügungsgrundsatz (Dispositionsmaxime) hin, vgl. § 88 VwGO. Danach können die Parteien zwar nicht über den Tatsachenstoff, wohl aber über

---

[249] Vgl. Roxin, § 15 A, S. 75.

[250] Vgl. KK-Herdegen, § 244 Rdn. 1.

[251] Vgl. Kopp, § 86 VwGO Rdn. 1.

[252] Vgl. BVerwGE *58*, 152.

[253] Vgl. BVerwGE *29*, 127 (130).

den Streitgegenstand und das Prozeßrechtsverhältnis als Ganzes bestimmen[254]. Nur sie allein entscheiden z.B. darüber, ob eine Klage überhaupt anhängig gemacht wird, welche Klageanträge gestellt werden, ob das Verfahren durch Klagerücknahme, Vergleich o.ä. beendet wird. Der Verfügungsgrundsatz ist dabei im Verwaltungsprozeß ein Mittel zur Durchsetzung und Verteidigung subjektiver Rechte der Prozeßparteien[255]. Der Verwaltungsprozeß ist somit — wie auch der Zivilprozeß — ein Parteiprozeß, der von der Existenz zweier, sich gleichberechtigt gegenüberstehender Parteien mit unterschiedlichen Prozeßzielen und Interessen ausgeht. Auf diesem Hintergrund erscheint es zumindest vertretbar, trotz Geltung des Amtsermittlungsgrundsatzes von der Richtigkeit übereinstimmenden Parteivorbringens jedenfalls so lange auszugehen, wie keine gegenteiligen Indizien ersichtlich sind.

Der Strafprozeß hingegen ist kein Parteiprozeß[256]. In ihm geht es nicht um den Ausgleich widerstreitender Parteiinteressen, sondern um die Feststellung der Voraussetzungen staatlicher Strafverfolgung[257]. Daher kann die Ermittlung des zugrunde zu legenden Tatsachenstoffes sich auch nicht damit begnügen, einen „parteigerechten" Sachverhalt festzustellen. Ziel des Strafverfahrens ist vielmehr nach überwiegender Ansicht[258] u.a. die Feststellung der materiellen Wahrheit, um auf dieser Grundlage die Schuld- und Straffrage zu beantworten. Die bereits oben[259] aus dem Amtsermittlungsgrundsatz hergeleitete Feststellung, wonach der Strafrichter an den Tatsachenvortrag der „Prozeßparteien" niemals gebunden ist, erleidet demnach auch unter dem Gesichtspunkt einer möglichen Geltung des Dispositionsgrundsatzes keine Ausnahme.

Die eingangs gestellte Frage[260], ob die im Zivil- bzw. Verwaltungsprozeß zur Begründung des Vorrangs des prozessualen Aspekts bei Doppelrelevanz vorgebrachte Begründung auf den Strafprozeß übertragen werden kann, ist also zu verneinen. Die Verfahrensgrundsätze, auf denen die Argumentation dort fußt (Verhandlungsgrundsatz im Zivilprozß bzw. Dispositionsgrundsatz im Verwaltungsprozeß), gelten im Strafprozeß nicht. Der zweite Argumentationsschritt — nämlich die Gleichsetzung von unstreitigen Tatsachen einerseits mit solchen, die zu prozessualen Fragen im Wege des Freibeweises gewonnen wurden andererseits — braucht daher nicht mehr überprüft zu werden.

---

[254] Vgl. Kopp, § 86 VwGO Rdn. 2.

[255] Vgl. BVerwGE *66*, 56.

[256] Vgl. LR(23)-Schäfer, Einl. Kap. 9 Rdn. 4. Das gilt nicht für das Privatklageverfahren, das jedoch vom Gesetz lediglich als Ausnahmefall vorgesehen ist.

[257] Vgl. Roxin, § 12 B I, S. 62.

[258] Vgl. Roxin, § 1 B II, S. 3; LR(23)-Schäfer, Einl. Kap 13 Rdn. 41.

[259] Siehe oben 3. Kap. C. III. 2. a).

[260] Vgl. oben 3. Kap. C. II. 2.

b) Vorrang des prozessualen Aspekts und Einheitlichkeit der Entscheidung zur Schuld- und Straffrage

Mit dieser Feststellung allein kann jedoch ein möglicher Vorrang des prozessualen Aspekts bei Doppelrelevanz auch für den Strafprozeß nicht abgetan werden. Für eine solche Lösung könnten vielmehr speziell dem Strafprozeßrecht entnommene, in den anderen Verfahrensarten nicht berücksichtigte Umstände sprechen. Es reicht daher nicht aus, nur die dort beschrittenen Argumentationswege auf ihre Brauchbarkeit im Strafprozeß zu untersuchen. Darüber hinaus muß auch das Ergebnis (d. h. das Hinübergreifen von zu prozessual relevanten Umständen ermittelten Tatsachen auch in den materiellrechtlichen Bereich) auf seine Verträglichkeit mit anderen strafprozessualen Normen und Grundsätzen überprüft werden.

Wollte das Revisionsgericht seine zu Prozeßrügen getroffenen Feststellungen auch der Überprüfung der Sachrüge zugrunde legen, könnte darin zunächst ein Verstoß gegen § 337 gesehen werden. Schon oben[261] bei der Diskussion der Leistungstheorie war festgestellt worden, der Revisionsrichter dürfe gem. § 337 keine eigenen Feststellungen zur Schuld- und Straffrage treffen, sondern sei dabei an die tatrichterlichen gebunden. Wenn dies dort unzulässig ist, so müßte dies hier erst recht gelten, da bei generellem Vorrang des prozessualen Aspekts die Feststellungen des Revisionsgerichts immer in den materiell-rechtlichen Bereich hinübergreifen müßten, während die Leistungstheorie dem Revisionsrichter eigene Feststellungen zur Schuldfrage nur erlauben will, wenn diese im Freibeweis (insb. durch Akteneinsicht) gewonnen werden können[262] und es somit keiner unmittelbar-mündlichen Beweisaufnahme bedarf.

Gegen diese Gleichsetzung könnten jedoch zwei Argumente sprechen. Das erste ist ein eher formales. Bei dem hier diskutierten Modell vom Vorrang des prozessualen Aspekts werden die fraglichen Tatsachen — anders als bei der Leistungstheorie — nicht zur Schuld- und Straffrage, sondern vielmehr zur jeweils anstehenden prozessualen Entscheidung getroffen. Lediglich das Ergebnis der zu prozessualen Fragen erfolgten Beweisaufnahme wird später auch auf den materiell-rechtlichen Bereich übertragen, um ein widerspruchsfreies Revisionsurteil zu gewährleisten. Die Auswirkung, nämlich die Aufsplitterung des der Schuldfrage zugrunde zu legenden Tatsachenstoffes, ist aber in beiden Fällen dieselbe. Der funktionale Anknüpfungspunkt der Beweisaufnahme ist daher kein taugliches Differenzierungskriterium, um einen Verstoß gegen § 337 hier ablehnen zu können.

Der zweite Einwand geht weiter und richtet sich gegen die Aufgabenteilung als solche. Ist nach der gesetzlichen Ausgestaltung der Revisionsinstanz Tatsachenfeststellung nur in bezug auf prozessuale Fragen möglich, im Hinblick auf materiell-rechtliche dagegen nicht, so zeigt allein die Existenz doppelt

---

[261] Vgl. 3. Kap. C. I.

[262] Vgl. oben 3. Kap. C. I. zu FN 220.

relevanter Tatsachen, daß diese strikte Trennung tatsächlich nicht durchführbar ist, will man nicht — wie oben bei der Erörterung der Trennungsmodelle gezeigt[263] — Revisionsurteile auf widersprüchlicher Tatsachengrundlage hinnehmen. Soll dagegen Widerspruchsfreiheit erzielt werden, muß entweder den Feststellungen des Revisions- oder denjenigen des Tatgerichts der Vorrang eingeräumt werden[264]. Einem solchen Vorgehen entgegenzuhalten, es verstoße gegen die grundsätzliche Aufgabenteilung zwischen Revisions- und Tatgericht im Bereich der Tatsachenfeststellung, ist dann zwar zutreffend. Dieses Argument läßt sich jedoch nicht ohne weiteres zur Widerlegung dieser Lösung verwenden, da die Trennung im Bereich der Doppelrelevanz — wie gesehen — nicht zu befriedigenden Ergebnissen führt. Unter diesem Gesichtspunkt ist ein möglicher Vorrang des prozessualen Aspekts bei Doppelrelevanz also auch im Strafverfahren durchaus denkbar.

Damit ist aber andererseits noch nicht entschieden, daß einem Hinübergreifen der Prozeßtatsachen im Strafprozeß auch tatsächlich der Vorzug zu geben wäre. Vielmehr ist zu untersuchen, ob die durch §337 vorgenommene Aufteilung lediglich technischer Natur ist oder ob das Bestreben, zusammemhängende Sachverhaltsteile einheitlich feststellen zu lassen, auch inhaltliche, in der Strafprozeßordnung festgelegte Gründe hat.

Anhaltspunkte dafür ergeben sich aus § 261[265]. Danach darf der Richter seine Überzeugung von Tatsachen, auf die sich seine Entscheidung über Schuld und Strafe stützt, nur aus dem Inhalt der Hauptverhandlung schöpfen. Dies bedeutet u. a., daß sonstige Feststellungen, etwa aus dem Ermittlungs- oder Zwischenverfahren, prinzipiell unberücksichtigt bleiben müssen[266]. Das geltende Strafverfahrensrecht geht also grundsätzlich davon aus, daß die ein Urteil tragenden Feststellungen von lediglich *einem* Entscheidungsträger als Ergebnis *einer* Hauptverhandlung festgestellt werden sollen. Hintergrund dieser Regelung ist die Vorstellung, daß die für ein Urteil erforderliche Kenntnis vom Tathergang und der Persönlichkeit des Angeklagten am besten dadurch vermittelt wird, daß das Gericht die dazu erforderlichen Feststellungen in eigener Verantwortung ermittelt und nicht solche anderer Verfahrensbeteiligter übernimmt[267].

Dieser Grundsatz gilt jedoch nicht ausnahmslos. Insbesondere die Möglichkeiten der Rechtsmittelbeschränkung (vgl. etwa § 318) können auch im Rahmen der Schuld- und Straffrage dazu führen, daß ein Gericht eine bereits rechtskräftige[268] Feststellung eines anderen Gerichts übernehmen muß. Wenn auch die

---

[263] Vgl. oben 3. Kap. B.

[264] S.o. zu Beginn des 3. Kap. Dieser Grundgedanke liegt allen Vereinheitlichungsmodellen zugrunde.

[265] Vgl. LR(24)-Gollwitzer, § 261 Rdn. 1, der von einer das ganze Strafverfahren bestimmenden Grundsatznorm spricht.

[266] Vgl. LR(24)-Gollwitzer, a.a.O. Rdn. 15ff.; KK-Hürxthal, § 261 Rdn. 6.

[267] Vgl. KMR-Paulus, § 261 Rdn. 5ff.

übernommenen Tatsachen ihrerseits unter den Voraussetzungen des § 261 gewonnen wurden, tritt damit eine Aufspaltung der Ermittlungsbefugnis hinsichtlich der zur Schuld- und Straffrage zu treffenden Feststellungen ein. Voraussetzung einer wirksamen Beschränkung ist allerdings, daß der isoliert angefochtene Teil rechtlich und tatsächlich selbständig beurteilt werden kann[269]. So kann z.B. eine Berufung zwar grundsätzlich auf die Straffrage beschränkt werden, wodurch der Schuldspruch für das Rechtsmittelgericht bindend wird. Dagegen ist innerhalb der Schuldfrage einer Einzeltat eine Beschränkung auf Teilaspekte (etwa das Vorliegen einzelner Tatbestandsmerkmale) nicht möglich[270]. Die revisionsinstanzliche Aufgabenteilung des § 337 ist somit nicht lediglich technischer Natur, sondern dient der Verwirklichung des in der StPO festzustellenden Grundsatzes, wonach zusammenhängende Sachverhaltsteile einheitlich festzustellen sind und die Aufsplitterung in Teilaspekte vermieden werden soll.

Ließe man nun in Fällen von Doppelrelevanz die zu prozessualen Fragen getroffenen Feststellungen auch im materiell-rechtlichen Bereich maßgebend sein, so wäre aber gerade die Aufsplitterung des insoweit maßgeblichen Sachverhaltes auf solche Teilaspekte die Folge. Die Erörterung ihrer Erscheinungsformen hat gezeigt[271], daß Doppelrelevanz nicht notwendig ganze, in sich zusammenhängende und selbständige Sachverhaltsteile erfaßt, sondern vielmehr in der Regel nur wenige und unselbständige Einzeltatsachen betrifft. Ein Vorrang des prozessualen Aspekts bei Doppelrelevanz ist daher für den Strafprozeß abzulehnen.

III. Vorrang des materiell rechtlichen Aspekts

1. Herleitung der Bindungswirkung im Schrifttum

Die eindeutig herrschende Auffassung in der strafprozessualen Rechtsprechung und Literatur setzt sich — anders als die bisher dargestellten Lösungswege — für den Vorrang des materiell-rechtlichen Aspekts ein und plädiert daher bei Doppelrelevanz für eine Bindung des Revisionsgerichts an tatrichterliche Feststellungen auch im Hinblick auf den prozessualen Bereich[272].

---

268 Auf den Streit, ob Tatsachen in Rechtskraft erwachsen können, braucht hier nicht eingegangen zu werden. Entscheidend ist, daß jedenfalls eine innerprozessuale Bindungswirkung für das Rechtsmittelgericht eintritt; vgl. KMR-Paulus, § 318 Rdn. 4.

269 Vgl. BGHSt *10*, 100 (101); *29*, 359 (364); KK-Ruß, § 318 Rdn. 1; KMR-Paulus, a.a.O. Rdn. 18.

270 Vgl. KK-Ruß, a.a.O. Rdn. 6 m.w.N.

271 Vgl. oben 1. Kap. E. II.

272 Meyer in Alsberg/Nüse/Meyer, S. 157; LR(24)-Schäfer, Einl. Kap. 11 Rdn. 30; Dahs/Dahs, Rdn. 391; LR(24)-Hanack, § 337 Rdn. 35; Sauer, S. 422; Kleinknecht/Meyer, § 337 Rdn. 6; KK-Herdegen, § 244 Rdn. 8; Krause, Jura *82*, 225 (232); Kleinknecht, JR *68*, 467 (468); Willms, S. 407/8; Grünwald, Teilrechtskraft, S. 377; Steglein, GerS *46*, S. 1 (16); Hanack, JZ *73*, 727; im Ergebnis auch KMR-Paulus, § 240

Dabei ist — abgesehen von unterschiedlichen Herleitungen dieses Ergebnisses — innerhalb der h. M. lediglich umstritten, ob und inwieweit Ausnahmen von diesem Grundsatz anzuerkennen sind oder nicht. Die wohl überwiegende Auffassung will — im Anschluß an eine Entscheidung des BGH[273] — zumindest bezüglich des Tatzeitpunktes eine Bindung verneinen, wenn die Tatzeit für den Schuldspruch als solchen entbehrlich ist[274]. Auf diese von der Rechtsprechung entwickelte Einschränkung der Bindungswirkung soll jedoch erst später[275] eingegangen werden. Im folgenden soll zunächst die grundsätzliche dogmatische Herleitung der Bindungswirkung dargestellt und gewürdigt werden. Dazu werden — wie oben bereits angedeutet — innerhalb der h. M. verschiedene Anknüpfungspunkte herangezogen.

a) *Herleitung aus der minderen Bedeutung des Prozeßrechts*

Vor allem im älteren Schrifttum wurde die Bindungswirkung — insbesondere von Sauer[276] — mit der angeblich geringeren Bedeutung des Prozeßrechts gegenüber dem materiellen Recht begründet.

Als Ausgangspunkt stellt er zunächst auf den Prozeßzweck ab, den er in der Sachgestaltung — d. h. in der Anwendung des materiellen Rechts auf den dazu festgestellten Sachverhalt und damit im Erlaß eines Sachurteils — sieht[277]. Die diesem zugrunde liegenden Tatsachen, die im Wege eines förmlichen Beweisverfahrens festgestellt worden seien, müßten dem Revisionsgericht entzogen sein, da das Untergericht sie infolge des dem Revisionsgericht nicht zur Verfügung stehenden Strengbeweises erheblich zuverlässiger feststellen könne[278]. Im übrigen sei das Revisionsgericht in der Tatsachenermittlung frei. Im Konfliktfall — also bei doppelt relevanten Tatsachen — gebe dann der generell wichtigere Zweck den Ausschlag; es entscheide der engere Kreis der Sachgestaltung[279] (d. h. die zur Schuld- und Straffrage festgestellten Umstände), und folglich sei das Revisionsgericht in diesen Fällen an die tatrichterlichen Feststellungen gebunden.

Im neueren Schrifttum wird diese Begründung ausdrücklich nur von Willms[280] vertreten. Ausgehend von der Überlegung, daß doppelt relevante

---

Rdn. 360; Bovensiepen, S. 179/180; Többens, S. 17ff.; BGHSt *22*, 90; MDR *55*, 143 (D); MDR *56*, 272 (D); RGSt *71*, 259; *69*, 318; *45*, 158; *12*, 434; *11*, 261.

[273] BGHSt *22*, 90ff.

[274] Vgl. LR(24)-Schäfer, a. a. O., m. w. N.; a. A. jedoch Meyer in LR(23), § 337 Rdn. 33 und in Alsberg/Nüse/Meyer, S. 158; zweifelnd auch Krause, a. a. O.; kritisch auch LR(24)-Hanack, a. a. O. Rdn. 26 und JZ *72*, 114; zustimmend ders. jedoch in JZ *73*, 727.

[275] Siehe unten 3. Kap. C. III. 2. c).

[276] Vgl. insbes. Sauer, S. 406ff., insbes. 408.

[277] Vgl. Sauer, S. 405/6 u. LZ *1919*, 671 (676).

[278] Vgl. Sauer, S. 414.

[279] Vgl. Sauer, S. 422.

[280] Willms, S. 407 a. E., 408.

Tatsachen zur Erreichung von Widerspruchsfreiheit jedenfalls einheitlich festgestellt werden müssen, ist er der Auffassung, das die allgemeine Verbindlichkeit auslösende Übergewicht liege auf der Seite der Sachentscheidung[281]. Dies gelte jedenfalls für verfahrensleitende Normen, die in einem gleichsam dienenden Verhältnis zur Sachentscheidung stünden[282]. Ob dies auch hinsichtlich der Prozeßvoraussetzungen zutrifft, wird von Willms allerdings offengelassen[283].

Eine Auseinandersetzung mit der Auffassung Sauers könnte nun schon mit ihrem Prozeßzielverständnis beginnen. Denn daß dies allein die Sachgestaltung sein soll, wird keineswegs allgemein vertreten. Vielmehr gibt es unterschiedliche Ansichten[284], und es lassen sich namhafte Autoren anführen, die neben der Verwirklichung materiellen Strafrechts (was oft mit den Begriffen „Wahrheit" oder „Gerechtigkeit" gleichgesetzt oder doch auf sie bezogen wird) zumindest auch die Einhaltung des Prozeßrechts, meist unter dem Begriff der Justizförmigkeit[285], in ihre Prozeßzieldefinition einbeziehen.

Um die Lehre von der Zweitrangigkeit prozeßrechtlicher Tatsachen und Entscheidungen in der von dieser Ansicht vertretenen Allgemeinheit kritisieren zu können, ist jedoch eine tiefergehende Auseinandersetzung mit den unterschiedlichen Prozeßziellehren nicht erforderlich. Vielmehr genügt dazu schon ein Blick auf die Herleitung sowie die insbesondere revisionsrechtlichen Folgen eines Verstoßes gegen die Prozeßnormen.

Dabei soll mit den Prozeßvoraussetzungen begonnen werden, da die verschiedenen Prozeßnormen — wie bereits gesehen[286] — insoweit unterschiedlichen Regeln folgen. Einige von ihnen sind spezialgrundrechtlich geschützt. So ist das Doppelbestrafungsverbot in Art. 103 Abs. 3 GG verankert, die Zuständigkeitsvorschriften durch den in Art. 101 Abs. 1 S. 2 GG normierten Grundsatz des gesetzlichen Richters abgesichert. Auch das Prozeßhindernis der Immunität ist durch Art. 46 Abs. 2 GG verfassungsrechtlich geschützt. Es ist nicht erkennbar, aus welchem Grund zwischen diesen verfassungsrechtlich verankerten Prozeßvoraussetzungen und den materiell-strafrechtlichen Normen ein wie auch immer geartetes Bedeutungsgefälle im Sinne einer „Höherwertigkeit" des materiellen Rechts konstruiert werden könnte. Entscheidend ist jedoch ein anderer Gesichtspunkt. Selbst wenn man es als vorrangiges Ziel des Strafprozesses ansieht, zu einem Sachurteil zu kommen, ist die Feststellung der Prozeßvoraussetzungen dazu ebenso notwendig wie die Anwendung materiell-rechtlicher Normen. Und dort schließlich, wo es nicht zu einem Sachurteil kommen kann, weil wegen Fehlens einer Prozeßvoraussetzung ein Einstellungsurteil zu ergehen

---

281 Willms, S. 407 a. E.

282 Willms, S. 408.

283 Willms, a. a. O.

284 Vgl. dazu die Zusammenstellung bei Volk, S. 173ff.

285 Vgl. etwa Roxin, S. 2; LR(23)-Schäfer, Einl. Kap. 6 Rdn. 7; Eb. Schmidt, JZ *58*, 596 (601).

286 Vgl. dazu oben 1. Kap. E. u. 2. Kap. B.

hat, kehrt sich das von dieser Lehre vertretene „Bedeutungsgefälle" zwischen materiellem und Prozeßrecht vollends ins Gegenteil um. Denn es ist wohl unbestreitbar, daß in einem solchen Fall die fragliche Prozeßvoraussetzung in den Mittelpunkt des Verfahrens rückt, während das möglicherweise auf den konkreten Fall anzuwendende materielle Recht eben wegen fehlender Anwendungsvoraussetzungen völlig in den Hintergrund tritt, ja geradezu irrelevant wird[287].

Etwas anders sieht dies bei den verfahrensleitenden Normen aus, auf die Willms seine Vorstellung vom dienenden Prozeßrecht bezogen hat[288]. Im Gegensatz zu den Prozeßvoraussetzungen ist ihr Vorliegen nicht Voraussetzung für den Erlaß eines Sachurteils. Ihre Einhaltung bezweckt, eine für das Prozeßziel „Sachurteil" bestmögliche Tatsachengrundlage zu erreichen[289]. Insoweit sind sie also tatsächlich dem materiellen Recht funktional zugeordnet. Fraglich ist jedoch, ob daraus ein Rangverhältnis im Sinne einer Unterordnung des verfahrensleitenden Rechts abgeleitet werden kann. Die prozeßleitenden Normen enthalten nicht nur technische Anweisungen zur Abwicklung des Verfahrens. Durch sie fließen vielmehr — auch außerprozessual angelegte — Wertentscheidungen in den Verfahrensgang ein[290]. So sichert z.B. § 136a die Stellung des Beschuldigten als Prozeßsubjekt und damit seine in Art. 1 GG verankerte Menschenwürde[291]; zu denken ist ferner an die Verfahrensnormen, die das Grundrecht des Angeklagten auf rechtliches Gehör (Art. 103 Abs. 1 GG) verwirklichen sollen. Die Art und Weise des Vorgehens entscheidet also wesentlich mit darüber, ob das Ziel, die Verwirklichung des materiellen Strafrechts, im Prozeß überhaupt erreichbar ist. Eine Konsequenz dieser Abhängigkeit ist, daß in der Revisionsinstanz die (möglicherweise) verfahrensfehlerhaft gewonnenen Feststellungen zur Schuld- und Straffrage gem. § 353 Abs. 2 aufzuheben sind und dem Schuldspruch, d.h. der Umsetzung des materiellen Rechts, die Grundlage entzogen wird. Auch hinsichtlich verfahrensleitender Normen ist also von einer Wechselbeziehung und nicht von einer hierarchischen Rangabstufung zwischen Prozeßrecht und materiellem Recht auszugehen.

Die These von der durchgänig minderen Bedeutung des Prozeßrechts oder doch wenigstens der verfahrensleitenden Normen kann somit nicht aufrechterhalten werden. Die Bindung des Revisionsgerichts an tatrichterlich festgestellte doppelt relevante Tatsachen auch im prozessualen Bereich kann folglich auch nicht so begründet werden.

---

[287] In diesem Sinne auch Volk, S. 80; Willms, S. 408; vgl. auch Meyer in Alsberg/Nüse/Meyer, S. 113, wo dieses Argument im Rahmen der Begründung des Freibeweises diskutiert wird.

[288] Siehe Willms, a.a.O.

[289] Vgl. LR(24)-Schäfer, Einl. Kap. 6 Rdn. 7ff.; Eb. Schmidt, Lehrk. I Rdn. 24.

[290] Vgl Eb. Schmidt, a.a.O. Rdn. 23; Roxin, § 1 B 1, S. 2.

[291] Vgl. BVerfGE *45*, 187 (228).

b) Herleitung aus der Funktionsverteilung zwischen Tat- und Revisionsgericht

Eine andere Auffassung versucht, die Bindungswirkung aus der grundsätzlichen Funktionsverteilung zwischen Tat- und Revisionsgericht herzuleiten[292]. Dem Tatrichter sei es vorbehalten, sämtliche die Tat und den Täter betreffenden Fakten zu ermitteln. Das so festgestellte Tatsachenmaterial zur Schuldfrage bilde demnach eine Einheit, aus der sich einzelne Aspekte nicht herauslösen ließen. Daher könne das Revisionsgericht dort auch nicht tätig werden und sei somit an die diesbezüglichen Feststellungen gebunden.

Nun war oben[293] bereits festgestellt worden, daß sich mit der durch § 337 vorgegebenen Aufgabenteilung als solcher im Bereich doppelt relevanter Tatsachen nur schlecht argumentieren läßt. Zwar ist es richtig, daß nach der danach vorgenommenen Ausgestaltung der Revision die tatsächliche Grundlage des Schuld- und Strafausspruchs dem Revisionsgericht zumindest insoweit verschlossen ist, als es eigene Feststellungen nicht an die Stelle der tatrichterlichen setzen kann. Die Überzeugungskraft dieses Systemarguments versagt jedoch gerade gegenüber doppelt relevanten Tatsachen, da diese sich eben wegen ihrer Doppelzuordnung dem grundsätzlich vorgegebenen System der Arbeitsteilung zwischen Tat- und Revisionsgericht entziehen. Das Revisionsgericht überprüft sie — wenn überhaupt — ja nicht im Hinblick auf ihre materiellrechtliche, sondern auf ihre prozeßrechtliche Funktion. Dies deutlich herausgestellt zu haben, ist ein Verdienst der oben[294] dargestellten Schmidtschen Auffassung.

Es wurde bereits festgestellt[295], daß Feststellungen des Revisionsgerichts zu doppelt relevanten Tatsachen — wenn man sie zuließe — jedenfalls nicht auch der sachlich-rechtlichen Entscheidung zugrunde gelegt werden könnten. Eine eigene Ermittlungsbefugnis des Revisionsgerichts in diesem Bereich berührt also nicht primär die „Ganzheitlichkeit" der tatrichterlichen Feststellung zur Schuld- und Straffrage, sondern „lediglich" die Widerspruchsfreiheit des Revisionsurteils selbst. Somit kann aus der Funktionsverteilung zwischen Tat- und Revisionsgericht nichts anderes hergeleitet werden, als eben die Bindung des Revisionsgerichts an Feststellungen gerade zum Schuld- und Strafbereich. Warum diese Bindung aber auch auf die prozeßrechtliche Entscheidung übergreifen soll, ist damit noch nicht erklärt.

Daher werden von einigen Vertretern dieser Auffassung Zusatzerwägungen zur Begründung der Bindungswirkung herangezogen. Sie behaupten daher weiter — unter Berufung auf eine von Willms[296] entwickelte Auffassung —,

[292] Vgl. Kleinknecht, a.a.O.; Bovensiepen, S. 180/1; KMR-Paulus, § 244 Rdn. 360; LR(24)-Hanack, § 337 Rdn. 35.

[293] Siehe oben 3. Kap. C. II. 2. b).

[294] Siehe oben 3. Kap. B. I.

[295] Siehe oben 3. Kap. C. II. 2. b).

[296] Willms, S. 406/7.

maßgebend sei zusätzlich der auf dem Rechtsstaatsprinzip fußende Gedanke der Widerspruchsfreiheit des Urteils in Verbindung mit der gesetzgeberischen Entscheidung für die prinzipielle Verbindlichkeit der im Strengbeweis gewonnenen, materiell-rechtlichen Tatsachen für das Revisionsgericht[297]. Soweit dabei mit dem Beweisrecht der Revisionsinstanz argumentiert wird, soll dieser Gedanke hier zunächst ausgeklammert werden. Er wird unten[298] bei der Darstellung einer sich hauptsächlich auf beweisrechtliche Erwägungen stützenden Herleitung der Bindungswirkung wieder aufgegriffen werden.

Es bleibt also hier die Erwägung zu untersuchen, wonach die Bindung des Revisionsgerichts sich aus dem Erfordernis eines widerspruchsfreien Revisionsurteils ergebe. Schon bei der Diskussion der Schlüchterschen Auffassung war festgestellt worden[299], daß der Gedanke der Widerspruchsfreiheit allein weder eine Bindung des Revisionsgerichts, noch ein Hinübergreifen der zu prozessualen Fragen getroffenen Feststellungen auch auf den Schuld- und Strafbereich schlüssig zu begründen vermag, da dieses Ziel eben auf beiden Wegen zu erreichen ist. Andererseits war bei der Erörterung eines möglichen Vorrangs des prozessualen Aspekts der zweite dieser Wege als im Strafprozeß nicht gangbar ausgeschieden worden[300], da ansonsten die erforderliche Einheitlichkeit der dem Schuld- und Strafbereich zugrunde liegenden Feststellungen beeinträchtigt würde. Mithin bleibt nur der andere Weg übrig, und so scheint die Auffassung, die Bindung des Revisionsgerichts ergebe sich aus der Funktionsverteilung in Verbindung mit dem Gebot der Widerspruchsfreiheit, zutreffend zu sein.

Da das Revisionsgericht die Tatsachen, die es für seine prozessualen Entscheidungen benötigt, grundsätzlich selbst ermitteln kann[301], bedeutet die von dieser Ansicht vertretene Bindung somit eine Beschränkung dieses Aufgabenbereichs. Will man dies mit der erforderlichen Widerspruchsfreiheit rechtfertigen, müßte zunächst der Nachweis geführt werden, daß ein solcher Widerspruch im konkreten Fall überhaupt droht. Dies ist nicht der Fall, wenn aufgrund der vom Revisionsgericht angestellten Ermittlungen der Verstoß gegen eine Prozeßnorm erwiesen wird und dies wiederum dazu führt, daß die materiell-rechtliche Tatsachengrundlage des Urteils, auf die sich die Doppelrelevanz bezieht, hinfällig wird. Stellt das Revisionsgericht z. B. fest, daß eine Prozeßvoraussetzung fehlt, so ist das Verfahren einzustellen. Ist das Revisionsgericht daran gehindert, weil es an (möglicherweise unzutreffende) Feststellungen des Tatgerichts zu doppelt relevanten Tatsachen gebunden ist, so führt dies bei Nichtvorliegen dieser Prozeßvoraussetzung zur Bindung des Revisionsgerichts an solche Tatsachen, die — zumindest in ihrer materiell-rechtlichen Bedeutung — nach dem Verfahrensverständnis der h. M. nicht hätten getroffen

---

[297] KMR-Paulus, a. a. O.

[298] Siehe unten 3. Kap. C. III. 1. c).

[299] Siehe oben 3. Kap. B. II.

[300] Vgl. oben 3. Kap. C. II. 2. b).

[301] Vgl. oben 2. Kap. B.

werden dürfen. Auch dies ist mit der Funktionsverteilung zwischen Tat- und Revisionsgericht unvereinbar, da das Revisionsgericht u. a. ja gerade das prozeßordnungsgemäße Zustandekommen der angefochtenen Urteile kontrollieren soll. Eine generelle und ausnahmslose Bindung des Revisionsgerichts an vom Tatrichter festgestellte doppelt relevante Tatsachen läßt sich daher auch aus der Aufgabenteilung zwischen beiden Instanzen nicht herleiten.

c) Herleitung aus dem Beweisrecht der Revisionsinstanz

Nach einer weiteren — im Schrifttum wohl als herrschend zu bezeichnenden[302] — Meinung folgt die Bindung des Revisionsgerichts aus der Tatsache, daß die doppelt relevanten Feststellungen vom Tatgericht im Wege des Strengbeweises ermittelt worden seien. Zwar könne der Revisionsrichter Verfahrenstatsachen grundsätzlich selbst freibeweislich ermitteln; in Fällen von Doppelrelevanz müsse jedoch gewährleistet sein, daß die dem Urteil zugrunde liegenden Feststellungen einheitlich getroffen werden und dann genössen die im Wege des Strengbeweises vom Tatrichter ermittelten den Vorrang. Dabei wird jedoch in der Regel keine ausdrückliche Begründung dafür gegeben, warum die strengbeweislichen Feststellungen des Tatgerichts gegenüber eventuellen freibeweislichen Ermittlungen des Revisionsgerichts den Vorzug erhalten sollen. Nur gleichsam zwischen den Zeilen läßt sich herauslesen, daß die Vertreter dieser Ansicht von einer qualitativen Minderwertigkeit des Freibeweises gegenüber dem Strengbeweis ausgehen. So heißt es z. B. bei Meyer[303] zur Ablehnung der vom BGH[304] entwickelten Einschränkung der Bindungswirkung: „Das läuft darauf hinaus, dem Freibeweis ein größeres Gewicht beizumessen als der vom Tatrichter nach den Regeln der §§ 243 ff. durchgeführten Beweisaufnahme." Wenn das aber falsch ist und es daher bei der generellen Bindungswirkung zu bleiben hat, so heißt dies, daß Meyer umgekehrt die Strengbeweisaufnahme für „gewichtiger", d. h. qualitativ besser als die Freibeweisaufnahme ansieht.

Erste Voraussetzung dieser Ansicht ist folglich, daß diese Prämisse zutrifft und ein solches Qualitätsgefälle tatsächlich existiert. Schon oben[305] bei der Darstellung des Freibeweisrechts war festgestellt worden, daß sich der Unterschied jedenfalls nicht auf das angestrebte Beweisergebnis beziehen kann. Beide Beweisverfahren sollen grundsätzlich[306] zur vollen richterlichen Überzeugung

---

302 Vgl. Meyer in Alsberg/Nüse/Meyer, S. 157; Dahs/Dahs, Rdn. 391; Kleinknecht/Meyer, § 337 Rdn. 6; KK-Herdegen, § 244 Rdn. 8; Krause, Jura *82*, 225 (232); Grünwald, Teilrechtskraft, S. 377; Többen, S. 17 ff.; Krause, Revision, Rz. 116; auch KMR-Paulus, § 240 Rdn. 360 verwendet neben funktionalen Argumenten solche aus dem Beweisrecht.

303 Meyer, a. a. O. S. 158 und in LR(23), § 337 Rdn. 33; ähnliche Bedenken äußert auch Schäfer in LR(24), Einl. Kap. 11 Rdn. 30.

304 S.o. FN 273 u. unten 3. Kap. C. III. 2. c).

305 Siehe oben 2. Kap. C. I.

306 Zu den wenigen Ausnahmen s.o. 2. Kap. C. I. a. E.

vom Vorliegen oder Nichtvorliegen der zu beweisenden Tatsache führen[307]. Bei der Frage, wie dieses Ziel zu erreichen ist, ließen sich jedoch einige wichtige Unterschiede zwischen Streng- und Freibeweis feststellen[308]. Diese betrafen zunächst die Art und Weise der Einführung des Beweismittels in den Prozeß. So folgt aus der Zulässigkeit sog. Beweissurrogate im Freibeweisverfahren[309], daß zwischen dem tatnächsten und dem im Verfahren tatsächlich benutzten Beweismittel z. T. mehrere Vermittlungsstufen liegen können. Mit jeder dieser Stufen wächst aber die Gefahr der Falschübermittlung[310]. Weiter bedeutet der Verzicht auf die Grundsätze der Unmittelbarkeit und Mündlichkeit[311], daß im Freibeweisverfahren häufig auf den persönlichen Eindruck von Zeugen und Sachverständigen als Mittel der Beweiswürdigung nicht zurückgegriffen werden kann. Die Möglichkeit, durch gezieltes Nachfragen evtl. verbleibende Unsicherheiten auszuräumen, besteht in solchen Fällen für das erkennende Gericht nicht. Ferner war gezeigt worden[312], daß im Freibeweisverfahren auch einige der Wahrheitsfindung dienende Rechte des Angeklagten nicht beachtet werden müssen. So ist die Freibeweisaufnahme nicht notwendig parteiöffentlich, so daß der Angeklagte von seinem in § 240 Abs. 2 festgelegten Fragerecht keinen Gebrauch machen kann[313]. Schließlich wird der Umfang der Beweisaufnahme beim Freibeweis lediglich durch die in § 244 Abs. 2 statuierte Aufklärungspflicht festgelegt und ihre Konkretisierung in das pflichtgemäße Ermessen des Gerichts gestellt[314]. Ein weitergehendes Beweisantragsrecht, wie für den Strengbeweis durch die §§ 244 Abs. 3-6, 245 Abs. 2 festgelegt, hat der Angeklagte nicht.

Aufgrund der dargestellten Unterschiede läßt sich durchaus die Auffassung vertreten, der Strengbeweis sei in bezug auf die mit der Beweisaufnahme angestrebten Überzeugung des Richters von der Wahrheit einer bestimmten Behauptung das zuverlässigere Beweismittel. Zwar ist nicht ausgeschlossen, daß im Einzelfall eine Tatsache durch Freibeweis ebensogut nachweisbar ist wie durch Strengbeweis; das ändert jedoch nichts an der präsumtiv größeren Zuverlässigkeit des letzteren[315].

Gleichwohl können gegen die Herleitung der Bindungswirkung aus dem Beweisrecht der Revisionsinstanz Einwände erhoben werden. Der erste leitet sich aus dem Verhältnis zwischen Streng- und Freibeweis bei Nur-Verfahrenstatsachen her. Nach einhelliger Auffassung ist es dem Revisionsgericht nicht

307 Vgl. LR(24)-Gollwitzer, § 244 Rdn. 42 m.w.N.

308 Siehe oben 2. Kap. C. II.-IV.

309 Siehe oben 2. Kap. C. III.

310 Siehe die Nachweise in FN 153 und 154.

311 Siehe dazu oben 2. Kap. C. III.

312 Vgl. oben 2. Kap. C. III.

313 Siehe oben die Nachweise in den FN 147 und 148.

314 Siehe oben 2. Kap. C. IV. zu FN 159.

315 Aus diesem Grund sind doppelt relevante Feststellungen in der Tatsacheninstanz strengbeweislich festzustellen; vgl. LR(24)-Gollwitzer, § 244 Rdn. 6; BGH StrV. *82*, 101.

verwehrt, in Hinblick auf lediglich prozessual relevante Tatsachen freibeweisliche Feststellungen selbst dann anzustellen, wenn das Tatgericht diese vorher strengbeweislich ermittelt hat[316]. Wenn dies aber richtig ist, so ist nicht ohne weiteres ersichtlich, warum bei Doppelrelevanz die Höherwertigkeit des Strengbeweises zur Bindung des Revisionsgerichts führen soll. Denn die Qualität des benutzten Beweisverfahrens ist ja nicht von der funktionalen Zuordnung der zu beweisenden Tatsache abhängig. Jedoch ist nach h. A. bei lediglich prozessual relevanten Tatsachen Freibeweis eben immer zulässig[317]. Dies hat, wie oben bereits festgestellt[318], zur Folge, daß Art und Form der erforderlichen Beweisaufnahme in das lediglich durch die Aufklärungspflicht begrenzte Ermessen des Gerichts gestellt sind. Wenn aber nur diese konkrete Prozeßsituation für die Ausgestaltung des Beweisverfahrens bei Prozeßtatsachen maßgebend ist, kann es insoweit eine Bindung des Revisionsgerichts selbst dann nicht geben, wenn das Tatgericht strengbeweislich vorgegangen ist. Insofern unterscheiden sich Prozeßtatsachen also grundlegend von (auch) materiell-rechtlichen, für deren Nachweis nur Strengbeweis in Betracht kommt.

Allerdings wurde oben bereits festgestellt[319], daß das Revisionsgericht diese Tatsachen nicht in ihrer materiell-rechtlichen Bedeutung, sondern zunächst lediglich als Grundlage einer prozeßrechtlichen Entscheidung benötigt. Gleichwohl kann die Überprüfung auch Auswirkungen auf den materiell-rechtlichen Teil des angefochtenen Urteils haben, gerade wenn die erneute Beweisaufnahme zu einem anderen Ergebnis als dem vom Tatgericht strengbeweislich ermittelten führt und das Urteil daher (einschließlich der Urteilsfeststellungen) aufgehoben werden muß. Dies verstößt dann zwar nicht gegen die Funktionsverteilung zwischen Tat- und Revisionsgericht[320]; infolge der größeren Zuverlässigkeit des Strengbeweises bestehen aber bei abweichenden freibeweislichen Feststellungen a priori Bedenken gegen ihre Richtigkeit und damit gegen die Legitimation der Urteilsaufhebung.

Ein weiterer Einwand gegen die Herleitung der Bindung aus dem Beweisrecht baut auf dem vorherigen auf und ist insbesondere von Kleinknecht[321] formuliert worden. Gehe es lediglich um die größere Zuverlässigkeit des Strengbeweises, so

---

316 Vgl. LR(24)-Hanack, § 337 Rdn. 74; Meyer in Alsberg/Nüse/Meyer, S. 157; KK(1. Aufl.)-Herdegen Rdn. 10; Kautter, S. 34/5; Rieker, S. 98; Sauer, S. 414/5; mißverständlich OLG Schleswig, SchlHA *58*, 318, die dort getroffene Feststellung, die strengbeweislich ermittelten Tatsachen dürfe das Revisionsgericht nicht im Wege des Freibeweises ausschalten, bezieht sich nicht auf Nur-Verfahrenstatsachen, sondern auf doppelt relevante; a. A. OLG Königsberg, HRR *1929*, Nr. 881, wo die damalige, reichsgerichtliche Rechtsprechung zur Doppelrelevanz fälschlich auf Nur-Verfahrenstatsachen übertragen wird.

317 Vgl. nur LR(24)-Gollwitzer, § 244 Rdn. 3 m.w.N.

318 Siehe oben 2. Kap. C. V.

319 Siehe oben 3. Kap. C. III. 1. b).

320 Siehe oben 3. Kap. C. III. 1. b).

321 Vgl. Kleinknecht, JR *68*, 467 (468); ihm folgend Bovensiepen, S. 180.

könne aus diesem Argument nur die Konsequenz hergeleitet werden, daß auch das Revisionsgericht bei der Ermittlung doppelt relevanter Tatsachen Strengbeweis anzuwenden habe. Dies aber führe dazu, daß bei der Prüfung ein und derselben Verfahrensnorm für einen Teil der Beweistatsachen das Strengbeweisverfahren angewandt werden müsse, während für die anderen das Freibeweisverfahren genüge. Dies sei ein nicht hinnehmbarer Formalismus; die Stellungnahme zur Doppelrelevanz müsse daher aus einem anderen prozessualen Gesichtspunkt gewonnen werden[322].

Die Schlüssigkeit dieses Einwands setzt zunächst voraus, daß das Revisionsgericht überhaupt Strengbeweis erheben kann. Dies wird von einigen Autoren ausdrücklich bestritten[323], ohne daß dies allerdings näher begründet wird; andere Stimmen in der Literatur stehen dagegen[324]. Hat das Revisionsgericht die Möglichkeit, auf diese Weise vorzugehen, wird damit die Gefahr qualitativ unterschiedlicher Beweisaufnahmen aber nur gebannt, wenn es im Falle der Doppelrelevanz nicht nur berechtigt, sondern sogar verpflichtet wäre, dieses Beweisverfahren zu wählen. Wenn aber, wie oben bereis festgestellt[325], die Art des zu verwendenden Beweisrechts von der Rechtsnatur der zu treffenden Entscheidung (Prozeß-oder Sachentscheidung) abhängt, bleibt fraglich, warum für das Revisionsgericht bei der Entscheidung über eine Prozeßrüge eine solche Verpflichtung bestehen sollte. Entnimmt man sie — wovon Kleinknecht offenbar ausgeht — der strengbeweislichen Feststellung durch das Tatgericht, kommt es zwar zu der von ihm angenommenen Aufspaltung des Beweisrechts hinsichtlich der Beweistatsachen ein und derselben Prozeßnorm. Diese Folge ist jedoch — wie Kleinknecht selbst ausführt[326] — nicht hinnehmbar, weil die einer Prozeßnorm zugrunde liegenden Tatsachen mittels eines einheitlichen Beweisverfahrens festgestellt werden müssen. Geschieht dies aber grundsätzlich freibeweislich, so folgt aus dem vom Tatrichter bei Doppelrelevanz angewandten Strengbeweis eben doch, daß das Revisionsgericht an die so getroffenen Feststellungen gebunden ist.

Geht man daher mit der herrschenden Ansicht[327] davon aus, daß für prozeßrechtlich relevante Tatsachen Freibeweis, für materiell-rechtliche dagegen Strengbeweis gilt, läßt sich im Falle der Doppelrelevanz die Bindung des Revisionsgerichts an die vom Tatgericht ermittelten Feststellungen auch im prozessualen Bereich aus der präsumtiv größeren Zuverlässigkeit des Strengbeweises herleiten. Damit ist aber auch die letzte noch zu untersuchende Prämisse dieser Ansicht bereits genannt. Es ist dies die Geltung des Freibeweises für prozessual relevante Tatsachen.

---

[322] Vgl. Kleinknecht, a.a. O; ebenso Bovensiepen, a.a.O.

[323] Vgl. etwa Meyer in Alsberg/Nüse/Meyer, S. 154 m.w.N.

[324] Vgl. Kleinknecht, a.a.O.; Bovensiepen, S. 175/6.

[325] Siehe oben 2. Kap.

[326] Vgl. Kleinknecht a.a.O.

[327] Vgl. oben 2. Kap. C.

2. Die Rechtsprechung

Bevor jedoch die unterschiedlichen Herleitungen des Freibeweises untersucht werden können, ist zunächst die Durchsicht der zur Doppelrelevanz vertretenen Ansichten um diejenige der Rechtsprechung zu vervollständigen. Die einschlägigen Entscheidungen enthalten zwar — was noch zu belegen sein wird — keine Lösungsansätze, die von den im Schrifttum entwickelten grundsätzlich abweichen. Gerade die neuere Rechtsprechung des Bundesgerichtshofes versucht jedoch, die bis dahin[328] vorherrschend vertretene strenge Bindung des Revisionsgerichts bei doppelt relevanten Tatsachen aufzulockern und im Einzelfall neue Feststellungen des Revisionsgerichts zuzulassen.

a) Das Reichsgericht

Noch das Reichsgericht hat durchgängig die Auffassung vertreten, im Bereich doppelt relevanter Tatsachen sei das Revisionsgericht ausnahmslos an die tatrichterlichen Feststellungen gebunden und daher in seiner ihm sonst bei Prozeßentscheidungen zustehenden Tatsachenfeststellungsbefugnis beschränkt[329]. Eine über diese Behauptung hinausgehende Begründung sucht man in den angegebenen Entscheidungen jedoch zumeist vergeblich. Lediglich zwei der genannten Urteile gehen ausführlich auf den Grund der angenommenen Tatsachenbindung ein.

Im ersten hatte das Gericht zu entscheiden, ob ein in erster Instanz vereidigter Zeuge wegen Verstandesschwäche nicht vereidigt werden durfte. Fraglich war, inwieweit es an die dazu getroffenen Feststellungen des Tatrichters gebunden war. Dabei handelte es sich deshalb um eine doppelt relevante Tatsache, weil die Frage der Verstandesschwäche nicht nur für die Vereidigung, sondern auch für die Beweiswürdigung von Bedeutung war. Das Gericht sah sich an eigenen Feststellungen gehindert, da es bezüglich der Voraussetzungen des damaligen § 56 Nr. 1 (heute § 60 Abs. 1 2. Alt.) dem Tatrichter einen Beurteilungsspielraum einräumte, wie er ihm auch heute noch von der Rechtsprechung zugebilligt wird[330]. Diese Einschränkung der revisionsrichterlichen Prüfungsbefugnis bei Ermessensentscheidungen wird jedoch — wie oben bereits festgestellt[331] — auch bei reinen Verfahrenstatsachen angenommen und beruht auf anderen Erwägungen als die Bindung in Fällen von Doppelrelevanz.

Im zweiten Urteil[332] wird ausgeführt, eine Nachprüfung sei ausgeschlossen, soweit die Feststellungen des angefochtenen Urteils den Sachverhalt beträfen,

---

[328] Vgl. LR(24)-Schäfer, Einl. Kap. 11 Rdn. 30.

[329] Vgl. RGSt *11*, 261 (262) zur Feststellung der Verstandesschwäche einer Zeugin; RGSt *12*, 434 (436) Tatzeitpunkt u. Qualifikation der angeklagten Tat bei Verjährungsprüfung; RGSt *45*, 158 (159) Tatort hinsichtlich Verjährung; RGSt *69*, 318 (319) Tatzeit bei Anwendung eines Straffreiheitsgesetzes; RGSt *71*, 259 (261) Tatmotiv bei Amnestie.

[330] Vgl. etwa BGHSt *22*, 266 (267).

[331] Vgl. oben 2. Kap. B. II. 2.

der ihm zugrunde liege. Denn diese Tatsachen seien unter dem Schutz der Verfahrensvorschriften festgestellt worden, die die StPO für das Beweisverfahren enthielte; das Revisionsgericht könne sie nicht in einem Verfahren ausschalten, für das diese Beweisvorschriften nicht bestünden[333]. In dieser Entscheidung wird also auf die bereits diskutierte Herleitung aus dem Beweisrecht der Revisionsinstanz abgestellt.

b) Die ältere Rechtsprechung des Bundesgerichtshofes

Der Bundesgerichtshof hat die Rechtsprechung des Reichsgerichts zunächst fortgeführt[334]. Auch in den veröffentlichten Entscheidungen sucht man eine ausführliche Begründung für die angenommene Bindung vergeblich. Vielmehr wird schlicht festgestellt, der Revisionsrichter sei dort an tatrichterliche Feststellungen auch bei der Prüfung von Verfahrensfragen gebunden, wo diese Feststellungen nicht unmittelbar zu dieser Verfahrensfrage getroffen worden seien, sondern zur Tat selbst, somit zu dem ganzen geschichtlichen Vorgang, innerhalb dessen der Tatbestand verwirklicht worden sei[335].

Damit stützte sich das Gericht nicht mehr auf das Beweisrecht, sondern sah die Bindung in der bereits besprochenen[336] Aufgabenteilung zwischen Tat- und Revisionsgericht begründet. An der Reichweite der Bindung änderte aber auch diese Rechtsprechung nichts.

c) Die neuere Rechtsprechung des Bundesgerichtshofes

Eine Modifizierung der höchstrichterlichen Rechtsprechung zur Doppelrelevanz erfolgte dann durch das Urteil des 2. Strafsenats vom 21.02.1968[337]. Dort war u.a. über einen Fall von Familiendiebstahl (§§ 242, 247 StGB) zu entscheiden. Die Revision hatte gerügt, der Strafantrag sei nicht rechtzeitig gestellt worden, und der Senat sah sich somit vor die Frage gestellt, ob er sich zur Prüfung dieses Punktes über den in den Urteilsgründen genannten Tatzeitpunkt hinwegsetzen und insoweit eigene Ermittlungen anstellen durfte.

Hätte er die bis dahin vom Reichsgericht übernommenen Grundsätze angewandt, so wäre ihm dies nicht möglich gewesen, da der Tatzeitpunkt zweifellos zu dem einheitlichen geschichtlichen Vorgang gehört, innerhalb dessen der Tatbestand verwirklicht worden ist[338].

---

[332] RGSt *71*, 259ff.

[333] Vgl. RGSt, a.a.O. S. 261.

[334] Vgl. BGH MDR *55*, 143 (D) unter Bezugnahme auf RGSt *69*, 318; MDR *56*, 272 (D).

[335] BGH, a.a.O.

[336] Siehe oben 3. Kap. C. III. 1. b).

[337] BGHSt *22*, 90ff.

[338] So schon RGSt *69*, 318 (319).

Der Senat stellte in dieser Entscheidung zunächst fest, daß das Revisionsgericht grundsätzlich berechtigt sei, die tatsächlichen Voraussetzungen für das Vorliegen einer Prozeßvoraussetzung (d.h. hier: des Strafantrags) selbst und ohne Bindung an tatrichterliche Feststellungen zu ermitteln[339]. Gebunden sei der Revisionsrichter nur, soweit die zur Feststellung der Prozeßnorm erforderlichen Tatsachen zugleich auch für den Schuldspruch von Bedeutung seien[340]. Insoweit bewegt sich diese Entscheidung also auf dem Boden der bis dahin vorliegenden Rechtsprechung. Dann aber wird die Reichweite der Bindung eingeschränkt. Der BGH will solche Tatsachen ausnehmen (und damit der freibeweislichen Feststellung durch das Revisionsgericht zugänglich machen), die für den Schuldspruch und die sichere Erfassung der ihm zugrunde liegenden Tat nicht unerläßlich sind[341]. Zur — nach der Sachlage auf den Tatzeitpunkt bezogenen — Begründung wird ausgeführt: In der Regel sei eine genaue datumsmäßige Festlegung des Tatzeitpunktes nicht erforderlich. Dies könne zwar der Fall sein, wenn eine Begehung der Tat durch den Angeklagten zu einem anderen als einem bestimmten Zeitpunkt nicht in Betracht komme; dann sei auch der festgestellte Tatzeitpunkt für das Revisionsgericht bindend. Meist sei zur Verurteilung jedoch ausreichend, daß die Tat zu irgendeinem Zeitpunkt innerhalb einer mehr oder minder großen Zeitspanne begangen wurde[342]. In Fällen dieser Art sei die Angabe einer näheren Zeitbestimmung, die innerhalb des für den Schuldspruch hinreichend weiten Rahmens liege, für die Feststellungen zum Schuldspruch überflüssig und entbehrlich. Wo sie trotzdem erfolge, sei sie nicht als Feststellung zum Schuldspruch mit der dem § 337 zu entnehmenden Bindungswirkung ausgestattet[343]. Andernfalls hinge es von bloßen Zufälligkeiten bei der Absetzung der Urteilsgründe ab, ob eine Bindung eintrete oder nicht. Begnüge sich der Urteilsverfasser mit der Bezeichnung einer unbestimmten Zeitspanne, so wäre es dem Revisionsrichter freigestellt, bei der Entscheidung einer verfahrensrechtlichen Frage beweismäßig zu prüfen, ob die Tat an einem bestimmten Tage innerhalb dieser Spanne begangen wurde oder ob die Zeitspanne noch stärker eingegrenzt werden könne. Das Revisionsgericht sei jedoch gebunden, wenn der Urteilsverfasser ein gleichsam als bloßes Etikett übernommenes Tagesdatum angeführt habe. In dieser Weise Einstellung oder Nichteinstellung eines Strafverfahrens von reinen Zufälligkeiten abhängig zu machen, sei nicht vertretbar[344].

Die Kritik an dieser Entscheidung kann nun schon bei der Herleitung der Bindungswirkung ansetzen. Der BGH stellt dazu auf die Zugehörigkeit der betreffenden Tatsache zum Schuldspruch ab, wodurch sie der in § 337 festgeleg-

---

339 Vgl. BGH, a.a.O. S. 91.

340 Vgl. BGH, a.a.O.

341 BGH, a.a.O.

342 BGH, a.a.O.

343 Vgl. BGH, a.a.O. S. 91 a. E./92.

344 Vgl. BGH, a.a.O. S. 92.

ten Bindungswirkung unterliege. Damit argumentiert er der Sache nach wie die Autoren im Schrifttum, die die Bindung aus der Funktionsverteilung zwischen Tat- und Revisionsgericht herleiten[345]. Die dagegen vorgebrachten Bedenken gelten also auch hier[346]: Die Bindungswirkung des § 337 gilt zunächst nur für die Sachrüge. Auf Prozeßentscheidungen kann sie nur übertragen werden, wenn man den Gesichtspunkt der Widerspruchsfreiheit hinzunimmt. Dieser wiederum spielt aber dort keine Rolle, wo aufgrund der Entscheidung über eine Verfahrensfrage dem Schuldspruch der Boden entzogen wird. Dies zeigt gerade auch die Entscheidung des BGH. Denn aufgrund seiner eigenen Feststellungen zur Tatzeit hat er das Verfahren wegen eingetretener Verjährung eingestellt. Aus funktionaler Sicht war also die verfahrensrechtliche und nicht die materiellrechtliche Bedeutung des Tatzeitpunktes letztlich ausschlaggebend für den Ausgang des Verfahrens. Dieser Einwand betrifft nicht nur die grundsätzliche Herleitung der Bindung, sondern auch die vom BGH vorgenommene Modifizierung. Die verfahrensrechtliche Bedeutung des Tatzeitpunktes wäre auch dann die entscheidende geblieben, wenn der Tatrichter ihn zuvor als im Sinne des BGH wesentlichen Bestandteil des Schuldspruchs festgestellt hätte.

Die vom BGH zugelassene Ausnahme von der Bindungswirkung ist auch in der Literatur auf Kritik gestoßen[347]. Zunächst wird bemängelt, es könne nicht angehen, den Tatzeitpunkt lediglich für prozessual erheblich anzusehen; er gehöre vielmehr immer zur Schuld- und Straffrage, eine Tat außerhalb von Raum und Zeit gebe es nicht[348]. Demgegenüber ist jedoch schon fraglich, ob der BGH dem Tatzeitpunkt tatsächlich jede materiell-rechtliche Funktion absprechen will. Es heißt im Urteil zwar, dort, wo die Zeitbestimmung lediglich innerhalb des für den Schuldspruch hinreichenden weiten Rahmens erforderlich sei, sei eine dennoch gemachte Angabe insoweit nicht als Feststellung zum Schuldspruch mit der dem § 337 zu entnehmenden Bindungswirkung ausgestattet[349]. Aus dem Kontext dieses Satzes ergibt sich jedoch, daß es dem BGH dabei weniger um die Feststellung einer rein prozessualen Funktion des Tatzeitpunktes, als vielmehr um die Verneinung der nach § 337 grundsätzlich bestehenden Bindungswirkung ging[350]. Insoweit geht die Kritik am BGH also fehl.

Schwerer wiegt, daß sich der Entscheidung keine Anhaltspunkte dafür entnehmen lassen, wann eine Tatsache i.S.d. BGH für den Schuldspruch unerläßlich ist und wann nicht. Dies mag daran gelegen haben, daß der Tatzeitpunkt in dem der Entscheidung zugrunde liegenden Sachverhalt —

---

345 Vgl. 3. Kap. C. III. 1. b), FN 292.

346 Siehe oben 3. Kap. C. III. 1. b).

347 Meyer in LR(23), § 337 Rdn. 33 und in Alsberg/Nüse/Meyer, S. 158; Krause, Jura *82*, 232; LR(24)-Hanack, § 337 Rdn. 36; LR(24)-Schäfer, Einl. Kap. 11, Rdn. 32.

348 Vgl. Meyer und Krause, jeweils a.a.O.

349 Vgl. BGH, a.a.O. S. 91 a. E./92

350 In diesem Sinne versteht die Entscheidung auch KMR-Sax, Einl. IX Rdn. 14 und LR(24)-Schäfer, Einl. Kap. 11 Rdn. 30.

jedenfalls nach Ansicht des BGH — offensichtlich nicht unerläßlich im Sinne seiner Definition war[351]. Da diese Formel jedoch auch Grenzfälle zu lösen im stande sein sollte, muß man sich wohl um eine nähere Beschreibung des Merkmals „unerläßlich“ bemühen.

Man könnte zunächst daran denken, eine der Untergruppen des die Schuld- und Straffrage ausmachenden Tatsachenmaterials mit diesem Merkmal zu belegen, um ihm so schärfere Konturen zu verleihen. Bei der Systematisierung der Fallgruppen doppelt relevanter Tatsachen war bereits festgestellt worden[352], daß sie sich auf drei verschiedene Ebenen der zur Schuld- und Straffrage benötigten Feststellungen beziehen können. Die erste umfaßt die Tatsachen, in denen die Merkmale des angewandten Straftatbestandes zu sehen sind; die zweite beinhaltet die darüber hinausgehenden Feststellungen zum Tatgeschehen i. S. eines historischen Vorgangs. Die dritte schließlich enthält die Tatsachen, aus denen der Beweis für die vorgenannten abgeleitet wird. Für den Schuldspruch unerläßliche Tatsachen enthält jedenfalls die erste dieser Gruppen. Ohne die Überprüfung der Merkmale des evtl. in Betracht kommenden Tatbestandes ist ein Schuldspruch in keinem Fall möglich. Schon bei der zweiten Gruppe aber, zu der auch der Tatzeitpunkt gehört, läßt sich — wie gerade diese Entscheidung des BGH zeigt — eine solch eindeutige Zuordnung nicht vornehmen. Wie der BGH selbst feststellt, kann es Fälle geben, in denen ohne exakte Feststellung eines bestimmten Tatzeitpunktes kein sicherer Schuldspruch möglich ist, in anderen dagegen kann die Angabe einer mehr oder minder genauen Zeitspanne ausreichen. Die Grenze zwischen den für den Schuldspruch unerläßlichen und den eher marginalen Feststellungen deckt sich also nicht mit einer von denen, die zwischen den genannten Tatsachenebenen des Schuld- und Strafbereichs verlaufen. Diese Einteilung läßt sich somit auch nicht zur Präzisierung des Begriffs der Unerläßlichkeit heranziehen.

Vielmehr läßt die Art und Weise, in der der BGH diesen Begriff in seiner Entscheidung verwendet, an einen bestimmten Kausalzusammenhang zwischen der Tatsache einerseits und dem auf sie gestützten Schuldspruchs andererseits denken, der an den Begriff des „Beruhens“ i. S. d. § 337 Abs. 1 erinnert. Und so könnte man — in Anlehnung an dort vertretene Lehren[353] — eine Tatsache dann als für den Schuldspruch unerläßlich ansehen, wenn er ohne sie nicht oder jedenfalls nicht so erfolgt wäre. Die dabei zu treffende Entscheidung beinhaltet notwendigerweise einen Beurteilungsspielraum des Revisionsgerichts, der eine exakte Vorhersehbarkeit der gerichtlichen Entscheidung ausschließt[354]. So ist etwa die Frage, ob eine Zeuge wegen Teilnahmeverdachts nicht vereidigt werden

[351] Vgl. BGH, a.a.O. S. 92.

[352] Siehe oben 1. Kap. E. III.

[353] Vgl. LR(24)-Hanack, § 337 Rdn. 254ff. m.w.N.

[354] Daher bestehen trotz einer im wesentlichen einheitlichen Definition unterschiedliche Auffassungen darüber, welche Normverstöße nun kausal i.S.d. § 337 sind; vgl etwa Schlüchter, Rdn. 723.2.

darf, für die Beweiswürdigung und damit für den Schuldspruch dann unerläßlich, wenn dieser Zeuge das im wesentlichen einzige Beweismittel zur Überführung des Angeklagten ist. Die insoweit vom Tatrichter getroffenen Feststellungen wären also auch nach Ansicht des BGH für den Revisionsrichter bindend. Wie jedoch, wenn andere Beweismittel hinzutreten? Ab welcher Beweislage kann davon ausgegangen werden, der Schuldspruch könne auch ohne die Aussage des Teilnahmeverdächtigen aufrechterhalten werden? Eine genaue Abgrenzung zwischen den für den Schuldspruch unabdingbaren und denjenigen Tatsachen, die dafür entbehrlich sind, ist auch auf diesem Wege nicht zu erreichen. Und selbst wenn man sich — wie bei der Frage des „Beruhens" i. S. d. § 337 auch — mit dieser unscharfen Abgrenzung abfindet, bleibt ein Einwand bestehen. Die vom Revisionsgericht vorzunehmende Unterteilung der dem Schuld- und Strafausspruch zugrunde liegenden Tatsachen läuft auf eine „indirekte" Wiederholung der vom Tatrichter durchgeführten Beweiswürdigung hinaus. Zwar hat der BGH — wie bereits gezeigt[355] — schon tatrichterliche Feststellungen auf ihre Vollständigkeit und Schlüssigkeit überprüft, die Gesamtbeurteilung der Tat aber ansonsten dem Tatrichter überlassen. Damit verstößt diese Auffassung in letzter Konsequenz aber gerade gegen die Funktionsverteilung, aus der sie andererseits die grundsätzliche Bindung des Revisionsgerichts an tatrichterliche Feststellungen herleiten will.

Der letzte Kritikpunkt, der gegen die vom BGH vertretene Auffassung geltend gemacht werden kann, betrifft die Art und Weise der Beweiserhebung. Dort, wo keine Bindung bestehen soll, wird dem Freibeweis ein größeres Gewicht beigemessen als der vom Tatrichter nach den Regeln der §§ 244ff. durchgeführten Beweisaufnahme (Strengbeweis)[356]. Hinsichtlich der insoweit bestehenden Probleme kann auf das oben Gesagte[357] verwiesen werden.

Als zusammenfassendes Ergebnis der Analyse von BGHSt 22, 90ff. läßt sich also festhalten: Die Entscheidung ist — wie schon die ältere Rechtsprechung des Reichsgerichts und des BGH selbst — nicht in der Lage, die angenommene Bindung des Revisionsrichters an tatrichterliche Feststellungen im Bereich doppelt relevanter Tatsachen hinreichend zu begründen. Aus der Zugehörigkeit dieser Tatsachen auch zur Schuld- und Straffrage ist — auch in Verbindung mit dem Gesichtspunkt der Widerspruchsfreiheit — dieses Ergebnis jedenfalls nicht herzuleiten. Die vom BGH vorgenommene Einschränkung der Bindung auf für den Schuldspruch unerläßliche Tatsachen ist aus drei Gründen problematisch. Erstens ist der Begriff der „Unerläßlichkeit" zu unbestimmt, um in Zweifelsfällen eine exakte Abgrenzung zwischen revisiblen und irrevisiblen Tatsachen vornehmen zu können, zweitens zwingt er die Revisionsgerichte zu einer nachträglichen Gewichtung der vom Tatrichter erhobenen Beweise und somit zu einer unzulässigen Wiederholung der Beweiswürdigung, und drittens werden

[355] Vgl. oben 2. Kap. A. IV.

[356] Vgl. Meyer, a.a.O.

[357] Vgl. oben 3. Kap. C. III. 1. c).

dort, wo Feststellungen des Revisionsgerichts für zulässig gehalten werden, strengbeweislich gewonnene durch freibeweislich ermittelte Tatsachen ersetzt.

Zusammenfassung

Die sich bei Doppelrelevanz insbesondere aus der unterschiedlichen Revisibilität von verfahrensrechtlich relevanten Tatsachen einerseits und materiell-rechtlichen andererseits ergebenden Probleme[358] lassen sich auf zwei grundsätzlich unterschiedlichen Wegen angehen. Das Trennungsmodell[359] bestimmt die Überprüfungsbefugnis des Revisionsgerichts allein funktional nach der Rechtsnatur der zu treffenden Entscheidung. Dabei kann es jedoch zu Revisionsurteilen auf widersprüchlicher Tatsachengrundlage kommen. Der kleinste gemeinsame Nenner der Vereinheitlichungsmodelle ist es, diese Widersprüche zu vermeiden und sicherzustellen, daß den doppelt relevanten Tatsachen sowohl in ihrer prozessualen als auch ihrer materiell-rechtlichen Funktion einheitliche Feststellungen zugrunde gelegt werden. Im Zivil- und Verwaltungsprozeß[360] wird dabei überwiegend vom Vorrang des prozessualen Aspekts ausgegangen. Wenn Feststellungen des Revisionsgerichts zu prozessualen Fragen von denjenigen des Tatgerichts abweichen, werden sie anschließend auch der Prüfung der materiell-rechtlichen Seite zugrunde gelegt. Diese Lösung kann für den Strafprozeß jedoch nicht übernommen werden, da die tatsächlichen Feststellungen zum Schuld- und Strafausspruch für das Revisionsgericht gem. § 337 bindend sind und von ihm daher nicht durch eigene ersetzt werden können. Rechtsprechung und Lehre[361] im strafprozessualen Bereich gehen daher fast einhellig davon aus, daß das Revisionsgericht grundsätzlich bei doppelt relevanten Tatsachen auch hinsichtlich der Prozeßentscheidung an die Feststellungen des Tatrichters gebunden ist. Die Bindungswirkung läßt sich jedoch nicht aus einer angeblich minderen Bedeutung des Prozeßrechts gegenüber dem materiellen Recht herleiten[362], da ein solches Qualitätsgefälle zwischen beiden Normgruppen jedenfalls nicht durchgängig feststellbar ist. Auch die Funktionsverteilung zwischen Tat- und Revisionsgericht ist nicht in der Lage, das Übergreifen der zur Schuld- und Straffrage festgestellten Tatsachen in den prozessualen Bereich schlüssig zu begründen[363]. Beim Verstoß gegen eine Prozeßnorm wird den Feststellungen zum Schuldbereich (ganz oder teilweise) entweder durch Einstellung des Verfahrens (bei Prozeßvoraussetzungen) oder durch Aufhebung und Zurückverweisung (bei begründeten Prozeßrügen) der Boden entzogen, so daß eine Beschneidung des tatrichterlichen Kompetenzbereichs durch revisions-

---

[358] Siehe oben 2. Kap.

[359] Siehe oben 3. Kap. B.

[360] Siehe oben 3. Kap. C. II. 1.

[361] Siehe oben 3. Kap. C. III.

[362] Vgl. oben 3. Kap. C. III. 1. a).

[363] Siehe oben 3. Kap. C. III. 1 b).

richterliche Feststellungen nicht mehr zu befürchten ist. Lediglich die präsumtiv größere Zuverlässigkeit der vom Tatgericht im Strengbeweis festgestellten Tatsachen kann es rechtfertigen, sie der — bei Prozeßnormen nach h. M. immer zulässigen — freibeweislichen Überprüfung durch das Revisionsgericht zu entziehen. Zur abschließenden Überprüfung dieser Herleitung ist es jedoch erforderlich, die Grundthese von der Zulässigkeit des Freibeweises näher zu überprüfen. Dies soll im folgenden Kapitel geschehen.

4. Kapitel

Die Zulässigkeit des Freibeweises als Legitimation der Bindungswirkung bei doppelt relevanten Tatsachen

Da die Legitimation revisionsgerichtlicher Beweistätigkeit bei Doppelrelevanz in Frage steht, ist zunächst die Zulässigkeit des Freibeweises im Hinblick auf die Revisionsinstanz zu untersuchen.

§ 351 enthält Bestimmungen über den Verlauf einer revisionsgerichtlichen Hauptverhandlung. Die Vorschrift enthält jedoch keine Regelungen über das dort anzuwendende Beweisrecht. Insbesondere verweist sie im Gegensatz zu § 332, der den Verlauf der Hauptverhandlung in der Berufungsinstanz regelt, nicht auf die in den §§ 244ff. enthaltenen Bestimmungen über die Beweiserhebung. Daraus wird nun häufig der Schluß gezogen, damit sei der Freibeweis zumindest für die Revisionsinstanz als allein mögliches Beweisverfahren vom Gesetzgeber festgeschrieben[364].

An dieser Argumentation überrascht zunächst, daß aus dem Fehlen jeglicher Beweisvorschriften für die revisionsgerichtliche Hauptverhandlung sofort auf die Zulässigkeit des Freibeweises geschlossen wird, ohne daß dieses Ergebnis mit Hilfe anderer Auslegungsmethoden — etwa systematischer oder teleologischer Art — abgesichert wird. Das Schweigen des Gesetzes zu einer bestimmten Frage bedeutet normalerweise nichts anderes, als daß dieser Punkt mit Hilfe der üblichen juristischen Arbeitsweise erschlossen werden muß, und läßt nicht ohne weiteres den Schluß auf einen bestimmten gesetzgeberischen Willen zu[365].

Einer der dabei zu berücksichtigenden Punkte ist die Zulässigkeit des Freibeweises in der tatrichterlichen Hauptverhandlung. Könnte man feststellen, daß die Anwendung des Freibeweises bei Prozeßtatsachen schon in der tatgerichtlichen Hauptverhandlung gerechtfertigt ist, wäre sicher kein Grund vorhanden, in der Revisionsinstanz anders zu verfahren. Im umgekehrten Fall bedürfte ein Wechsel des Beweisverfahrens einer besonderen Legitimation.

Mit anderen Worten: Nur wenn der in den §§ 244ff. geregelte Strengbeweis in der tatgerichtlichen Hauptverhandlung auf Beweisaufnahmen zur Schuld- und Straffrage beschränkt ist, kann aus dem Wortlaut des § 351 ohne weiteres der Schluß gezogen werden, für die Revisionsinstanz gelte nunmehr schlechthin der Freibeweis.

---

[364] Vgl. die Nachweise bei Bovensiepen, S. 173 FN 4.

[365] So im Ergebnis auch Bovensiepen, S. 176.

Entscheidend ist also zunächst, ob die Annahme, das Strengbeweisverfahren gelte nicht für alle in der Hauptverhandlung zu beweisenden Tatsachen, zutreffend ist.

A. Die Zulässigkeit des Freibeweises in der tatrichterlichen Hauptverhandlung

Nach allgemeiner Ansicht[366] ist der Strengbeweis inhaltlich in den §§ 244ff. und dem dort festgelegten förmlichen Beweisverfahren geregelt. Nach § 244 Abs. 2 hat sich die Beweisaufnahme auf alle Tatsachen und Beweismittel zu erstrecken, die für die Entscheidung von Bedeutung sind. Nach dem Wortlaut dieser Vorschrift wird also nicht danach differenziert, ob es sich um eine Prozeß- oder Sachentscheidung handelt. Danach wäre das in den §§ 244ff. angeordnete Strengbeweisverfahren in der tatrichterlichen Hauptverhandlung bei allen beweisbedürftigen Tatsachen anzuwenden.

Gleichwohl wird in Rechtsprechung und Literatur fast einhellig[367] die Ansicht vertreten, daß Prozeßtatsachen auch in der tatrichterlichen Hauptverhandlung freibeweislich festgestellt werden können, da mit „Entscheidung" i. S. d. § 244 Abs. 2 nur diejenige zur Schuld- und Straffrage gemeint sei. Zur Begründung dieser Auffassung werden verschiedene Gesichtspunkte herangezogen.

I. Der Zeitpunkt der Ermittlung prozessual relevanter Umstände als Argument für den Freibeweis

So ist zunächst der angeblich unterschiedliche Zeitpunkt, zu dem verfahrens- bzw. materiell rechtlich bedeutsame Tatsachen festgestellt werden müßten, als Beleg für die Zulässigkeit des Freibeweises angeführt worden.

1. Die Herleitung aus § 244 Abs. 1 StPO

Eine entsprechende Argumentation findet sich schon bei Ditzen, der den Begriff „Freibeweis" in die Strafprozeßrechtswissenschaft eingeführt hat[368]. Danach kennt die Strafprozeßordnung drei verschiedene Beweisverfahren. Zu unterscheiden seien erstens der Strengbeweis, der bei Ermittlung der für die Schuld- und Straffrage erheblichen Tatsachen anzuwenden sei, zweitens die Glaubhaftmachung als ein auf eine bestimmte Anzahl gesetzlich geregelter Ausnahmefälle beschränktes Beweisrecht und drittens der Freibeweis, der bei der Feststellung prozessual relevanter Tatsachen anzuwenden sei[369].

[366] Vgl. etwa LR(24)-Gollwitzer, § 224 Rdn. 3 m. w. N.

[367] Vgl. die umfassende Zusammenstellung von Rspr. u. Lit. dazu bei Meyer in Alsberg / Nüse / Meyer, S. 110 FN 4 u. 5.

[368] Vgl. Ditzen, Dreierlei Beweis im Strafverfahren, S. 1.

[369] Vgl. Ditzen, a. a. O., S. 1 u. 16.

Zwar erkennt auch Ditzen an, daß der Strengbeweis grundsätzlich in den Beweisvorschriften der tatgerichtlichen Hauptverhandlung verankert ist[370]. Gleichwohl sollen die zum Nachweis einer Prozeßtatsache notwendigen Beweise auch in der Hauptverhandlung nicht im Strengbeweis, sondern im Freibeweis stattfinden[371]. Zur Begründung dieser These führt er u. a.[372] folgendes aus: Gem. § 244 Abs. 1 erfolge die Beweisaufnahme nach der Vernehmung des Angeklagten. Daraus sei zu schließen, daß alle Beweiserhebungen, die zwar in der Hauptverhandlung, aber vor Vernehmung des Angeklagten erfolgten, nicht im Strengbeweis durchgeführt werden müßten. Dies könnte als Argument für die Geltung des Freibeweises bei Prozeßtatsachen herangezogen werden, da z. B. bestimmte Prozeßvoraussetzungen schon vor Vernehmung des Angeklagten zur Sache geprüft werden können[373].

Gegen diese Ansicht lassen sich zwei Einwände vorbringen. Zum einen berücksichtigt sie nicht, daß über bestimmte Prozeßtatsachen — wie etwa die Frage der Vereidigung eines Zeugen — notwendig erst nach und aufgrund der Beweisaufnahme entschieden werden kann. Wäre also der Zeitpunkt entscheidend, müßte für sie Strengbeweis gelten. Zum andern hängt es häufig vom Zufall ab, wann eine Beweiserhebung über eine Prozeßtatsache stattfindet. So können etwa Zweifel an der Verhandlungsfähigkeit des Angeklagten auch noch nach der Vernehmung zur Person auftauchen[374]. Dies zeigt, daß sich allein aus dem Zeitpunkt möglicher Beweiserhebung nicht die Geltung des Freibeweises für den Nachweis von Prozeßtatsachen in der Hauptverhandlung herleiten läßt.

2. Die „Endgültigkeit“ prozessualer Entscheidungen im Vor- bzw. Zwischenverfahren

Meyer[375] stellt daher nicht nur auf den Zeitpunkt von Prozeßentscheidungen ab, sondern verknüpft diese Argumentation mit der Frage, inwieweit die im Vor- und Zwischenverfahren gewonnenen Tatsachen für die Hauptverhandlung maßgebend sind.

Aus der Beschränkung des Strengbeweises auf die Hauptverhandlung folge, daß nicht der Freibeweis ein Sonderrecht gegenüber dem Strengbeweis[376], sondern umgekehrt der Strengbeweis die Ausnahme sei[377]. Es gebe bestimmte

[370] Vgl. Ditzen, a.a.O., S. 48f.

[371] Ditzen, a.a.O., S. 49.

[372] Ditzen greift zum Nachweis seiner Auffassung noch auf verschiedene, später auch von anderen Autoren genannte Gesichtspunkte zurück, auf die im folgenden aus Darstellungsgründen gesondert eingegangen wird.

[373] Vgl. auch LR(24)-Gollwitzer, § 243 Rdn. 35; KK-Treier, § 243 Rdn. 21; vgl. auch Bovensiepen, S. 96 a.E.

[374] So schon Bovensiepen, S. 97.

[375] Vgl. Meyer in Alsberg/Nüse/Meyer, S. 115. Siehe auch LR(24)-Gollwitzer, § 244 Rdn. 3; Hanack, JZ *72*, 114.

[376] Vgl. i.d. S. etwa Volk, S. 83/84.

[377] Vgl. auch Willms, Heusinger-FS, S. 396.

Beweiserhebungen, die ausschließlich in der Hauptverhandlung vorgenommen werden dürften. Dies seien solche zur Schuld- und Straffrage. Andere Beweise könnten ebensogut bereits vor diesem Termin erhoben werden, so z. B. zur Feststellung der Prozeßvoraussetzungen. Unter Umständen sei dies sogar zwingend geboten. So habe das Gericht etwa bei Prüfung des hinreichenden Tatverdachts im Zwischenverfahren (vgl. § 203) auch festzustellen, ob die Prozeßvoraussetzungen vorlägen. Gehe es aber um Fragen, deren Prüfung schon vor der Hauptverhandlung zulässig oder notwendig gewesen sei, so bestehe kein Grund, in der Hauptverhandlung diesbezüglich Strengbeweis anzuwenden, nur weil die Prüfung vorher unterlassen worden sei oder die Bedenken hinsichtlich der Verfahrensvoraussetzungen erst während der Hauptverhandlung entstanden seien[378].

Zutreffend ist, daß die im Ermittlungs- bzw. Zwischenverfahren durchzuführenden Beweiserhebungen nicht der Form der §§ 244 ff. unterliegen. Die freiere Form der Beweisaufnahme gilt vor der Hauptverhandlung jedoch sowohl für materiell-rechtliche als auch für prozeßrechtliche Fragen gleichermaßen. Auch die den hinreichenden Tatverdacht in sachlicher Hinsicht begründenden Umstände werden sowohl im Ermittlungs- als auch im Zwischenverfahren in dieser Art und Weise ermittelt. Damit allein ist daher die entscheidende[379] Frage, warum die §§ 244 ff. in der Hauptverhandlung nicht auch für Prozeßtatsachen gelten sollen, noch nicht beantwortet.

Das dazu vorgebrachte Argument, dies ergebe sich aus der Aufteilung der im Ermittlungs- bzw. Zwischenverfahren durchzuführenden Beweisaufnahmen in vorläufige (soweit sie die Schuld- und Straffrage betreffen) und endgültige (soweit prozessuale Punkte betroffen sind), ist aber angreifbar. In diesen Verfahrensabschnitten dient die Beweisaufnahme „lediglich" der Prüfung des für die Eröffnung des Hauptverfahrens erforderlichen Tatverdachts. Dies gilt sowohl für prozessuale wie für materiell-rechtliche Fragen. Es ist daher nicht ersichtlich, was die Unterscheidung zwischen „vorläufigen" und „endgültigen" Beweisaufnahmen rechtfertigen soll.

Man könnte zunächst daran denken, diese Unterscheidung auf die Bestandskraft der Einstellungsentscheidung zu beziehen. Die im Ermittlungs- bzw. Zwischenverfahren anwendbaren Einstellungsgründe (z. B. § 170 Abs. 2 oder § 204) differenzieren diesbezüglich aber grundsätzlich[380] nicht danach, ob die Verfahrensbeendigung aus materiell-rechtlichen oder prozessualen Gründen erfolgt.

Auch kann von „Endgültigkeit" einer Beweiserhebung zu prozessualen Fragen nicht in dem Sinne gesprochen werden, daß das Gericht in der Hauptverhandlung etwa an im Ermittlungsverfahren dazu festgestellte Tatsa-

---

378 Vgl. Meyer, a. a. O.

379 Vgl. oben 4. Kap. A. I. 1.

380 Zum Sonderfall des § 206a siehe unten 4. Kap. A. I. 3.

chen gebunden wäre. Dies ist hinsichtlich der Prozeßvoraussetzung schon deshalb nicht möglich, weil diese in jeder Lage des Verfahrens — d. h. auch in der Hauptverhandlung — selbständig festzustellen sind. Aber auch für andere, verfahrensleitende Normen gibt es in der StPO keine Vorschrift, aus der sich eine solche Bindung ableiten ließe.

Die Befürworter dieser Ansicht wollen vielmehr den Unterschied daraus herleiten, daß bei der Beweiserhebung über Prozeßtatsachen die Grundsätze der Mündlichkeit und Unmittelbarkeit keine Anwendung fänden[381]. So heißt es z. B. bei Meyer, der Unterschied zwischen Streng- und Freibeweis ergebe sich notwendig daraus, daß der tatrichterliche Urteilsspruch die Erhebung des Beweises in einem Verfahren voraussetze, das auf den Prinzipien der Mündlichkeit und Unmittelbarkeit beruhe. Mit anderen Worten: Der Freibeweis für Prozeßtatsachen ist deshalb zulässig, weil der Strengbeweis nur für die Tatsachengrundlage der Schuld- und Straffrage gilt[382]. Ob dies zutrifft, war aber die erst noch zu beweisende Ausgangsfrage.

3. Herleitung der Zulässigkeit des Freibeweises aus § 206a StPO

Daher wird zur Absicherung der zuvor erörterten Argumentation noch § 206a herangezogen[383]. Nach dieser Vorschrift kann das Gericht auch nach der Eröffnung des Hauptverfahrens das Verfahren durch Beschluß (d. h. außerhalb der Hauptverhandlung) einstellen, wenn sich das Vorliegen eines Verfahrenshindernisses herausstellt. Daraus wird hergeleitet, der Gesetzgeber habe sich auf den Standpunkt gestellt, es sei nicht erforderlich, die Voraussetzungen dieser Normen (= Verfahrenshindernisse) im Strengbeweis und damit in der Hauptverhandlung zu klären.

Fraglich ist jedoch, ob aus dieser Vorschrift die generelle Geltung des Freibeweises auch in der Hauptverhandlung und für alle Prozeßtatsachen hergeleitet werden kann. Dem steht zunächst entgegen, daß § 206a nur Entscheidungen ermöglicht, die für den Betroffenen günstig sind. Nach h. M. steht ihm im Falle eines Einstellungsbeschlusses nach Abs. 1 die Beschwerdemöglichkeit nach Abs. 2 nicht zu, da er durch die Einstellungsentscheidung nicht beschwert sei[384]. Selbst wenn man eine Beschwer zumindest bei bestimmten Einstellungsgründen (z. B. Verhandlungsunfähigkeit) annehmen will[385], erlaubt

---

[381] Vgl. Meyer, a. a. O.; LR(24)-Gollwitzer, a. a. O.

[382] Vgl. auch Meyer, a. a. O., FN 44; dort verwirft er den Einwand, der Rückschluß vom Beweisverfahren vor der Hauptverhandlung könne ebensogut auf materiell-rechtliche Tatsachen bezogen werden, mit dem Hinweis, für solche Tatsachen schreibe das Gesetz das Sonderrecht des Strengbeweises vor. Auch diese Argumentation dokumentiert den Zirkelschluß, auf dem diese Ansicht aufgebaut ist.

[383] Vgl. Meyer, a. a. O., S. 115; LR(24)-Rieß, § 206a Rdn. 59.

[384] Vgl. KK-Treier, § 206a Rdn. 13; LR(24)-Rieß, § 206a Rdn. 68; Kleinknecht / Meyer, § 206a Rdn. 10; KMR-Paulus, § 206a Rdn.; OLG Karlsruhe, JR *81*, 38; OLG Köln, OLGSt § 206a, 29.

§ 206a keine Entscheidungen, die eine Vorstufe zu einer möglichen Verurteilung des Angeklagten darstellen können[386]. Findet dagegen eine Hauptverhandlung statt, ist eine Verurteilung und damit eine den Angeklagten belastende Entscheidung immer möglich[387]. Das außerhalb der Hauptverhandlung anzuwendende Beweisrecht für diese lediglich günstige Entscheidung kann daher nicht ohne weiteres auf die Verfahrensweise während der Hauptverhandlung übertragen werden[388].

Meyer[389] hält diesen Einwand gegen seine Auffassung für nicht stichhaltig. Selbst die Tatsache, daß § 206a nur dem Angeklagten günstige Entscheidungen erlaube, ändere nichts an dem Grundsatz, daß das Gericht damit außerhalb der Hauptverhandlung tätig werden könne, um eine endgültig verfahrensabschließende Entscheidung zu treffen[390]. Will man daraus auf die Zulässigkeit des Freibeweises auch in der Hauptverhandlung schließen, so wäre aber Mindestvoraussetzung, daß sich die Möglichkeit des Gerichts, solche Entscheidungen zu treffen, auf prozessuale Gründe beschränkte. Andernfalls wäre die von dieser Ansicht behauptete Exklusivität des Strengbeweises für materiell-rechtliche Tatsachen nicht gewahrt. Tatsächlich gibt es aber neben § 206a noch andere Einstellungsvorschriften, die dem Gericht außerhalb der Hauptverhandlung eine verfahrensabschließende Entscheidung gestatten und die auch auf sachlich-rechtliche Erwägungen gestützt werden können. Zu nennen ist dabei zunächst § 206b, der im Falle einer nachträglichen, den Betroffenen begünstigenden Änderung des materiellen Rechts eine Hauptverhandlung überflüssig macht und die Einstellung des Verfahrens durch Beschluß ermöglicht. Entsprechendes gilt für die Einstellung nach den §§ 153, 153a. Auch diese Einstellungsentscheidungen sind außerhalb der Hauptverhandlung zulässig[391]. Die zur Anwendung dieser Vorschriften notwendige[392] Sachaufklärung kann das Gericht hier vor Eintritt in die Hauptverhandlung nur aufgrund der Aktenlage und damit freibeweislich betreiben. Ist aber das Freibeweisverfahren für das Gericht vor der Hauptverhandlung auch zur Vorbereitung verfahrensbeendigender Beschlüsse, die ein Eingehen auf materiell-rechtliche Fragen erfordern, zulässig, so kann aus § 206a nicht der Schluß gezogen werden, die zur Feststellung der Prozeßvoraussetzungen erforderlichen Feststellungen könnten auch in der Hauptverhandlung im Freibeweis ermittelt werden. Andernfalls ließe sich nur

---

385 Vgl. Eb. Schmidt, Lehrk. I, § 206a Rdn. 7; Gössel, § 33 C III d 2; Vogler, ZStW *89*, 785f.

386 So zu Recht Bovensiepen, S. 107.

387 Wegen § 203 ist eine Verurteilung sogar wesentlich wahrscheinlicher als ein Freispruch.

388 Vgl. dazu auch Bovensiepen, S. 106f.

389 Meyer in Alsberg/Nüse/Meyer, S. 116 FN 45.

390 Vgl. Meyer, a.a.O.

391 Vgl. LR(24)-Rieß, § 153 Rdn. 57 u. § 153a Rdn. 91.

392 Vgl. LR(24)-Rieß, § 153 Rdn. 32 u. § 153a Rdn. 31.

schwer begründen, warum dies dann nicht auch für materiell-rechtliche Fragen gelten soll.

§ 206 a ist demnach eine Vorschrift, die aus prozeßökonomischen Gründen[393] eine Ausnahme von dem Grundsatz zuläßt, daß ein einmal eröffnetes Hauptverfahren nur aufgrund einer Hauptverhandlung beendet werden kann. Rückschlüsse auf das Beweisrecht der Hauptverhandlung lassen sich aus ihr jedoch nicht ziehen.

II. Herleitung des Freibeweises aus dem Beweisrecht der Revisionsinstanz

Ferner wurde versucht, die Zulässigkeit des Freibeweises aus dem Beweisrecht der Revisionsinstanz abzuleiten. Zunächst wurde aus der nach h. M.[394] bestehenden Befugnis des Revisionsgerichts, Verfahrenstatsachen im Freibeweisverfahren festzustellen, der Schluß gezogen, dies müsse dann auch in der tatrichterlichen Hauptverhandlung gelten[395].

Jedoch ist — worauf Többens[396] und Bovensiepen[397] zutreffend hingewiesen haben — die Frage des in der Revisionsinstanz anzuwendenden Beweisrechts nur ein Teil der noch zu klärenden Gesamtproblematik[398]. Es ist daher schon methodisch unhaltbar, aus dem Beweisrecht einer Rechtsmittelinstanz Rückschlüsse auf dasjenige des Tatrichters zu ziehen[399].

Für Kautter[400] ergibt sich die Zulässigkeit des Freibeweises in der Hauptverhandlung daraus, daß das Revisionsgericht nur hinsichtlich der materiellrechtlichen, nicht aber bezüglich der Prozeßtatsachen an die Feststellungen des Tatrichters gebunden ist. Dem liege der Gedanke zugrunde, daß das Untergericht die Schuld- und Straffrage erst nach sorgfältigen, strengbeweislich durchgeführten Ermittlungen entscheide, während der Tatrichter die Prozeßtatsachen eher summarisch feststellen könne[401].

Es ist aber unverständlich, warum diese Ansicht die Prozeßtatsachen auf der einen Seite als für den Tatrichter zweitrangig ansieht und daher eine nur oberflächliche Prüfung zuläßt, während sie andererseits gerade deswegen ihre Nachprüfung durch das Revisionsgericht fordert. Selbst wenn man unterstellt, es handele sich bei den Prozeßnormen um untergeordnete Vorschriften, ist kein

---

393 Vgl. LR(24)-Rieß, § 206a Rdn. 1 m.w.N.

394 Vgl. dazu oben 2. Kap. C.

395 Vgl. Hanack, JZ *72*, 114.

396 Többens, S. 43.

397 Bovensiepen, S. 100.

398 Siehe auch oben 4. Kap. A.

399 Im Ergebnis ebenso E. Peters, S. 28/29; Meyer, a.a.O., S. 112; Wroblewski, S. 14ff.

400 Kautter, S. 6.

401 Vgl. Kautter, a.a.O.

Grund ersichtlich, warum diese Zweitrangigkeit dann nicht auch für die Revisionsinstanz gelten sollte[402]. Zudem ist fraglich, ob diese „nachträgliche Feststellung“ überhaupt zu zutreffenderen Ergebnissen führen kann, da auch das Revisionsgericht nach Kautter im Freibeweisverfahren vorgeht und somit dasselbe Beweweisverfahren anwendet, das auch schon das Untergericht bei seiner „summarischen Prüfung“ herangezogen hatte.

Die Befugnis des Revisionsgerichts zur selbständigen Ermittlung von Prozeßtatsachen ergibt sich vielmehr daraus, daß es hinsichtlich der mit der Prozeßrüge gem. den §§ 344 Abs. 2, 352 geltend zu machenden Verfahrensfehler nur bei eigener Ermittlungsbefugnis überhaupt in der Lage ist, das zur Begründung der Rüge vom Revisionsführer Vorgebrachte zu überprüfen[403]; hinsichlich der Prozeßvoraussetzungen ergibt sie sich grundsätzlich daraus, daß diese auch Voraussetzungen des Revisionsverfahrens sind und daher vom Rechtsmittelgericht eigenverantwortlich überprüft werden müssen[404].

Rückschlüsse auf das in der Tatsacheninstanz zu wählende Beweisrecht lassen sich daher aus den Kompetenzzuweisungen der Revisionsinstanz nicht entnehmen.

III. Herleitung des Freibeweises aus der Relevanz der zu ermittelnden Tatsachen für die anstehende Entscheidung

Nach anderer Ansicht ergibt sich die Zulässigkeit des Freibeweises in der tatrichterlichen Hauptverhandlung aus der unterschiedlichen Bedeutung, die den verschiedenen, im Verlauf einer Verhandlung festzustellenden Tatsachen für die Entscheidung des Gerichts zukommt.

1. Die Beschränkung des Strengbeweises auf die sog. Urteilsbasis

Nach Beling[405] bezieht sich der Strengbeweis nur auf die von ihm sog. Urteilsbasis[406]. Er geht dabei von der Überlegung aus, daß nicht alle im Laufe der Hauptverhandlung festzustellenden Tatsachen für die letztlich ergehende Entscheidung gleich wichtig seien. So kämen etwa den Tatsachen, die die unter Anklage stehende Tat nachweisen sollten, größeres Gewicht zu als etwa dem Wohnsitz des Beschuldigten oder dem Alter eines Zeugen[407]. Wolle man nun alle — auch die unwichtigen — Tatsachen dem Strengbeweis unterstellen, so könne dies zu einer Lahmlegung der Strafjustiz führen. Man vernachlässige nur die

---

[402] Vgl. Bovensiepen, S. 98.

[403] S.o. 2. Kap. B. II.

[404] Vgl. oben 2. Kap. B. I.

[405] Vgl. Beling, Binding-FS, S. 87ff. und 146ff.; JW *1925*, 2783 (2784).

[406] Anders noch Bennecke / Beling, S. 320; auch in seinem Lehrbuch hat Beling wieder diese frühere Ansicht vertreten, vgl. Beling, S. 278, 279 und 313ff.

[407] Beling, Binding-FS, S. 150.

wesentlichen Punkte des Verfahrens und vergeude Zeit und Kraft, wolle man alle Tatsachen ohne Unterschied mit gleicher Mühe und Aufmerksamkeit aufklären[408].

Die Grenze zwischen beiden Tatsachengruppen bestimmt sich nach Beling jedoch nicht aus ihrer Zugehörigkeit zum Prozeßrecht einerseits bzw. zum materiellen Recht andererseits. Zwar seien die letzteren die vergleichsweise wichtigeren, aber nur aufgrund ihrer Funktion als Urteilsbasis. Dort, wo prozessualen Tatsachen die gleiche Bedeutung zukomme, sei ebenfalls Strengbeweis anzuwenden[409]. Sei etwa das Vorliegen eines Strafantrages bejaht worden, so seien Urteilsbasis nur noch die materiell-rechtlich bedeutsamen Tatsachen, die zur Beantwortung der Schuldfrage gebraucht würden. Somit könnten in diesem Fall die zur Feststellung des Strafantrags erforderlichen Tatsachen freibeweislich ermittelt werden. Anders jedoch, wenn der Strafantrag fehle, da dann gerade die dazu zu treffenden Feststellungen die Basis des Einstellungsurteils bildeten[410].

Gegen diese Lehre können zahlreiche Einwände vorgebracht werden. Der erste betrifft bereits die Annahme, die ausnahmslose Anwendung des Strengbeweises in der Hauptverhandlung führe zu einer Lahmlegung der Strafjustiz. Zwar ist nicht auszuschließen, daß der Strengbeweis wegen seiner Förmlichkeit mehr Zeit in Anspruch nimmt als eine Freibeweisaufnahme. Daß dies jedoch zu den von Beling befürchteten Auswirkungen führt, ist eine Unterstellung, mit der sich eine so wesentliche Frage wie die nach der Zulässigkeit des Freibeweises in der Hauptverhandlung nicht begründen läßt[411].

Darüber hinaus ist unklar, was Beling unter „Urteilsbasis" verstehen will. Zweifellos ist ihm zuzustimmen, daß dazu bei einem Sachurteil die zur Schuld- und Straffrage heranzuziehenden Tatsachen zu zählen sind. Ein Sachurteil setzt aber auch das Vorliegen der Prozeßvoraussetzungen voraus. Die diesen zugrunde liegenden Tatsachen gehören demnach ebenfalls zur Urteilsgrundlage, und es ist nicht ersichtlich, warum dies — wie Beling meint — nur bei Nichtvorliegen einer Verfahrensvoraussetzung der Fall sein soll[412].

Schließlich stößt die von Beling vorgenommene Differenzierung aber auch auf Schwierigkeiten in der praktischen Handhabung. Vor der Durchführung der Beweisaufnahme läßt sich nicht voraussehen, zu welchem Ergebnis sie führen wird. Da somit das Nichtvorliegen der betreffenden Prozeßvoraussetzung immer denkbar ist, müßte der Tatrichter den Nachweis der entsprechenden Tatsachen immer im Strengbeweis vornehmen. Ginge er freibeweislich vor und stellte sich dann das Fehlen der Sachurteilsvoraussetzung heraus, müßte er sonst

---

408 Vgl. Beling, a.a.O., S. 151/152.

409 Vgl. Beling, a.a.O., S. 154.

410 Vgl. Beling, a.a.O., S. 153, 147 FN 1 und 154 FN 2.

411 Vgl. auch Meyer in Alsberg/Nüse/Meyer, S. 113; Wroblewski, S. 21.

412 Vgl. Többens, S. 40; Bovensiepen, S. 81/82.

die dann zur Urteilsbasis gewordenen Feststellungen durch nochmalige, aber dann förmliche Beweisaufnahme absichern. Der durch die Anwendung des Freibeweisverfahrens von Beling beabsichtigte „Zeitgewinn" ginge dadurch jedenfalls verloren[413].

2. Die Beschränkung des Strengbeweises auf die sog. Entscheidungsbasis

Ähnlich wie Beling will auch Hegler[414] Strengbeweis bei den Tatsachen anwenden, die die „Entscheidungsbasis" des Urteils bilden. Darunter versteht er diejenigen Feststellungen, auf deren Annahme oder Nichtannahme sich die Entscheidung des erkennenden Gerichts über die Klage ihrem Inhalt nach aufbaut. Dies ist dann der Fall, wenn bei Annahme des Gegenteils der betreffenden Tatsache eine Entscheidung dieses Inhalts unmöglich wäre. Damit sei gewährleistet, daß alle Tatsachen, die eine erhöhte Wichtigkeit für sich beanspruchen könnten, in einem das Prinzip der Mündlichkeit beachtenden Beweisverfahren festgestellt würden. Aus diesem Prinzip ergebe sich, daß der Richter seiner Entscheidung keine für die Parteien überraschenden Tatsachen zugrunde legen dürfe. Dies gelte auch bei prozessualen Fragen, wenn der Richter sich bei dieser Entscheidung die betreffende Frage vorlege[415].

Auch bei der von Hegler getroffenen Abgrenzung bleibt aber offen, was unter „Entscheidungsbasis" zu verstehen ist. Hält man sich an seine Formel, wonach darunter alle Tatsachen gefaßt werden müssen, die für die Entscheidung eine Rolle spielen, so besagt dies im Grunde nicht mehr als die gesetzliche Formulierung des § 244 Abs. 2, wonach die Beweisaufnahme auf alle Tatsachen zu erstrecken ist, die für die Entscheidung von Bedeutung sind. Da das Gesetz aber weder nach der Art der Entscheidung noch nach dem Grad der Kausalität zwischen ihr und der betreffenden Tatsache differenziert, wäre danach für den Freibeweis praktisch kein Raum mehr[416]. So will Hegler seinen Ansatz jedoch nicht verstanden wissen, da er grundsätzlich davon ausgeht, daß für Prozeßtatsachen das Mündlichkeits- bzw. das Unmittelbarkeitsprinzip (und damit der Strengbeweis) nicht gilt[417].

Man könnte den Begriff „Entscheidungsbasis" noch so verstehen, daß darunter nur die Tatsachen fallen, die unmittelbar für eine verfahrensabschließende Entscheidung des Gerichts gem. § 260 relevant werden. Dazu zählten dann neben den materiell-rechtlichen Tatsachen noch diejenigen, die zur Feststellung der Prozeßvoraussetzungen erforderlich sind, und zwar unabhängig davon, ob ein Sachurteil i. S. d. § 260 Abs. 1 oder ein Einstellungsurteil i. S. d.

---

[413] Vgl. Volk, S. 80/81, Bovensiepen, S. 84; Többens, S. 39/40.

[414] Vgl. Hegler, Mündlichkeit und Unmittelbarkeit, Bd. I, S. 399, 400; Bd. II, S. 267, 342.

[415] Vgl. Hegler, a. a. O., S. 211 f.

[416] So im Ergebnis auch Bovensiepen, S. 86 f.

[417] Siehe oben die Nachweise in FN 386.

Abs. 3 ergehen soll. Aber auch insoweit sind die Aussagen Heglers nicht eindeutig, da er einmal[418] die Frage entgegenstehender Rechtskraft uneingeschränkt zur Entscheidungsbasis zählt, während er an anderer Stelle[419] dies nur annimmt, wenn der Richter dazu in den Gründen Stellung nimmt und die Frage verneint[420]. Es ist daher nicht festzustellen, welche Abgrenzungskriterien Hegler heranziehen will.

IV. Prozeßgegenstand und Freibeweis

1. Die Schuld- und Straffrage als „Kernstück" des Strafprozesses

Nach anderer Auffassung[421] ergibt sich die Rechtfertigung unterschiedlicher Beweisverfahren daraus, daß die Entscheidung über die Schuld- und Straffrage den Prozeßgegenstand erledige. Die Zugehörigkeit einer Tatsache zum materiellen Recht oder zum Prozeßrecht allein sei dagegen kein ausreichendes Differenzierungskriterium. Dies ergebe sich schon aus der Existenz doppelfunktioneller Prozeßhandlungen[422].

Bei einem Strafverfahren stehe jedoch die Entscheidung über die Schuld- und Straffrage und damit auch der von dieser Entscheidung umfaßte Lebensvorgang im Vordergrund[423]. Welches Beweisverfahren anzuwenden sei, bestimme sich danach, ob die festzustellende Tatsache der Erledigung dieses Prozeßgegenstandes diene oder nicht. Entscheidend sei also die funktionale Bedeutung der Tatsache im Hinblick auf die anstehende gerichtliche Entscheidung. Werde die Tatsache zur Schuld- und Straffrage festgestellt, sei Strengbeweis anzuwenden. Sei dagegen nur eine Prozeßentscheidung zu treffen, so könne dieselbe Tatsache auch freibeweislich ermittelt werden[424].

Gegen diese Beschränkung des Anwendungsbereichs des Strengbeweises auf den — materiell-rechtlich verstandenen — Prozeßgegenstand ist Kritik geäußert worden. Zunächst wurde bemängelt, eine genaue Klassifizierung der Beweistatsachen nach ihrer den Prozeßgegenstand erledigenden Funktionalität führe zu fragwürdigen und willkürlichen Ergebnissen[425]. Sei zum Beispiel die Frage eines Verstoßes gegen § 136a in tatsächlicher Hinsicht nachzuprüfen, so solle dies — weil Prozeßentscheidung — freibeweislich möglich sein[426]. Dabei werde überse-

[418] Vgl. Hegler, a.a. O, Bd. I, S. 399, 400.

[419] Vgl. Hegler, a.a.O., Bd. I, S. 211, 212.

[420] In diesem Fall unterscheidet sich Hegler nicht von der Auffassung Belings, so daß auf das dazu Gesagte verwiesen werden kann, vgl. oben 4. Kap. A. III. 1.

[421] Vgl. Eb. Schmidt, Lehrk. II, Vor §§ 244-256, Anm. 20; Nüse in Alsberg/Nüse, S. 460; Simander, S. 4; Stützel, S. 6.

[422] Vgl. Eb. Schmidt, a. a. O.; ebensogut könnte man auf die Existenz doppelt relevanter Tatsachen abstellen.

[423] Vgl. Nüse, a.a.O.; siehe auch Schmidt, a.a.O., § 2 Anm. 2.

[424] Vgl. Eb. Schmidt, a.a.O., Vor §§ 244-256 Anm. 20.

[425] Vgl. Többens, S. 49f.

hen, daß das Gericht damit über die Verwertbarkeit z. B. eines Geständnisses als Beweismittel für das Sachurteil entscheide. Damit habe diese Entscheidung aber auch unmittelbaren Einfluß auf die Urteilsgrundlagen und diene so der sachlichen Erledigung des Prozesses[427]. Entsprechendes gelte, wenn über die Frage der Nichtvereidigung eines Zeugen wegen Teilnahmeverdachts gem. § 60 Nr. 2 zu entscheiden sei[428].

Es ist jedoch fraglich, ob mit diesen Erwägungen die Lehre vom Prozeßgegenstand im Kern erschüttert werden kann. Selbst wenn man davon ausgeht, daß die tatsächlichen Voraussetzungen der §§ 136a, 60 Nr. 2 wegen ihrer Auswirkungen auf die Schuld- und Straffrage im Strengbeweis festzustellen sind, so bedeutet dies doch lediglich eine Grenzverschiebung zu Ungunsten der nur prozessual relevanten Tatsachen. Außerdem unterstellt man dieser Lehre Kausalitätserwägungen, die ihr nicht zugrunde liegen. Nüse und Schmidt wollen die Frage des anzuwendenden Beweisrechts nicht davon abhänig machen, ob die festzustellende Tatsache Einfluß auf ein evtl. Sachurteil haben kann. Da es kaum Prozeßtatsachen gibt, die nicht wenigstens mittelbar die Feststellungen zur Schuldfrage beeinflussen können[429], bliebe ansonsten auch kaum Raum für den Freibeweis. Entscheidend ist für sie vielmehr, ob die zu treffende Entscheidung, für deren Vorbereitung die Beweisaufnahme durchgeführt wird, eine Prozeß- oder eine Sachentscheidung ist. Und nach diesem streng formalen Gesichtspunkt ist auch in den Fällen der §§ 136a, 60 Nr. 2 die Frage, ob und wie ein bestimmtes Beweismittel im Verfahren berücksichtigt werden darf, eine Prozeßentscheidung und damit dem freien Beweisverfahren zugänglich.

Wesentlicher als eine bloße Einschränkung des Anwendungsbereichs des Freibeweises ist vielmehr die Frage, ob mit Hilfe des Prozeßgegenstandes überhaupt eine Differenzierung innerhalb der während der Hauptverhandlung zu erhebenden Beweise möglich ist. Wie bereits festgestellt[430], differenziert der einschlägige § 244 Abs. 2 nicht nach der Rechtsnatur der zu treffenden Entscheidung, sondern bestimmt, daß die Beweiserhebung sich auf alle für die Entscheidung bedeutsamen Tatsachen zu erstrecken hat. Und „für die Entscheidung bedeutsam" sind auch solche Tatsachen, die zwar nicht den Prozeßgegenstand erledigen, deren Feststellung aber ein Eingehen auf ihn überhaupt erst ermöglichen, wie etwa diejenigen, die für die Prüfung der Prozeßvoraussetzungen benötigt werden. Selbst wenn man also der Ansicht ist, der Gegenstand des Strafprozesses sei die Beantwortung der Schuld- und Straffrage, so folgt daraus noch nicht ohne weiteres die Zulässigkeit des Freibeweises für Prozeßtatsachen.

---

[426] So BGHSt *16*, 164ff.

[427] Vgl. Többens, a.a.O., S. 50; ähnlich E. Peters, S. 55.

[428] Többens, a.a.O., S. 51.

[429] Vgl. Meyer in Alsberg/Nüse/Meyer, S. 133; Volk, S. 81.

[430] S.o. 4. Kap. A. I. 1.

2. Einzelne gesetzliche Regelungen als Anhaltspunkte für die Zulässigkeit des Freibeweises

Rechtsprechung und Lehre haben daher zur Absicherung ihrer Ansicht einzelne gesetzliche Bestimmungen herangezogen. Sie dienen dieser Auffassung als Beleg für die besondere Behandlung der materiell-rechtlichen Umstände in der Strafprozeßordung und damit indirekt als Begründung für den Freibeweis in der tatrichterlichen Hauptverhandlung.

a) Die Interpretation der §§ 264, 261 StPO

So hat etwa das Reichsgericht[431] die Zulässigkeit des Freibeweises aus den §§ 264, 261 herzuleiten[432] versucht. § 264 bezeichne nur die Tat, d.h. den für die Beantwortung der Schuld- und Straffrage erforderlichen Lebenssachverhalt, als Gegenstand der Urteilsfindung. Daraus könne gefolgert werden, daß es sich bei der Prüfung prozessualer Fragen nicht um eine Beweiserhebung i.S.d. §§ 244ff. handele. Ebenso sei auch der „Inbegriff der Verhandlung" gem. § 261 zu verstehen[433].

§ 261 sagt aber zunächst nur aus, daß der Richter bei der Bildung seiner Überzeugung an keine formalisierten Beweisregeln gebunden ist. Dies gilt nach h. M. für Streng- und Freibeweis gleichermaßen[434]. Auch der Grad der zu gewinnenden Überzeugung ist — wie oben bereits festgestellt[435] — sowohl bei Prozeß- wie Sachfragen identisch, und zwar ohne Rücksicht auf das zu verwendende Beweisverfahren. Ferner folgt aus dem „Inbegriff der Verhandlung", daß das Gericht nur diejenigen Tatsachen seiner Urteilsfindung zugrunde legen darf, die in der Hauptverhandlung unter Beachtung der §§ 244ff. festgestellt wurden[436]. Will man daraus schließen, daß Prozeßtatsachen nicht darunter fallen, so ist das nur möglich, wenn für sie die Grundsätze der Unmittelbarkeit und Mündlichkeit nicht gelten. Damit muß man aber das erst zu beweisende Ergebnis (d.h. Geltung des Freibeweises) schon der Herleitung zugrunde legen.

Aber auch der vom Reichsgericht gezogene Schluß aus § 264 ist anfechtbar. Zwar begrenzt § 264 den für die gerichtliche Untersuchung in Frage kommenden Lebenssachverhalt. Er reduziert aber die richterliche Prüfungstätigkeit nicht auf diesen Bereich[437]. Andernfalls wäre auch nicht ersichtlich, wie sich der Richter

---

431 RGSt *6*, 161 (163); *4*, 264 (265); vgl. auch Birkmeyer, S. 67f. u. 515f.; Kautter, S. 5.

432 Siehe auch Eb. Schmidt, a.a.O., § 2 Anm. 2, wo „Prozeßgegenstand" und „Tat" gleichgesetzt werden.

433 Vgl. RGSt *6*, 161 (163); vgl. auch Ditzen, a.a.O., S. 10f.

434 Vgl. LR(24)-Gollwitzer, § 244 Rdn. 4; Krause, Jura *82*, 225 (232); Willms, Heusinger-FS, S. 394; Többens, S. 63; Rieker, S. 98.

435 S.o. 2. Kap. C. I.

436 Vgl. KK-Hürxthal, § 261 Rdn. 6 m.w.N.

437 Vgl. Többens, a.a.O.

Kenntnis von den etwa für ein Einstellungsurteil nach § 260 Abs. 3 erforderlichen Tatsachen verschaffen sollte. Zweck des § 264 ist es, die Identität von angeklagter und verhandelter Tat sicherzustellen und so zum einen das Anklagerecht der Staatsanwaltschaft (Akkusationsprinzip) zu sichern und zum anderen den Angeklagten vor einer überraschenden Ausweitung oder Veränderung des gegen ihn gerichteten Tatvorwurfs zu schützen[438]. Zur Frage, welches Beweisverfahren für die in der Hauptverhandlung festzustellenden Tatsachen anzuwenden ist, läßt sich aus § 264 jedoch nichts entnehmen[439].

Selbst wenn man jedoch unterstellt, der Strengbeweis sei auf die zur Aufklärung des Prozeßgegenstandes erforderlichen Tatsachen beschränkt, ist es fraglich, ob damit der Freibeweis mit seinem von der h. M. heute angenommenen Anwendungsbereich begründet werden kann. Voraussetzung dafür wäre, daß der Prozeßgegenstand tatsächlich mit den zur Schuld- und Straffrage festzustellenden Tatsachen identisch ist. Will man dies damit begründen, daß diese Tatsachen zur Sachurteilsfindung unmittelbar erforderlich sind und daher in einem mit den besonderen Garantien der §§ 244ff. ausgestatteten Beweisverfahren festgestellt werden müßten[440], ist nicht zu erklären, warum nicht auch die für die Prozeßvoraussetzungen relevanten Feststellungen in dieser Art und Weise ermittelt werden müssen. Sie sind ebenso wie die materiell-rechtlichen Normen unabdingbare Voraussetzungen für den Erlaß eines Sachurteils. Und selbst wenn man sie — wie die h. A.[441] — als Zulässigkeitsvoraussetzungen des Verfahrens begreift, sind sie wie die sachlich-rechtlichen Bestimmungen innerhalb und nicht außerhalb des Verfahrens zu prüfen. Sie sind daher ebenso Gegestand der Urteilsfindung wie die materiell-rechtlichen Elemente[442].

b) Herleitung aus der Entstehungsgeschichte des § 260 StPO

Ferner wurde die Entstehungsgeschichte des § 260 als Anhaltspunkt für die Zulässigkeit des Freibeweises herangezogen[443]. In den Entwürfen zur Reichsstrafprozeßordnung sei vorgesehen gewesen, die Einstellung des Verfahrens nicht durch Urteil, sondern durch Beschluß auszusprechen. Dies sei nur deshalb nicht Gesetz geworden, weil auch für Einstellungsurteile der Instanzenzug eröffnet werden sollte. Diese aus Zweckmäßigkeitsgründen erfolgte Gleichstellung habe aber nicht beabsichtigt, den zwischen beiden Entscheidungen

---

438 Vgl. Alsberg, GA *62 (1916)*, 3; E. Peters, S. 28; Többens, a.a.O.; Bovensiepen, S. 92; Wroblewski, S. 11; Meyer in Alsberg/Nüse/Meyer, S. 112; vgl. auch Volk, S. 82 FN 245.

439 Nüse, a.a.O., räumt daher auch ein, daß sich der Freibeweis nicht aus einer Norm der StPO ableiten läßt.

440 Nüse, a.a.O., Eb. Schmidt, a.a.O., Vor §§ 244-256 Anm. 20.

441 Vgl. etwa KK-Pfeiffer, Einl. Rdn. 131; BGHSt *32*, 245 (250).

442 So mit Recht Volk, S. 82.

443 RGSt *6*, 161 (165).

bestehenden inhaltlichen Unterschied zu verwischen; insbesondere sollten damit nicht auch die Prozeßtatsachen dem Strengbeweis unterworfen werden.

Aber auch diese Argumentation liefert keinen Beweis dafür, daß und warum die implizit behauptete Zweiteilung des Beweisverfahrens bei Prozeßtatsachen einerseits und materiell-rechtlichen Umständen andererseits gerechtfertigt ist. Selbst wenn man die Zulässigkeit des Freibeweises unterstellt, könnte darüber hinaus aus der formellen Gleichsetzung von Sach- und Einstellungsentscheidung auch der umgekehrte Schluß gezogen werden. Wollte der Gesetzgeber auch die Einstellungsentscheidungen der obergerichtlichen Kontrolle unterstellen, so zeigt dies, daß ihm die zugrunde liegenden Normen (d.h. die Prozeßvoraussetzungen) ebenso wichtig waren wie die materiell-rechtlichen Vorschriften. Dies spräche dann aber eher dafür, zumindest insoweit Strengbeweisrecht anzuwenden[444].

c) Herleitung des Freibeweises aus den §§ 263, 265, 267 Abs. 2 StPO

Weiter ist die Zulässigkeit des Freibeweises aus den Vorschriften abgeleitet worden, aus denen sich eine besondere Behandlung der materiell-rechtlichen Umstände bei Abstimmungen im Rahmen der Beratung und bei der Abfassung des Urteils ergibt[445].

Gem. § 263 Abs. 1 ist für jede dem Angeklagten nachteilige Entscheidung über die Schuldfrage und die Rechtsfolgen der Tat eine Mehrheit von zwei Dritteln der Stimmen erforderlich. Abs. 2 stellt klar, daß die Schuldfrage auch solche Umstände betrifft, die die Strafbarkeit ausschließen, vermindern oder erhöhen. § 265 verlangt einen rechtlichen Hinweis lediglich bei solchen Veränderungen, die die Verurteilung wegen eines anderen als des in der Anklage aufgeführten Strafgesetzes gestatten (Abs. 1) bzw. zu einer erhöhten Strafe oder einer Maßregel der Sicherung und Besserung führen können (Abs. 2). § 267 schließlich normiert Anforderungen an die Begründung, die nur für Sachentscheidungen, nicht aber für Einstellungsurteile gelten[446].

Aus der Tatsache, daß diese Vorschriften Regelungen nur hinsichtlich materiell-rechtlicher, nicht aber auch prozessualer Umstände treffen, wird nun abgeleitet, die freiere Stellung des Tatrichters hinsichtlich prozessualer Tatsachen betreffe auch die Art und Weise ihrer Ermittlung. Daher sei er auch in der Hauptverhandlung an die für den Strengbeweis geltenden §§ 244ff. nicht gebunden, sondern könne vielmehr freibeweislich verfahren[447].

Es ist jedoch fraglich, ob aus diesen Einzelbestimmungen auf die Zulässigkeit des Freibeweises geschlossen werden kann. Dies gilt zunächst für die Herleitung

---

[444] So auch Bovensiepen, S. 96.

[445] Vgl. RGSt *6*, 161ff.; Kautter, S. 6.

[446] Vgl. LR(24)-Gollwitzer, § 267 Rdn. 158f.

[447] Vgl. RGSt a.a.O.

aus § 263. Die Notwendigkeit, sowohl über materiell-rechtliche als auch über prozessuale Fragen eine Mehrheitsentscheidung herbeizuführen, ergibt sich schon aus § 196 GVG. Die Tatsache allein, daß § 263 für Abstimmungen über die Schuld- und Straffrage eine qualifizierte Mehrheit vorschreibt, sagt über die Art und Weise der Gewinnung prozessualer Tatsachen unmittelbar nichts aus[448]. Allenfalls könnte diese Regelung als Indiz dafür gewertet werden, daß der Gesetzgeber prozessuale Umstände für weniger wichtig hielt als materiell-rechtliche[449]. Schon oben[450] war aber festgestellt worden, daß es ein durchgängig bestehendes „Bedeutungsgefälle" zwischen materiellem Recht und Prozeßrecht nicht gibt. Daher kann auch den im älteren Schrifttum unternommenen Versuchen, daraus die Zulässigkeit des Freibeweises für Prozeßtatsachen abzuleiten[451], nicht gefolgt werden[452].

Auch die aus § 265 gezogenen Schlußfolgerungen sind angreifbar. So wird übersehen, daß §265 nicht in jedem Fall der Änderung der rechtlichen Beurteilung einen Hinweis verlangt. So ist zum Beispiel anerkannt, daß der Hinweis unterbleiben kann, wenn ein milderes als das in der Anklage bezeichnete Gesetz nur deshalb angewendet werden kann, weil ein Tatbestandsmerkmal des ursprünglich bezeichneten Gesetzes wegfällt[453]. Dabei handelt es sich aber zweifellos um einen der Schuld- und Straffrage zuzurechnenden Umstand. Wenn also die Grenze zwischen hinweispflichtigen und hinweisfreien Veränderungen nicht deckungsgleich ist mit derjenigen zwischen Prozeß- und Sachfragen, kann aus §265 auch nicht auf das bei Prozeßtatsachen anzuwendende Beweisrecht geschlossen werden. § 265 bezweckt lediglich, den Angeklagten vor überraschenden Veränderungen der in der Anklage niedergelegten Beurteilung der Tat zu schützen und so seinen Anspruch auf ein faires Verfahren zu gewährleisten[454]. Die Vorschrift ist somit eine Ergänzung zum oben[455] behandelten § 264 und ebensowenig wie dieser geeignet, die Zulässigkeit des Freibeweises für Prozeßtatsachen zu begründen[456].

---

448 Vgl. Sauer, S. 406 FN 1; Meyer in Alsberg/Nüse/Meyer, S. 112; im Ergebnis auch Többens, S. 64.

449 So auch Bovensiepen, S. 94.

450 S.o. 3. Kap. C. III. 1. a), wo die Frage erörtert wurde, ob aus der angeblich „minderen Bedeutung" des Prozeßrechts die Bindung des Revisionsgerichts bei Doppelrelevanz abgeleitet werden kann.

451 Vgl. etwa Kautter, S. 3ff.; Birkmeyer, S. 515; Sauer, S. 405ff.

452 So auch Meyer, a.a.O.; Bovensiepen, S. 124/5; Többens, NStZ *82*, 184; Volk, S. 79ff.; Wroblewski, S. 27.

453 So z.B. beim Wechsel von § 255 zu 253, vgl. LR(24)-Goillwitzer, § 265 Rdn. 24; KK-Hürxthal, § 265 Rdn. 12.

454 Vgl. LR(24)-Gollwitzer, a.a.O. Rdn. 2 m.w.N.

455 Vgl. oben 4. Kap. A. IV. 2. a).

456 Im Ergebnis ebenso Többens, S. 64; Bovensiepen, S. 95; Meyer, a.a.O.; Wroblewski, a.a.O.

Bleibt schließlich § 267, der eine ausdrückliche Begründung nur für Sachurteile (Verurteilung oder Freispruch) vorschreibt. Das bedeutet jedoch nicht, daß ein Einstellungsurteil nicht mit Gründen versehen sein müßte. Nach ganz einhelliger Ansicht[457] ist vielmehr auch das Einstellungsurteil gem. § 34 zu begründen. Dabei muß in revisionsrechtlich nachprüfbarer Weise dargelegt werden, aus welchen Gründen die Durchführung des Strafverfahrens unzulässig ist, d.h. die tatsächlichen und rechtlichen Voraussetzungen des Verfahrenshindernisses müssen in den Urteilsgründen aufgeführt werden. Selbst wenn man daher annimmt, daß ein tatsächlicher Unterschied in der Begründungsintensität zwischen § 267 (Sachurteil) und § 34 (Einstellungsurteil) besteht[458], ist er also nicht so schwerwiegend, als daß daraus die Zulässigkeit eines gesonderten Beweisverfahrens für Prozeßtatsachen abgeleitet werden könnte.

V. Notwendigkeit des Freibeweises zur Vorbereitung von Verfahrensentscheidungen

Als weiterer Beleg für die Zulässigkeit des Freibeweises wird angeführt, bestimmte Verfahrensentscheidungen könnten ohne seine Anwendung nicht oder nur unter großen Schwierigkeiten getroffen werden, da sich die Anwendung von Strengbeweis in diesen Fällen als untunlich erweise.

1. Die Verhandlungsfähigkeit des Angeklagten

Zu diesen Fällen wurde, insbesondere im älteren Schrifttum[459], auch die Frage der Feststellung der Verhandlungsfähigkeit des Angeklagten gerechnet. Die Ermittlung dieser Umstände könne kein Teil der Hauptverhandlung sein, da diese nur mit einem verhandlungsfähigen Angeklagten überhaupt durchgeführt werden könne. Ergäben sich daher Zweifel an der Verhandlungsfähigkeit des Angeklagten, so könnte die Erörterung dieser Frage nicht in einer Hauptverhandlung i.S.d. §§ 244ff. erfolgen und die Feststellung der erforderlichen Tatsachen damit nicht nach den Regeln des strengen Beweisrechts durchgeführt werden[460].

Die Schlüssigkeit dieser Herleitung setzt voraus, daß bereits die Möglichkeit der Verhandlungsunfähigkeit des Angeklagten die Durchführung einer Hauptverhandlung unmöglich macht. Es ist jedoch ein nicht nur[461] im Strafprozeß[462]

---

[457] Vgl. etwa RGSt *69*, 159; KK-Hürxthal, § 267 Rdn. 45; LR(24)-Gollwitzer, § 267 Rdn. 158; Kleinknecht/Meyer, § 267 Rdn. 29; KMR-Paulus, § 267 Rdn. 106; Eb. Schmidt, Lehrk. II, § 267 Anm. 38.

[458] Vgl. etwa Kleinknecht/Meyer, § 267 Rdn. 29.

[459] Vgl. Ditzen, S. 50; Beling, ZStW *30 (1910)*, S. 39 (44f.).

[460] Vgl. Beling und Ditzen, jeweils a.a.O.

[461] Vgl. Thomas/Putzo, § 52 ZPO, Anm. 2b; Grunsky, S. 255; Eyermann/Fröhler, § 62 VwGO, Rdn. 9.

[462] Vgl. etwa Meyer in Alsberg/Nüse/Meyer, S 114; Bovensiepen, S. 128/129.

anerkannter Grundsatz, daß ein Prozeßbeteiligter, dessen Beteiligungsfähigkeit in Zweifel gezogen wird, bei der Überprüfung dieser Frage mit allen rechtlichen Möglichkeiten (deren Ausschöpfung gegebenenfalls durch die Beiordnung eines Verteidigers sicherzustellen ist) mitwirken darf. Auch eine möglicherweise bestehende Verhandlungsunfähigkeit steht demnach der Durchführung einer Hauptverhandlung nicht im Wege, auch wenn sich diese zunächst auf die Feststellung der Verhandlungsfähigkeit konzentrieren wird.

2. Freibeweis und Beweisverbote

Ferner wurde behauptet, die Zulässigkeit des Freibeweises ergebe sich daraus, daß die zur Vorbereitung einer Strengbeweisaufnahme zu entscheidende Frage, ob ein bestimmter Gegenstand im Strengbeweisverfahren überhaupt in die Verhandlung eingeführt werden dürfe, nur im Freibeweisverfahren entschieden werden könne.

a) Feststellung der aus dem Grundgesetz abgeleiteten Beweisverbote

Diese Frage stellt sich z. B. bei unmittelbar aus dem Grundgesetz hergeleiteten Beweisverboten. Die unmittelbare Ableitung von Beweisverboten aus dem Grundgesetz ist insbesondere bei Beweiserhebungen, die mit der Verletzung der Privat- und Intimsphäre verbunden sind, seit der sog. „Tagebuchentscheidung" des Bundesgerichtshofs[463] von der h. M. prinzipiell anerkannt[464]. Auch das Bundesverfassungsgericht[465] und der BGH selbst[466] haben in späteren Entscheidungen ein Beweisverwertungsverbot bei Verletzungen des absolut geschützten Kernbereichs des durch die Art. 1 Abs. 1, 2 Abs. 1 GG geschützten Persönlichkeitsrechts angenommen.

Ist zu entscheiden, ob private Aufzeichnungen, die als Beweismittel in Betracht kommen, wegen ihres höchstpersönlichen Inhalts unverwertbar sind[467], ist dazu notwendigerweise die Kenntnis vom Inhalt der Schriftstücke erforderlich. Wendet man aber bei der Ermittlung Strengbeweis an und verliest folglich ihren Inhalt in der Hauptverhandlung, so tritt in jedem Fall gerade die Grundrechtsverletzung ein, zu deren Verhinderung das Beweisverbot aufgestellt worden war. Ist aber der Schutz der Intimsphäre durch die Verlesung in jedem Fall beeinträchtigt, so kann hier auch nicht danach differenziert werden, ob die Verlesung (nur) zur Vorbereitung einer Verfahrensentscheidung dient oder nicht. Auch die Möglichkeit, bei einer solchen Verlesung die Öffentlichkeit gem. § 172 Ziff. 2 GVG auszuschließen, beseitigt den Grundrechtseingriff nicht. Soweit man die Intimsphäre für schützenswert hält, besteht dieser Schutz

463 Vgl. BGHSt *19*, 325ff.

464 Vgl. etwa LR(24)-Schäfer, Einl. Kap. 14 Rdn. 27ff. m.w.N.

465 Vgl. BVerfGE *34*, 39ff.

466 Vgl. BGH NStZ *87*, 569ff.

467 Fall nach Sarstedt, Verhandlungen des 46. DJT, Band II, S. F 24.

grundsätzlich auch gegenüber den Verfahrensbeteiligten[468]. Hier kann daher ein möglichst weitgehender Schutz nur dadurch gewährt werden, daß die Schriftstücke nicht förmlich verlesen werden, sondern der Vorsitzende ihren Inhalt soweit mitteilt, als dies zur Beurteilung ihrer Verlesbarkeit erforderlich ist.

b) Entscheidung über die Verlesbarkeit einer Urkunde gem. §§ 250ff.

Auch bei der Frage, ob eine Urkunde in der Hauptverhandlung gem. den §§ 250ff. verlesen werden darf, wird die Divergenz zwischen einem möglichen Beweisverbot einerseits und der Anwendung von Strengbeweis zu seiner Feststellung andererseits deutlich.

Schon Ditzen[469] hat dies als ein Argument für den Freibeweis angeführt. Solle in der Hauptverhandlung eine Urkunde verlesen werden, so müsse zunächst deren Inhalt bekannt sein, um über die Zulässigkeit der Verlesung entscheiden zu können. Besonders schwierig gestalte sich diese Entscheidung, wenn die Urkunde als präsentes Beweismittel (§ 254 S. 1) vorgelegt werde und danach verlesen werden müßte. Könne andererseits ein Verlesungsverbot eingreifen, dann liege sowohl bei der Verlesung als auch bei Nichtverlesung möglicherweise ein Gesetzesverstoß vor. Diese Schwierigkeit sei nur dadurch zu umgehen, daß das Gericht zunächst den Inhalt der Urkunde durch einfaches Lesen ermittele und aufgrund der so gewonnenen Erkenntnisse über die förmliche Verlesung entscheide.

Gegen die Herleitung des Freibeweises aus dieser Überlegung läßt sich einwenden[470], daß die Frage der Zulässigkeit der Verwertung einerseits und die Verwertung des Inhalts der Urkunde zur Urteilsfindung andererseits auseinandergehalten werden müssen. Selbst wenn man bei der Prüfung, ob ein Verlesungsverbot eingreift, Strengbeweis anwendet, so ist damit noch nicht entschieden, ob das Gericht die so erlangten Kenntnisse seinem Urteil zugrunde legen darf. Diese Frage stellt sich vielmehr erst dann, wenn zuvor infolge der durchgeführten Beweisaufnahme zu einer Verfahrensfrage (= Verlesbarkeit) der Weg zu einer Verwertung für die Schuld- und Straffrage eröffnet ist[471]. Auch bei Anwendung der Strengbeweisregeln ließe sich somit nach der funktionalen Bedeutung der anstehenden Entscheidung differenzieren.

Gleichwohl ist nicht zu übersehen, daß die §§ 250ff. ihrem Wortlaut nach nicht erst die Verwertung unverlesbarer Urkunden, sondern schon die Verlesung selbst als unzulässig ansehen. Wollte man daher bei der Prüfung der einschlägigen Normen stets Strengbeweis verlangen, würde somit die Zulässigkeit der Verlesung durch die Verlesung des Schriftstücks festgestellt.

---

[468] Vgl. LR(24)-Schäfer, a.a.O., Rdn. 27 FN 41; siehe auch Bovensiepen, S. 144.

[469] Vgl. Ditzen, S. 50ff.; siehe auch Meyer, a.a.O.

[470] Vgl. etwa Bovensiepen, S. 138.

[471] So auch Bovensiepen, S. 138.

Weiter ist zu beachten, daß bei Anwendung des Strengbeweises alle Verfahrensbeteiligten stets umfassende Kenntnis vom Inhalt des Schriftstücks erlangen, selbst wenn sich nach durchgeführter Beweisaufnahme dessen Unverwertbarkeit herausstellt. Es ist daher fraglich, ob sich insbesondere das Gericht bei seiner Urteilsfindung von dem derart erlangten Wissen freimachen und noch unbefangen urteilen kann. Zwar wird vom Richter grundsätzlich erwartet, daß er in der Lage ist, bei der Urteilsfindung zwischen verwertbaren und unverwertbaren Tatsachen zu unterscheiden[472]. Gleichwohl ist insbesondere bei Laienrichtern die Gefahr der Vermengung beider Bereiche nicht auszuschließen, so daß der Umfang unverwertbarer Umstände, die auf irgendeinem Weg in die Hauptverhandlung eingeführt werden könnten, möglichst gering zu halten ist.

Entsprechende Fragestellungen ergeben sich bei der Prüfung, ob Beweisgegenstände unter Verstoß gegen § 97 StPO beschlagnahmt wurden und daher unverwertbar sind. Diese Vorschrift schützt das Vertrauensverhältnis zwischen dem Zeugnisverweigerungsberechtigten, der Beweisgegenstände in Gewahrsam hat, einerseits und dem Beschuldigten andererseits. Dieser Schutz wird unterlaufen, wenn im Wege des Strengbeweises etwa eine Urkunde verlesen wird, nur um zu prüfen, ob sie überhaupt verlesen werden durfte[473].

Die genannten Probleme lassen sich vermeiden, wenn man bei der Prüfung der Verlesbarkeit (= Verfahrensfrage) nicht Streng-, sondern Freibeweisrecht anwendet. Der Vorsitzende braucht dann die Verfahrensbeteiligten nur insoweit vom Inhalt der Urkunde zu unterrichten, wie dies zur Entscheidung über ihre Verlesbarkeit erforderlich ist.

c) Herleitung aus § 251 Abs. 3

Nach h. A.[474] ist eine solche Vorgehensweise spätestens nach Einführung des § 251 Abs. 3 in die Strafprozeßordnung[475] auch nicht zu beanstanden. Unbestritten ist, daß diese Vorschrift eine positive gesetzliche Regelung des Freibeweises enthält[476]. Fraglich ist jedoch, ob mit dieser Vorschrift der gesamte nach heute h. M. bestehende Anwendungsbereich des Freibeweises abgedeckt werden kann.

Nach § 251 Abs. 3 können Vernehmungsniederschriften, Urkunden und andere als Beweismittel dienende Schriftstücke unabhängig vom Vorliegen der

---

[472] So ist z. B. ein Vorhalt aus einem an sich unverlesbaren Schriftstück zulässig. Für die Urteilsfindung darf aber nur die Aussage des Zeugen herangezogen werden, vgl. LR(24)-Gollwitzer, § 249 Rdn. 84f.

[473] Siehe auch Bovensiepen, S. 144.

[474] Vgl. LR(24)-Gollwitzer, § 251 Rdn. 65f. m.w.N.

[475] Dritte Verordnung zur Vereinfachung der Strafrechtspflege vom 29.05.43, RGBl. I, S. 342ff.

[476] Vgl. LR(24)-Gollwitzer, a.a.O.; Fezer, Mündliche Verhandlung, S. 98 FN 87; Kohlhaas, NJW *54*, 538; Löhr, S. 132; Többens, S. 53ff.; Pfitzner, S. 31/32; Bovensiepen, S. 106; KMR-Paulus, § 244 Rdn. 351.

sonstigen Ausnahmevorschriften der §§ 250ff. immer dann verlesen werden, wenn dies nicht unmittelbar zur Urteilsfindung geschieht. Damit wird der für den Strengbeweis geltende Grundsatz der Unmittelbarkeit und Mündlichkeit[477] für diese Art von Beweiserhebungen außer Kraft gesetzt. So ist es dem Gericht z. B. möglich, zur Klärung einer nicht unmittelbar der Urteilsfindung dienenden Frage nicht den Zeugen persönlich in der Hauptverhandlung zu hören, sondern sich mit seiner schriftlichen Stellungnahme zu der zu beweisenden Tatsache zu begnügen. Die Gerichte haben also über § 251 Abs. 3 die Möglichkeit, Beweissurrogate in die Hauptverhandlung einzuführen.

Der für den Freibeweis typische Verzicht auf den Grundsatz der Unmittelbarkeit und Mündlichkeit gilt aber nach der systematischen Stellung des § 251 Abs. 3 zunächst nur für den Urkundsbeweis[478]. Das Freibeweisverfahren erlaubt nach h. M. darüber hinaus aber auch andere Arten der Beweiserhebung. So soll sich das Gericht bei Prozeßentscheidungen etwa auch mit der vom Vorsitzenden eingeholten telefonischen Auskunft eines Zeugen begnügen dürfen[479]. Es fragt sich daher, ob die Anerkennung des Freibeweises auch auf andere Beweismittel erstreckt werden kann.

Für die h. A. ergibt sich dies schon daraus, daß sie § 251 Abs. 3 lediglich als gesetzliche Ausprägung der ohnehin geltenden Regel versteht, wonach Prozeßtatsachen freibeweislich festzustellen sind. Sie vertritt daher, § 251 Abs. 3 bringe diesen Grundsatz nur unvollkommen und an der falschen Stelle zum Ausdruck[480]. Ob ein solch allgemeiner Grundsatz besteht, ist nach dem bisher Gesagten aber gerade fraglich. Auf diese Weise wird sich daher die Allgemeinverbindlichkeit des in § 251 Abs. 3 niedergelegten Beweisverfahrens wohl kaum begründen lassen.

Gleichwohl enthält die gesetzliche Regelung Anhaltspunkte, die die Ansicht der h. M. stützen. Verlesbar i. S. d. Abs. 3 sind alle Schriftstücke, deren gedanklicher Inhalt zu Beweiszwecken herangezogen werden kann[481]. Dabei wird weder nach dem Grad der Vermittlungsstufe im Hinblick auf das tatnächste Beweismittel noch danach differenziert, ob das Schriftstück zu Beweiszwecken angefertigt wurde oder nicht. Somit besteht die Möglichkeit, jedes Beweismittel in ein Beweissurrogat in schriftlicher Form umzuwandeln, um es dann gem. § 251 Abs. 3 in die Hauptverhandlung einzuführen. So könnte der Vorsitzende in dem oben genannten Beispiel einen Aktenvermerk über den Inhalt des Telefongesprächs anfertigen. Zeugen könnten von Verhörspersonen befragt und deren schriftliche Aufzeichnungen verwendet werden. Entsprechendes gilt für schriftliche Gutachten von Sachverständigen bzw. Protokolle von Augenscheinseinnahmen. Wollte man den Freibeweis auf diese Art der Beweis-

---

[477] Vgl. oben 2. Kap. C. III. und die dort angeführten Fundstellen.

[478] Vgl. LR(24)-Gollwitzer, § 244 Rdn. 3.

[479] Meyer in Alsberg/Nüse/Meyer, S. 143.

[480] Vgl. LR(24)-Gollwitzer, § 251 Rdn. 66 m. w. N.

[481] Vgl. LR(24)-Gollwitzer, § 251 Rdn. 70 und § 249 Rdn. 7.

führung beschränken, so wäre also lediglich die Einführung einer zusätzlichen Vermittlungsstufe (= Schriftstück) die Folge, ohne daß dadurch die Zuverlässigkeit der Beweisführung gesteigert oder der Kreis der verwendbaren Beweismittel eingeschränkt würde. Der besondere Regelungsgehalt des § 251 Abs. 3 liegt also nicht in der Beschränkung auf den Urkundsbeweis. Entscheidend ist vielmehr der Verzicht auf den den Strengbeweis prägenden Grundsatz der Unmittelbarkeit und Mündlichkeit für solche Beweisaufnahmen, die nicht *unmittelbar der Urteilsfindung* dienen. Insoweit ist der h. A., wonach die Zulässigkeit des Freibeweises nicht von der Art des Beweismittels, sondern nur vom Zweck der Beweiserhebung abhängen kann[482], also zuzustimmen.

Somit stellt sich also die Frage, welche Beweiserhebungen i.S.d. § 251 unmittelbar der Urteilsfindung dienen und welche nicht. Die h. A. versteht unter „Urteil" i.S.d. § 251 Abs. 3 nur das Sachurteil und vertritt daher die schon dargestellte Ansicht, alle nicht zur Schuld- und Straffrage festzustellenden Tatsachen könnten freibeweislich ermittelt werden[483].

Es fragt sich aber, ob diese Beschränkung auf Sachurteile zutreffend ist. Welche verfahrensabschließenden Entscheidungen das Tatgericht aufgrund einer Hauptverhandlung treffen kann, wird in § 260 geregelt. Nach § 260 Abs. 3 ist dabei auch die Einstellung des Verfahrens wegen Fehlens einer Prozeßvoraussetzung durch Urteil auszusprechen. In § 260 werden also Einstellungs- und Sachurteile gleichberechtigt nebeneinander genannt. Für eine Differenzierung zwischen Sach- und Einstellungsurteil ergibt sich auch aus dem Wortlaut des § 251 Abs. 3 kein Anhaltspunkt. Dort wird nur generell von Urteilsfindung gesprochen. Der in § 251 Abs. 3 genannte Beispielsfall, die Verlesung zur Vorbereitung der Entscheidung über die Ladung und Vernehmung einer Person, ist dem Bereich verfahrensleitender Vorschriften entnommen und spricht daher ebenfalls nicht dafür, daß Einstellungsurteile freibeweislich vorbereitet werden dürfen. Die Interpretation der h. A. ist daher nur dann schlüssig, wenn man unterstellt, daß § 251 als Vorschrift des Urkunds- und damit des Strengbeweises ohnehin nur für die Schuld- und Straffrage gelte. Ob dies der Fall ist, soll aber doch gerade erst bewiesen werden. Nach dem Wortlaut der Vorschrift ist also unter „Urteilsfindung" i.S.d. § 251 Abs. 3 sowohl die Beweisaufnahme zur Vorbereitung eines Sachurteils als auch diejenige zur Vorbereitung eines Einstellungsurteils zu verstehen. Somit kann aus § 251 Abs. 3 die Zulässigkeit des Freibeweises nur zur Vorbereitung solcher Entscheidungen hergeleitet werden, die keine Urteile (und damit keine Endentscheidungen) sind[484].

Dagegen wird geltend gemacht, eine solche Interpretation entspreche nicht dem Willen des Gesetzgebers[485]. Dazu müßte jedoch ein entgegenstehender

[482] Vgl. LR(24)-Gollwitzer, § 244 Rdn. 3.

[483] Vgl. LR(24)-Gollwitzer, § 244 Rdn. 3 und § 251 Rdn. 63; Meyer in Alsberg/Nüse/Meyer, S. 114, jeweils m.w.N.

[484] So im Ergebnis auch Bovensiepen, S. 106; Többens, S. 55; E. Peters, S. 27.

[485] Vgl. Meyer in Alsberg/Nüse/Meyer, S. 114 FN 37.

gesetzgeberischer Wille aus der Entstehungsgeschichte der Norm ersehbar sein. Die Begründung der justizministeriellen Verordnung, die diese Vorschrift in die StPO einfügte, ist nicht veröffentlicht[486]. In der zeitgenössischen Literatur findet sich nur der Hinweis, §251 Abs. 3 sei entsprechend der bis dahin ergangenen Rechtsprechung eingeführt worden, um die Verlesung von Urkunden zum Zwecke der Klärung von der Urteilsfindung vorgelagerten Fragen zu erleichtern[487]. Offen bleibt jedoch, auf welche Vorfragen sich dies bezieht. Der Hinweis, der im Gesetz genannte Fall der Ladung bzw. der Vernehmung von Personen stelle dabei die wichtigste der zu regelnden Prozeßsituationen dar[488], läßt wohl kaum den Schluß zu, mit §251 Abs. 3 sei die Zulässigkeit des Freibeweises auch für Prozeßvoraussetzungen festgeschrieben worden. Nach Kriegsende ist §251 Abs. 3 dann durch Art. 3 Nr. 113 VereinheitG 1950 unverändert übernommen worden, wobei sich weder in der Begründung des Gesetzentwurfes noch in dessen Beratungen irgendein Hinweis auf die mit § 251 Abs. 3 verfolgte Intention finden läßt[489].

VI. Zwischenergebnis

Man kann also festhalten: Die Zulässigkeit des Freibeweises für Prozeßtatsachen war zu untersuchen, weil sich aus einem unterschiedlichen Beweisrecht für materiell-rechtliche Tatsachen einerseits und Prozeßtatsachen andererseits eine Begründung für die von der h. A. angenommene Bindung des Revisionsgerichts an Feststellungen des Tatrichters zu doppelt relevanten Tatsachen auch bei Prozeßentscheidungen herleiten läßt[490]. Die präsumtiv größere Zuverlässigkeit strengbeweislicher Feststellungen rechtfertigt eine Bindung, wenn und soweit das Revisionsgericht bei der Überprüfung der fraglichen Tatsachen Freibeweis anwenden dürfte. Wegen der möglichen Rückwirkungen auf das Beweisrecht der Revisionsinstanz war zunächst zu prüfen, inwieweit der Freibeweis in der tatgerichtlichen Hauptverhandlung angewendet werden kann[491].

Die Diskussion der verschiedenen Begründungen zur Zulässigkeit des Freibeweises hat aber gezeigt, daß er vom Gesetz nur für die Feststellung solcher prozessualen Tatsachen anerkannt wird, deren Feststellung nicht unmittelbar der Urteilsfindung dient. Dabei sind unter „Urteil" sowohl Sach- als auch Einstellungsurteile zu verstehen. Der Freibeweis ist danach zur Feststellung der Prozeßvoraussetzungen jedenfalls in der Hauptverhandlung nicht zulässig. Lediglich die für sonstige Prozeßentscheidungen, etwa hinsichtlich verfahrens-

---

[486] Vgl. RGBl. I (1943), S. 342ff.

[487] Vgl. Grau, DJ *1943*, 333.

[488] Vgl. Grau, a.a.O.

[489] Vgl. BT-Drucks. 1/350 (Gesetzentwurf) sowie Verhandlungen des Rechtsausschusses, Drucksache Nr. 4, S. 67 und Protokoll vom 17.05.1950, S. 82.

[490] Vgl. oben 3. Kap. C. III. 1. c).

[491] Vgl. oben zu Beginn des 4. Kap. A.

leitender Vorschriften oder über das Vorliegen von Beweisverboten, erforderlichen Tatsachen können freibeweislich festgestellt werden[492]. Ist aber der Freibeweis für solche Normen schon in der tatrichterlichen Hauptverhandlung zulässig, so gilt dies erst recht für die Revisionsinstanz, da § 351, wie bereits festgestellt, keine ausdrückliche Regelung über das dort geltende Beweisrecht enthält.

Für diesen Anwendungsbereich des Freibeweises — d.h. für Verfahrensvorschriften i.S.d. § 352 Abs. 1 — , gilt damit die oben getroffene Feststellung, wonach das Revisionsgericht bei Doppelrelevanz die strengbeweislich vom Tatrichter ermittelten Tatsachen nicht im Wege des Freibeweises überprüfen darf. Da andererseits die einer Prozeßnorm zugrunde liegenden Tatsachen mittels eines einheitlichen Beweisrechts festgestellt werden müssen[493], ist das Revisionsgericht folglich insoweit an die Feststellungen des Tatgerichts gebunden.

B. Der Freibeweis in der Revisionsinstanz

Mit diesem Zwischenergebnis ist aber über die Verwendbarkeit des Beweisarguments auch für Prozeßvoraussetzungen noch nicht abschließend entschieden. Aus der Notwendigkeit strengbeweislicher Feststellung in der tatrichterlichen Hauptverhandlung folgt noch nicht zwingend ein entsprechendes Beweisverfahren in der Revisionsinstanz. Die Legitimation für einen Wechsel im Beweisverfahren könnte sich dabei zum einen aus revisionsspezifischen Besonderheiten[494] und zum anderen aus der Funktion der fraglichen Normen — also der Prozeßvoraussetzungen — ergeben[495].

I. Der Freibeweis als Folge gesetzgeberischen Willens?

Dabei ist auch im Hinblick auf die Prozeßvoraussetzungen davon auszugehen, daß in den revisionsrechtlichen Vorschriften — insb. also in § 351 — keine Regelungen hinsichtlich des anzuwendenden Beweisrechts zu finden sind. Wie oben bereits festgestellt[496], folgt daraus aber noch nicht ohne weiteres die Zulässigkeit des Freibeweises.

---

492 So im Ergebnis auch Roxin, § 21 C; Volk, S. 82f.; Bovensiepen, S. 75ff.; Többens, S. 25ff. und NStZ *82*, 184. Auch Schlüchter, Rdn. 475, steht dem Freibeweis kritisch gegenüber. Siehe auch v. Kries, S. 254, 348; Goldschmidt, S. 408 FN 2140 e. Weitergehend Peters, S. 339, der den Freibeweis in der Hauptverhandlung grundsätzlich ablehnt. Auch im zivilprozessualen Schrifttum wird das Freibeweisverfahren für Prozeßvoraussetzungen zunehmend abgelehnt. Siehe etwa Grunsky, S. 439; Thomas/Putzo, vor § 284, Anm. 3c; Rosenberg/Schwab, § 113 III 2; St.-J.-Schumann/Leipold, vor § 355, Anm. III 2; E. Peters, S. 195.

493 Vgl. oben 3. Kap. C. III. 1. c) a. E.

494 Siehe dazu die folgenden Erörterungen.

495 Siehe dazu unten 5. Kap.

496 Vgl. oben zu Beginn des 4. Kap.

Vielmehr ist zunächst zu überprüfen, welche Gründe den Gesetzgeber zu dieser Regelungsabstinenz bewogen haben. Im ursprünglichen Entwurf zur StPO war mit § 314 a.F. eine revisionsrechtliche Beweisvorschrift vorgesehen, die inhaltlich mit dem heutigen § 274 übereinstimmte und erst im Laufe der Beratungen an die übrigen, das Hauptverhandlungsprotokoll betreffenden Bestimmungen angefügt wurde[497]. Mit der Aufnahme einer solchen Bestimmung in das damals neu geschaffene Rechtsmittel der Revision übernahm der Entwurf ein Element der Nichtigkeitsbeschwerde, wie sie in der überwiegenden Zahl der partikularrechtlichen Strafprozeßordnungen ausgestaltet war[498]. Ebenso wie dort sollten alle in der Hauptverhandlung möglichen Verfahrensfehler nur durch das Protokoll bewiesen werden können[499]. Auch war nach damaliger Ansicht[500] der Kreis der von der Beweiskraft des § 274 erfaßten Umstände weiter gezogen, als dies nach heute h. M. der Fall ist[501]. So sollten etwa alle Angaben, über die das Protokoll gem. § 272 Auskunft zu geben hat, von der Beweiskraft erfaßt werden[502]; gleiches galt für die gem. § 273 Abs. 3 wörtlich niedergeschriebenen Aussagen[503].

Zudem waren die heute als Prozeßvoraussetzungen bezeichneten Umstände zwar der Sache nach wenigstens zum Teil bekannt[504]. Eine eigenständige Dogmatik war jedoch noch nicht entwickelt worden. Vielmehr wurden sie — jedenfalls was ihren Nachweis betraf — als „normale" Verfahrensnormen angesehen und lediglich einige von ihnen durch § 378 a. F. (heute § 338) als absolute Revisionsgründe ausgestaltet[505].

Da ihr Vorliegen darüber hinaus i.d. R. — wie etwa beim Eröffnungsbeschluß oder beim Strafantrag — durch in den Akten befindliche Urkunden nachgewiesen werden kann, war nach den Vorstellungen der damaligen Zeit durch § 314 des Entwurfs sowie gegebenenfalls durch Einsichtnahme von Urkunden das Feld möglicher revisionsrichterlicher Beweisaufnahme vollständig abgedeckt. Eine ausführliche Kodifikation des Beweisrechts, wie sie für die tatgerichtliche Hauptverhandlung erfolgt war, erschien daher überflüssig. Folglich brauchte auch nicht — im Gegensatz zu den Bestimmungen über das Berufungsverfahren — ausdrücklich auf sie verwiesen zu werden.

---

[497] Vgl. Hahn, Materialien Bd. I, S. 41.

[498] Vgl. die Zusammenstellung einschlägiger partikularrechtlicher Normen bei Hahn, a.a.O., S. 257f.

[499] Vgl. Hahn, a.a.O., S. 258.

[500] Vgl. Hahn, a.a.O.; so auch noch unter ausdrücklicher Berufung auf die Entstehungsgeschichte RGSt *2*, 76; *66*, 419.

[501] Zu den Einschränkungen vgl. LR(24)-Gollwitzer, § 274 Rdn. 11 m.w.N.

[502] Vgl. RGSt, a.a.O.

[503] Vgl. RGSt *42*, 160; *58*, 59.

[504] Vgl. Hahn, a.a.O., S. 252.

[505] Vgl. Hahn, a.a.O., S. 39.

Daraus läßt sich zwar nicht der Schluß ziehen, der Gesetzgeber sei wie selbstverständlich davon ausgegangen, die Einführung der Urkunden in die Revisionshauptverhandlung habe in den Formen des Strengbeweises zu erfolgen[506]. Den Motiven läßt sich dazu nichts entnehmen. Ebensowenig haltbar ist es nach dem oben Gesagten aber auch, dem Gesetzgeber zu unterstellen, er habe durch die unterlassene Verweisung auf die §§244ff. in §351 den Freibeweis für die Revisionsinstanz ausdrücklich anerkennen wollen.

Wäre dies beabsichtigt gewesen, hätte es schließlich nahegelegen, diejenigen Elemente freibeweislicher Regelungen, die — jedenfalls der Sache, wenn auch nicht dem Namen nach — in verschiedenen partikularrechtlichen Beschwerdevorschriften enthalten waren[507], in die neue Strafprozeßordnung zu übernehmen. Dies um so mehr, als die Revision inhaltlich stark an die alte Nichtigkeitsbeschwerde angelehnt war. Eine solche Übernahme ist jedoch nicht erfolgt.

Den Motiven zu § 351 läßt sich somit weder die Geltung des Frei- noch die des Strengbeweises in der Revisionshauptverhandlung mit Sicherheit entnehmen. Fest steht wohl nur, daß sich der Gesetzgeber — ausgehend von seinem damaligen Verfahrensverständnis — eine Beweiserhebung durch das Revisionsgericht nur im Wege der Einsichtnahme in Urkunden (einschließlich des Hauptverhandlungsprotokolls) vorstellen konnte. Diese Ansicht ist später einerseits durch Einschränkungen der Beweiskraft des Sitzungsprotokolls, andererseits aber auch und gerade durch die Weiterentwicklung der Dogmatik der Prozeßvoraussetzungen heute wohl gegenstandslos geworden. Aus den gesetzgeberischen Motiven ist also zur Klärung der Frage des Beweisrechts der Prozeßvoraussetzungen in der Revisionsinstanz wenig zu entnehmen.

II. Die systematische Interpretation

Betrachtet man nun die Stellung der Beweisvorschriften im Kontext der StPO, so scheint die Gesetzessystematik als Argument für die Zulässigkeit freibeweislicher Tatsachenfeststellungen in der Revisionsinstanz herangezogen werden zu können.

Im ersten Buch der StPO (allgemeine Vorschriften) finden sich in der Hauptsache solche Beweisvorschriften, wie etwa die Regelung des Zeugnis- und Auskunftsverweigerungsrechts nach den §§ 52ff. oder die Vereidigungsverbote nach § 60 u.a., die — wie bereits gezeigt[508] — auch im Freibeweisverfahren zu beachten sind. Die §§ 244ff., aus denen überwiegend die Geltung des für den

---

[506] Diese Auffassung war in der älteren strafprozessualen Literatur durchaus verbreitet; vgl. etwa v. Kries, Strafprozeßrecht, S. 682.

[507] So ließ z.B. § 387 des kurhessischen SchwurGG von 1848 die Beweisaufnahme im Rechtsmittelverfahren vor dem Gericht erster Instanz zu. Nach Schmid, Verwirkung, S. 18 FN 35 enthielten auch die Strafprozeßordnungen von Sachsen-Altenburg, Sachsen u. Bern freibeweisliche Regelungen.

[508] Siehe oben 2. Kap. C. VI.

Strengbeweis wesentlichen Grundsatzes der Unmittelbarkeit der Beweisaufnahme abgeleitet wird[509], finden sich dagegen erst im zweiten Buch, das das Verfahren im ersten Rechtszug regelt.

Fraglich ist jedoch, ob daraus zwingend auf die Geltung des Freibeweises im Revisionsverfahren geschlossen werden kann. Wie bereits gezeigt[510], beinhaltet die Möglichkeit, Freibeweis zu erheben, zugleich immer den — wenn auch nur potentiellen — Rückgriff auf strengbeweisliche Formen. Dieser Satz gilt zwar, wie Meyer[511] gegen Bovensiepen[512] zu Recht anführt, nicht für das Strafverfahren insgesamt; im Ermittlungsverfahren z. B. findet in der Tat kein Strengbeweis statt[513].

Dies hat seinen Grund jedoch darin, daß der Strengbeweis seiner Struktur nach — insbesondere infolge der erforderlichen Unmittelbarkeit und Mündlichkeit der Beweisaufnahme — zu seiner Erhebung einer mündlichen Hauptverhandlung bedarf. Auch in der Revisionsinstanz findet eine solche Verhandlung statt, in der auch nach h. M. Beweisaufnahmen zu prozessualen Fragen durchgeführt werden können. So ist das Revisionsgericht z.B. befugt, Zeugen und Sachverständige in der Hauptverhandlung zu vernehmen oder Urkunden zu verlesen[514]. Wenn auch wegen der Möglichkeit der Beschlußverwerfung gem. § 349 eine revisionsgerichtliche Hauptverhandlung nicht die Regel ist, kann also auch das Revisionsgericht die Ermittlung von Tatsachen im Strengbeweisverfahren prinzipiell durchführen[515]. Die mancherorts aufgestellte Behauptung[516], das Revisionsgericht müsse nicht nur nicht, sondern könne darüber hinaus auch nicht im Strengbeweisverfahren vorgehen, ist daher nicht ganz nachvollziehbar.

Dem kann man entgegenhalten, daß eine Strengbeweisaufnahme durch das Revisionsgericht nur unter erschwerten Voraussetzungen möglich ist. Diese ergeben sich dabei insbesondere aus der räumlichen und zeitlichen Distanz zum Tatgeschehen. Soweit die Probleme jedoch auf den zeitlichen Abstand zurückzuführen sind, gelten sie gleichermaßen sowohl für den Streng- als auch für den Freibeweis. Und dort, wo es zur Feststellung einer Prozeßvoraussetzung auf eine bestimmte Zeugenaussage ankommt, ist doch zumindest fraglich, ob man nur wegen einer etwa längeren Anreise des Zeugen ohne weiteres ein Beweisverfahren (Freibeweis) wählen darf, bei dem — wie bereits festgestellt[517] — wesentliche Mitwirkungsrechte des Angeklagten nicht beachtet werden müssen[518].

---

[509] Vgl. LR(24)-Schäfer, Einl. Kap. 13, Rdn. 62ff.; KK-Pfeiffer, Einl. Rdn. 8.

[510] Vgl. oben 2. Kap. C. IV.

[511] Meyer, in Alsberg/Nüse/Meyer, S. 154 FN 11 a.E.

[512] Bovensiepen, a.a.O., S. 175/6.

[513] Siehe oben 4. Kap. A. I. 2.

[514] Vgl. LR(24)-Hanack, § 351 Rdn. 5; KK-Pikart, § 351 Rdn. 12; Peters, S. 624; Dahs/Dahs, S. 458.

[515] Vgl. auch Kleinknecht JR *68*, 467 (468).

[516] Vgl. Meyer, a.a.O., S. 154; Eb. Schmidt, MDR *68*, 537 (538); Hengsberger in der Anmerkung zu BGH LM Nr. 51 zu § 261, Bl. 2.

[517] Vgl. oben 2. Kap. C. III.

Auch die Stellung der §§ 244ff. im Gesetzeskontext läßt demnach keinen zwingenden Schluß auf das in der Revisionsinstanz für Prozeßvoraussetzungen anzuwendende Beweisrecht zu. Festzuhalten ist lediglich, daß die Gesetzessystematik weder die Anwendung des Frei- noch die des Strengbeweises von vornherein ausschließt[519]. Die endgültige Entscheidung zugunsten einer der beiden Beweisarten kann daher nur von anderen Kriterien abhängen.

III. Der teleologische Aspekt: Freibeweis und Revisionszweck

Schließlich könnte sich die Zulässigkeit des Freibeweises für Prozeßvoraussetzungen in der Revisionsinstanz noch daraus ergeben, daß ansonsten (d.h. bei Anwendung des Strengbeweises) die Funktionsfähigkeit der Revisionsgerichte infolge der damit verbundenen Mehrbelastung ernsthaft beeinträchtigt wäre. Dazu wäre zunächst erforderlich, diese Mehrbelastung[520] irgendeinem revisionsrechtlich relevanten Bezugspunkt zuordnen zu können. Die Tatsache allein, daß die Einhaltung einer bestimmten Form der Beweiserhebung zu einer Mehrbelastung der Justiz führt, ist als solche sicher nicht geeignet, die Nichteinhaltung dieser Form stringent zu begründen. Mit Praktikabilitätserwägungen dieser Art könnte man sonst jede schützende Form beseite schieben.

Als hier möglicherweise beeinträchtigte Zielvorgabe des Revisionsverfahrens kommt wohl nur dessen Aufgabe in Betracht, durch die dort ergehenden Entscheidungen u.a. die Rechtseinheit herzustellen bzw. zu bewahren[521]. Da dies um so besser gewährleistet ist, je weniger Spruchkörper auf diesem Gebiet tätig sind, folgt daraus, daß man die Zahl der Revisionssenate beim Bundesgerichtshof bzw. bei den Oberlandesgerichten nicht unbeschränkt erhöhen kann, ohne dies Ziel irgendwann aufgeben zu müssen. Der Ausdehnung des Arbeitsanfalls bei den Revisionsgerichten sind somit — auch was die Beweisaufnahme betrifft — Grenzen gesetzt. Will man nun überprüfen, ob diese Grenze durch die Forderung nach strengbeweislichen Ermittlungen in der Revisionshauptverhandlung überschritten wird, stößt man schnell auf ein gewichtiges Nachweisproblem. Wenn man auch einerseits ohne weiteres davon ausgehen kann, daß die Anwendung des Strengbeweises zu größerer Arbeitsbelastung der Spruchkörper führt, lassen sich andererseits Aussagen über deren genauen Umfang nur schwer treffen, eben weil vergleichbare Verfahren in der Praxis noch nicht durchgeführt worden sind.

Es gibt jedoch einige Indizien dafür, daß eine Gefährdung der Funktionsfähigkeit der Revisionsgerichte nicht eintreten wird. Erstens handelt es sich bei der Ermittlung der Prozeßvoraussetzungen — worauf schon Bovensiepen zutref-

---

[518] Vgl. dazu auch unten 4. Kap. B. III.

[519] So im Ergebnis auch Bovensiepen, a.a.O., S. 176.

[520] Vgl. oben 4. Kap. B. II.

[521] Zu diesem Revisionszweck vgl. LR(24)-Hanack, Vor § 333 Rdn. 7 mit zahlreichen weiteren Nachweisen.

fend hingewiesen hat[522] — nur um einen kleinen Teil aus dem Gesamtbereich revisionsrichterlicher Tätigkeit. Ein Anstieg des Arbeitsanfalls dort dürfte also nur zu einer relativ geringen Steigerung der Gesamtbelastung führen. Hingewiesen sei auf eine Erhebung von Rieß, wonach in den Jahren 1976 bis 1979[523] bzw. 1979 bis 1981[524] der Anteil der vom BGH wegen eines Prozeßhindernisses aufgehobenen Urteile nur 3, 6 % der gesamten Aufhebungsentscheidungen ausmachte.

Ferner kommt es mittlerweile nur noch beim kleineren Teil der vor die Revisionsgerichte getragenen Verfahren überhaupt zu einer mündlichen Verhandlung gem. § 351, in der die strengbeweisliche Feststellung der Prozeßvoraussetzungen stattfinden könnte. Die Revisionsgerichte machen vielmehr in erheblichem Umfang[525] von den Beschlußentscheidungsmöglichkeiten des § 349 Gebrauch, um so in erster Linie offensichtlich unbegründete Revisionen zu bescheiden[526].

Schließlich steht den Revisionsgerichten noch ein spezifisches, sonst nicht anzutreffendes „Entlastungsmittel" zur Verfügung. Nach ständiger Rechtsprechung[527] — und mit weitgehender Zustimmung der Literatur[528] — sind sie zwar berechtigt, nicht aber verpflichtet, die zur Feststellung der Prozeßvoraussetzungen notwendigen Beweise selbst zu erheben.

Vielmehr können sie in bestimmten Fallgruppen — u.a. dann, wenn die Ermittlung der insoweit erheblichen Tatsachen besonders schwierig ist und eine Beweiserhebung „wie in einer tatrichterlichen Hauptverhandlung" erfordert[529] — die Sache zur endgültigen Beweiserhebung und Entscheidung zurückverweisen. Auf diese Weise sind die Revisionsgerichte in der Lage, Beweisaufnahmen, die ihre Arbeitskapazität tatsächlich übersteigen, von sich fernzuhalten.

---

522 Bovensiepen, a.a.O.

523 Vgl. Rieß, Sarstedt-FS, S. 324.

524 Vgl. Rieß, NStZ *82*, 49 (51).

525 Nach Meyer, StrV *84*, 222 (226/7), lag der Anteil der beim BGH nach § 349 Abs. 2 entschiedenen Revisionen im Zeitraum von 1973-83 zw. 76, 2% und 81, 7%. Zur Spruchpraxis der Oberlandesgerichte vgl. Kreuzer, StrV *82*, 443 (445f.); siehe auch Rottmann, S. 2 u. 133.

526 Zur Frage, ob die starke Ausdehung der Beschlußverwerfungen nach § 349 — und insb. nach Abs. 2 — sachlich gerechtfertigt ist, kann im vorliegenden Zusammenhang nicht eingegangen werden.

527 Vgl. etwa BGH, LM StFG 1954, § 3 Nr. 2; BGHSt *9*, 104; *16*, 399 (403); OLG Celle, MDR *60*, 334; OLG Neustadt, GA *1962*, 125; OLG Karlsruhe, GA *1985*, 134.

528 LR(24)-Hanack, § 337 Rdn. 33 a. E.; Meyer in Alsberg/Nüse/Meyer, S. 154; KMR-Paulus, § 337 Rdn. 4.

529 Vgl. OLG Celle, a.a.O.; LR(24)-Hanack, a.a.O.

IV. Zusammenfassung

Festzuhalten ist also, daß auch die gesetzliche Ausgestaltung des Revisionsverfahrens nicht zwingend auf die Zulässigkeit der freibeweislichen Feststellung der Prozeßvoraussetzungen schließen läßt. Eine solche Folgerung läßt sich weder aus der Entstehungsgeschichte des § 351[530] noch aus der Stellung der Beweisvorschriften im Kontext der Strafprozeßordnung[531] ziehen. Auch die bei Anwendung des Strengbeweises zu erwartende Mehrbelastung der Revisionsgerichte führt nicht ohne weiteres zur Zulässigkeit des Freibeweises[532].

Nachweisbar ist lediglich, daß § 351 weder die Anwendung des Frei- noch die des Strengbeweises von vornherein ausschließt. Die endgültige Entscheidung zugunsten einer der beiden Beweisarten kann daher nur anhand einer Analyse der Funktion der fraglichen Normen, also der Prozeßvoraussetzungen, getroffen werden[533].

530 Vgl. oben 4. Kap. B. I.

531 Vgl. oben 4. Kap. B. II.

532 Vgl. oben 4. Kap. B. III.

533 Siehe dazu schon oben 4. Kap. A. VI.

5. Kapitel

Stellung und Funktion der Prozeßvoraussetzungen als Legitimation des Freibeweises und der Bindungswirkung?

Die Funktionsanalyse der Prozeßvoraussetzungen soll nicht nur dazu dienen, Aussagen über das in der Revisionsinstanz anzuwendende Beweisrecht zu gewinnen. Vielmehr soll mit ihrer Hilfe auch geprüft werden, ob das oben gewonnene Ergebnis, wonach der Freibeweis zum Nachweis der Prozeßvoraussetzungen jedenfalls in der tatgerichtlichen Hauptverhandlung unzulässig ist, auch nach dem Normzweck der Verfahrensvoraussetzungen aufrechterhalten werden kann. Selbst wenn man nämlich unterstellt, daß die h. A., nach der der Anwendungsbereich der §§ 244ff. auf den Nachweis der Schuld- und Straffrage beschränkt ist, zutrifft, so folgt daraus auch auf tatrichterlicher Ebene nicht ohne weiteres die Zulässigkeit eines Beweisverfahrens, das — wie gesehen[534] — hinsichtlich der Zuverlässigkeit seiner Ergebnisse und der Rechte der Verfahrensbeteiligten, insb. des Angeklagten, hinter dem Strengbeweis zurückbleibt. Dies könnte angesichts der umfassenden, auch prozessuale Tatsachen betreffenden[535] Aufklärungspflicht des Gerichts selbst vom Standpunkt der h. M. wohl nur gerechtfertigt sein, wenn dafür neben der Gesetzessystematik auch funktionale und teleologische Gesichtspunkte der fraglichen Normen, hier also der Prozeßvoraussetzungen, sprächen.

Diese Gesichtspunkte sind aber nicht nur für die Frage des anzuwendenden Beweisrechts von Interesse. Das Beweisrecht selbst ist nur deshalb ein Gegenstand der Untersuchung geworden, weil sich im Falle der Zulässigkeit des Freibeweises[536] im Revisionsverfahren die von der h. A. im Strafprozeß angenommene Bindung des Revisionsgerichts bei doppelt relevanten Tatsachen rechtfertigen läßt. Insoweit ist die Entscheidung hinsichtlich der Prozeßvoraussetzungen nach dem bisher Gesagten aber noch offen. Nur zwei Lösungen sind denkbar. Entweder können die Prozeßvoraussetzungen zumindest in der Revisionsinstanz freibeweislich festgestellt werden, dann ist das Revisionsgericht bei doppelt relevanten Tatsachen ebenso wie bei den verfahrensleitenden Normen an die tatrichterlichen Feststellungen gebunden[537]. Oder der Freibeweis ist auch dort unzulässig, dann aber ist die Frage der Ermittlungsbefugnis

---

[534] S.o. 2. Kap. C. u. 3. Kap. C. III. 1. c).

[535] Vgl. LR(24)-Gollwitzer, § 244 Rdn. 7, 42; KMR-Paulus, § 244 Rdn. 362; Fezer, Mündl. Verhandlung, S. 77; BGHSt *26*, 281 (284). Siehe dazu schon oben 2. Kap. C. V.

[536] Vgl. oben 3. Kap. C. III. 1. c).

[537] Vgl. dazu oben 4. Kap. A. VI.

des Revisionsgerichts bei für die Feststellung der Prozeßvoraussetzungen benötigten doppelt relevanten Tatsachen wieder offen. Wenn sich aber weder aus dem Beweisrecht noch aus der Funktionsverteilung zwischen Tat- und Revisionsgericht (d.h. also aus den Besonderheiten des Revisionsverfahrens) Lösungsansätze ergeben[538], liegt es nahe, die mit den doppelt relevanten Tatsachen nachzuweisenden Normen zu untersuchen. Die Frage ist dann, ob sich aus der Funktion der Prozeßvoraussetzungen ergibt, daß das Revisionsgericht ihre tatsächlichen Voraussetzungen in jedem Fall selbst feststellen muß, oder ob nach ihrem Normzweck eine Bindung an insoweit vom Tatgericht getroffene Feststellungen prinzipiell möglich erscheint.

A. Dogmatische Begründung der Prozeßvoraussetzungen

Anhaltspunkte für die Beantwortung dieser Fragen könnten sich zunächst aus der Definition der Prozeßvoraussetzungen ergeben. Aus ihr müßte sich die Begründung für die Existenz einer neben dem materiellen Recht einerseits und den sonstigen Prozeßvorschriften andererseits bestehenden Normgruppe ableiten lassen. Aus ihr wiederum könnten Rückschlüße auf die Behandlung der Prozeßvoraussetzungen (auch) in der Revisionsinstanz gezogen werden.

I. Grundlinien der geschichtlichen Entwicklung der Prozeßvoraussetzungen

Nimmt man die immer noch vorherrschende[539] Bezeichnung „Prozeßvoraussetzungen" wörtlich, so müßte sie Vorschriften umfassen, ohne deren Vorliegen ein Strafverfahren i.S.d. Strafprozeßordnung nicht begründet werden kann. Prozeßvoraussetzungen sind jedoch nach einhelliger Auffassung in jeder Lage des Verfahrens zu beachten[540], woraus jedenfalls folgt, daß sie auch innerhalb und nicht nur „außerhalb" des Prozesses zu prüfen sind. Die insoweit ungenaue Terminologie hat jedoch ihren Ursprung in der geschichtlichen Entwicklung der Lehre von den Prozeßvoraussetzungen. Die Grundlinien dieser Entwicklung sollen daher im Folgenden zum besseren Verständnis der heute vertretenen Ansicht nachgezeichnet werden.

1. Die Lehre Oskar Bülows

Der Begriff „Prozeßvoraussetzungen" ist durch Oskar Bülow[541] in die Prozeßrechtswissenschaft eingeführt worden. Gegenstand seiner Untersuchung war der gemeinrechtliche Zivilprozeß, der Prozeßvoraussetzungen im heutigen

[538] Vgl. oben 3. Kap. C. III. 1. b).

[539] Vgl. etwa Roxin, S. 122; Schlüchter, Rdn. 367; Kleinknecht/Meyer, Rdn. 142; LR(24)-Schäfer, Einl. Kap. 11 Rdn. 1.

[540] Siehe etwa LR(24)-Schäfer, a.a.O.; Kleinknecht/Meyer, a.a.O., jeweils m.w.N.

[541] Vgl. Bülow, S. 1ff.

Sinne nicht kannte. Vielmehr gab er dem Beklagten Einwendungen an die Hand, mit denen er die Undurchsetzbarkeit des klägerischen Rechts geltend machen konnte. Inhaltlich gehörten zu diesen Einwendungen sowohl Prozeßvoraussetzungen im heutigen Sinne als auch materiell-rechtliche Umstände[542]. Es war das Hauptanliegen der Bülowschen Arbeit, innerhalb dieser Anspruchsabwehrrechte die Prozeßvoraussetzungen von den materiell-rechtlichen, dilatorischen Einreden zu trennen. Konstruktiv lehnte er sich dabei an den zweigeteilten römischen Formularprozeß an[543], bei dem dem eigentlichen Haupt- ein Vorbereitungsverfahren vorgeschaltet war, in dem der Gerichtsbeamte (praetor) u. a. das Vorliegen verschiedener Voraussetzungen festzustellen hatte, die man heute mit dem Begriff „Prozeßvoraussetzung“ belegen würde. Dazu zählten z. B. die Zulässigkeit des Rechtswegs im Formularprozeß, die örtliche und die sachliche Zuständigkeit des Gerichts, anderweitige Rechtshängigkeit und Rechtskraft. Nur bei Vorliegen dieser (und anderer) Voraussetzungen kam es am Ende des Vorverfahrens zur sogenannten Streitbefestigung (litis contestatio) und zur Begründung des „eigentlichen“ Prozeßverhältnisses, dem Verfahren in judicio. Erst dort wurde endgültig über den materiell-rechtlichen Anspruch entschieden. Bülow nun verstand den Prozeß als Rechtsverhältnis zwischen den Parteien und dem Gericht[544], wobei er freilich unter „Prozeß“ nicht das gesamte, bis zur Entscheidung hinführende gerichtliche Verfahren, sondern nur die Verhandlung und Entscheidung über den materiell-rechtlichen Anspruch gefaßt wissen wollte[545]. Als Prozeßvoraussetzungen sah er nun die „Vorbedingungen“ oder „konstitutiven Elemente“ der Entstehung dieses Prozeßrechtsverhältnisses an.

Dazu rechnete er die Vorschriften, die bestimmen, „zwischen welchen Personen, über welchen Gegenstand, durch welche Handlungen und zu welcher Zeit es zu einem Prozeß kommen darf[546]“. Ihre Besonderheit gegenüber den materiell-rechtlichen Anspruchsgrundlagen ergab sich bei Bülows Verständnis vom Prozeßrechtsverhältnis von selbst. Der materiell-rechtliche Anspruch, der ja Gegenstand des „eigentlichen“ Prozesses war[547], konnte eben nicht vor oder gleichzeitig mit der Begründung desselben verhandelt werden.

Bülow ging es dabei jedoch nicht nur um die Schaffung einer neuen formalen Zulässigkeitskategorie. Vielmehr sah er einen Zusammenhang zwischen den Prozeßvoraussetzungen einschließlich ihrer Vorrangprüfung und der Aufgabe des Prozesses, wenn er feststellte, die Zweiteilung (und damit auch die Vorrangprüfung) entspreche einem zugrunde liegenden Prinzip universeller Bedeutung, das so tief im Wesen des Prozesses begründet liege, daß jedes

[542] Vgl. Wetzell, S. 156ff.

[543] Vgl. zum römischen Zivilprozeß: Kaser, § 33.

[544] Vgl. Bülow, a.a.O.

[545] Vgl. etwa S. 7, 295.

[546] S. 5/6.

[547] S.o. FN 543.

Prozeßsystem zu ihm hingedrängt werde[548]. Eine nähere Beschreibung dieses „universellen Prinzips" findet sich bei Bülow jedoch nicht.

2. Die Rezeption in den Strafprozeß: Binding, John und Kries

Die Vorstellung vom Prozeß als Rechtsverhältnis und damit auch von der Existenz bestimmter Bedingungen, von denen dessen Entstehung abhängig sein sollte, fand bald auch Eingang in die strafprozessuale Lehre. John[549] und vor allem Binding[550] stellten einen ersten Katalog von Prozeßvoraussetzungen im Strafrecht auf. Dabei wurden aber nicht die Voraussetzungen, unter denen ein Umstand „Prozeßvoraussetzung" sein sollte, untersucht. Insoweit beschränkte man sich auf einen Verweis auf die Bülowsche Lehre[551]. Vielmehr wurde die Rechtsfolge ihres Fehlens, nämlich Nichtigkeit des gleichwohl ergangenen Urteils, herausgestellt[552]. Dies mag seinen Grund darin gehabt haben, daß die Rechtssätze, die nun im Anschluß an Bülow als Prozeßvoraussetzungen bezeichnet wurden, inhaltlich der Strafprozeßlehre — jedenfalls größtenteils — als Nichtigkeitsgründe längst bekannt waren[553]. Auch im Zivilprozeß gehörten die Prozeßvoraussetzungen als prozeßhindernde Einreden schon zum gesicherten Bestand der Lehre.

Erst von Kries[554] hat dann den Versuch unternommen, den Begriff der Prozeßvoraussetzung auch dogmatisch in die Strafprozeßrechtswissenschaft einzuordnen.

Er sah — wie Bülow — den Prozeß als Rechtsverhältnis[555] und bezeichnete als Prozeßvoraussetzungen „diejenigen Tatumstände, bei deren Mangel das prozessuale Rechtsverhältnis nicht begründet werden darf"[556]. Als Rechtsverhältnis in diesem Sinne sah er jedoch nur das Hauptverfahren und nicht die polizeiliche und/oder gerichtliche Voruntersuchung an[557]; lediglich aus prozeßökonomischen Gründen wollte er die Beachtung der Prozeßvoraussetzungen schon bei der Entscheidung über die Aufnahme einer gerichtlichen Voruntersuchung zulassen[558]. Auch diese Auffassung ging also von einem Begriff des „Prozeß-

---

548 Vgl. S. 295/6.

549 John, S. 130.

550 Binding, § 94 u. S. 180f.

551 Vgl. John u. Binding jeweils a.a.O.

552 Vgl. vor allem Binding, S. 180f.

553 Vgl. dazu Volk, S. 103ff.

554 Kries, ZStW *5* (1885), S. 1ff.

555 A.a.O., S. 2/3.

556 A.a.O., S. 32.

557 A.a.O., S. 3, 18.

558 A.a.O., S. 21f.

rechtsverhältnisses" aus, bei dem sich die Frage nach der Sonderstellung der Prozeßvoraussetzungen — ebenso wie bei Bülow — quasi von selbst beantwortete[559].

3. Die Weiterentwicklung der Lehre: Beling, Sauer, Goldschmidt

Bülows Lehre ist schon bald nach ihrer Veröffentlichung kritisiert worden. Die Kritik richtete sich dabei vor allem gegen seine Definition des Prozesses. So lehrte schon Hellweg[560], das Prozeßrechtsverhältnis zwischen den Parteien bestehe auch im Falle einer Prozeßabweisung; die Prozeßvoraussetzungen wurden demnach nicht außerhalb des Prozesses, sondern als Bestandteil desselben geprüft[561]. Diese Auffassung setzte sich spätestens nach dem ersten Weltkrieg auch in der Strafrechtswissenschaft allgemein durch[562]. Waren die Verfahrensvoraussetzungen aber — ebenso wie die materiell-rechtlichen Urteilsbedingungen — während des Prozesses zu prüfen, so mußte für ihre Sonderstellung eine neue Begründung gefunden werden.

Sauer, der die Prozeßvoraussetzungen als Vorbedingung einer erfolgreichen Sachgestaltung[563] ansehen wollte[564], sah dafür in erster Linie prozeßökonomische Gründe. Das Gesetz wolle dem Richter nicht jedesmal eine Prüfung der Begründetheit, die ja ein Eingehen auf die Einzelheiten des Falles verlange, zumuten, wenn die Sache schon aus einem einfacheren Grund entschieden werden könne[565].

Er räumte allerdings ein, daß nicht alle Prozeßvoraussetzungen ihre Einordnung in die Kategorie „Zulässigkeit" solch prozeßtechnischen Erwägungen verdanken. Vielmehr könnten sie auch aus einem außerprozessualen und hervorragendem staatlichen Interesse erwachsen[566]. Weitere Untersuchungen über Eigenart und Inhalt dieses „staatlichen Interesses" finden sich bei Sauer jedoch nicht.

Beling, der durch das Vorliegen sämtlicher Prozeßvoraussetzungen ein Strafklagerecht des Staates gegenüber dem Beschuldigten begründet sah[567], nahm ebenfalls an, dieses sei stets vor der Prüfung der „eigentlichen Strafbarkeit" festzustellen[568], ohne dies jedoch näher zu begründen. Immerhin läßt sich seinem Hinweis, damit sei ein praktischer Vorteil insoweit verknüpft, als

[559] Vgl. oben 5. Kap. A. I. 1.

[560] Hellweg, Klagerecht, S. 54ff.

[561] Siehe oben zu Beginn des 5. Kap. A. I.

[562] Vgl. etwa Sauer, S. 149/150; Goldschmidt, S. 33.

[563] S.o. 3. Kap. C. III. 1. a).

[564] A.a.O., S. 150/151.

[565] A.a.O., S. 507.

[566] A.a.O.

[567] Beling, Reichsstrafprozeßrecht, S. 97.

[568] A.a.O., S. 98.

Beweisaufnahmen bei fehlendem Strafklagerecht erspart werden könnten[569], entnehmen, daß er — wie Sauer — zumindest auch Gründe der Prozeßökonomie für maßgebend hielt.

Nach Goldschmidt ist es in erster Linie die Funktion der Prozeßvoraussetzungen, Bedingungen für den Erlaß eines Sachurteils aufzustellen[570]. Diese Bedingungen bilden nach seiner Auffassung die Bewertungskategorie der Zulässigkeit einer Klage oder eines Antrags[571]. Systematisch seien diese Bedingungen dem Prozeßrecht zuzuordnen und rein formaler Natur[572].

Der Grund für die Sonderstellung dieser Umstände ist nach Goldschmidt nun darin zu sehen, daß die inhaltliche (= materiell-rechtliche) Prüfung „natürlich" voraussetze, daß die für sie aufgestellten Bedingungen erfüllt seien[573]. Mit anderen Worten: Nach Goldschmidt ist die Vorrangprüfung darauf zurückzuführen, daß die Zulässigkeit vor der Begründetheit, die Form vor dem Inhalt geprüft werden müsse.

Man kann also festhalten: War mit der Einführung des Begriffs „Prozeßvoraussetzung" noch ein bestimmtes Prozeßverständnis verbunden, so hat die Lehre in einer ersten Phase der dogmatischen Weiterentwicklung der Verfahrensvoraussetzungen versucht, sie von diesem Prozeßverständnis zu lösen und in ihnen weniger Bedingungen für das Entstehen des Prozeßrechtsverhältnisses, als vielmehr solche für den Erlaß eines Sachurteils zu sehen, die — ebenso wie die materiell-rechtlichen Normen — in und nicht vor dem Prozeß zu klären waren. Die damit neu gestellte Frage der Vorrangprüfung wurde zunächst entweder rein formal (Goldschmidt) oder mit mehr oder weniger pauschalen Hinweisen auf prozeßökonomische Vorteile (Sauer, Beling) gelöst. Nicht hinterfragt wurde jedoch ein möglicher inhaltlicher Zusammenhang zwischen den Prozeßvoraussetzungen und der Sachentscheidung. Denn wenn erstere tatsächlich Bedingungen der letzteren sind, so deutet dies auf eine mögliche Verbindung zwischen ihrem Vorliegen und der Qualität bzw. dem „Erfolg" der sachlichen Prüfung des zur Entscheidung stehenden Falles hin.

4. Die Lehre Nieses

Die Zulässigkeitskategorie in diesem Sinne mit Inhalt zu füllen, hat sich nach dem zweiten Weltkrieg vor allem Niese bemüht. Auch er führt zwar den Unterschied zwischen Zulässigkeit und Begründetheit auf den Gegensatz von Form und Inhalt zurück[574]. Dabei hat aber die Einhaltung bestimmter Formen,

---

569 A.a.O., S. 98/99.

570 Goldschmidt, a.a.O., S. 5.

571 A.a.O., S. 368/369.

572 A.a.O., S. 394.

573 A.a.O., S. 407.

574 Niese, Doppelfunktionelle Prozeßhandlungen, S. 97.

die Niese ausschließlich im Verfahrensrecht festgelegt sieht, die Aufgabe, „das gerechte Sachurteil als das Instrument der Rechtsverwirklichung herbeizuführen[575]". Zur inhaltlichen Beschreibung der dazu geeigneten Formen verwendet Niese den Begriff der „Justizförmigkeit[576]", ohne ihn jedoch anhand einzelner Verfahrensnormen — und insbesondere natürlich der Prozeßvoraussetzungen — näher zu beschreiben. Niese spricht vielmehr von „Justizförmigkeit" als einer auf der rechtsgeschichtlichen Entwicklung beruhenden Erfahrung, wonach nur „ein bis in alle Einzelheiten genau festgelegtes Verfahren die Verwirklichung des materiellen Rechts gewährleisten kann[577]".

II. Prozeßvoraussetzungen als Zulässigkeitsbedingungen des Gesamtverfahrens

Der kurze Überblick über die geschichtliche Entwicklung der Prozeßvoraussetzungen sollte nur dazu dienen, die Herkunft bestimmter Merkmale der noch heute herrschenden Definition der Prozeßvoraussetzungen aufzuzeigen. Auch nach der heute vorherrschend vertretenen Ansicht bilden die Prozeßvoraussetzungen eine dem Prozeßrecht angehörende Normkategorie, die Bedingungen für die Zulässigkeit des Verfahrens beschreibt. Danach gehören dazu solche Umstände, die nach dem ausdrücklich erklärten oder aus dem Zusammenhang ersichtlichen Willen des Gesetzes für das Strafverfahren so schwer wiegen, daß von ihrem Vorhandensein oder Nichtvorhandensein die Zulässigkeit des Verfahrens im ganzen abhänig gemacht werden muß[578]. Fraglich ist jedoch, wie die einzelnen Merkmale dieser Definition zu verstehen sind.

Beginnen wir mit dem ausdrücklich erklärten Willen des Gesetzes. Diejenigen Vorschriften, die inhaltlich das beschreiben, was gemeinhin Prozeßvoraussetzungen genannt wird, erklären „ausdrücklich" i.d. R. nichts darüber, was als Rechtsfolge ihres Fehlens eintreten soll. Ihnen ist lediglich zu entnehmen, daß ein Verfahren, in dem die von ihnen aufgezählten Umstände nicht vorliegen, fehlerhaft ist. Darin unterscheiden sie sich aber nicht von sonstigen Verfahrensvorschriften, die „nur" die Zulässigkeit einzelner Prozeßhandlungen betreffen sollen. Und dort, wo ausnahmsweise eine Rechtsfolgenbestimmung getroffen wird — etwa hinsichtlich der fehlenden sachlichen oder örtlichen Zuständigkeit gem. den §§ 209, 269, 270 —, geht diese i.d.R. nicht auf Einstellung des Verfahrens, sondern auf Heilung des Mangels durch Verweisung der Sache an das zuständige Gericht. Diejenigen Vorschriften andererseits, die die Rechtsfolge „Einstellung" aussprechen (vgl. etwa §§ 206a, 260 Abs. 3), verwenden zwar den Begriff „Verfahrenshindernis", beschreiben ihn aber nicht näher, sondern setzen ihn offenbar als bekannt voraus. Dem ausdrücklich erklärten Willen des

---

[575] A.a.O., S. 39/40.

[576] A.a.O., S 40, 97.

[577] A.a.O., S. 97.

[578] Vgl. BGHSt *15*, 287 (290); MDR *85*, 778; LR(24)-Schäfer, Einl. Kap 11 Rdn. 7; KK-Pfeiffer, Einl. Rdn. 131.

Gesetzes ist also lediglich zu entnehmen, daß das Fehlen einer Prozeßvoraussetzung eine spezielle Form der Verfahrensbeendigung (= Einstellung) zur Folge haben soll. Daraus ergibt sich aber nicht, wie diese Normen beschaffen sein müssen.

Was nun die „aus dem Zusammenhang" erkennbare gesetzgeberische Intention betrifft, so wird nicht deutlich, was darunter zu verstehen sein soll. Die Entstehungsgeschichte der Prozeßvoraussetzungen läßt sich dafür jedenfalls nicht heranziehen, weil die Verfahrensvoraussetzungen aus den Nichtigkeitsgründen des gemeinen bzw. des partikularrechtlichen Strafprozesses hervorgegangen sind und dort materielle und prozessuale Elemente miteinander verquickt waren[579].

Auch die Formel von den Prozeßvoraussetzungen als „Zulässigkeitsvoraussetzungen des Verfahrens im ganzen" ist wenig aussagekräftig. Zunächst ist sie ungenau. Zwar ist die Weiterführung des Verfahrens grundsätzlich unzulässig, wenn das Vorliegen eines Prozeßhindernisses festgestellt wird. Aber auch dies wird — wie gesehen — im Verfahren und nicht außerhalb desselben festgestellt. Darüber hinaus ist die Unzulässigkeit des Verfahrens nur die Rechtsfolge des Fehlens der Prozeßvoraussetzungen und besagt daher nichts über die inhaltlichen Anforderungen, die an Normen dieser Art zu stellen sind.

Nun wird die Wendung von der Zulässigkeit häufig nicht auf das Gesamtverfahren, sondern auf die Sachentscheidung bezogen[580]; Prozeßvoraussetzungen sind demnach Zulässigkeitsbedingungen des Sachurteils. Diese Definition vermeidet es zwar, die im Verfahren zu prüfenden Umstände (Prozeßvoraussetzungen) gleichzeitig als dessen Voraussetzung anzusehen. Aber auch sie ist für sich allein genommen nicht in der Lage, zu beschreiben, wie ein solcher Umstand, der dem Erlaß eines Sachurteils entgegenstehen soll, beschaffen sein muß. Auch sie wiederholt im Grunde nur das Ergebnis, das sie begründen sollte.

Darüber hinaus hält diese Lehre gerade in Zweifelsfällen ihre eigenen Ergebnisse nicht durch. Während dort, wo eine Verurteilung zu erwarten ist, die Frage nach der Sonderstellung der Prozeßvoraussetzungen ohnehin in den Hintergrund tritt, weil dazu alle Strafbarkeitsbedingungen — gleich, ob materiell oder prozessual — vorliegen müssen, sieht dies bei einem zu erwartenden Freispruch anders aus. Und gerade dort vertritt die h. A. im Gegensatz zu dem oben beschriebenen Lehrsatz, daß es trotz fehlender Prozeßvoraussetzungen zu einem Sachurteil (Freispruch) kommen muß, wenn sich bis zur Feststellung des Prozeßhindernisses in der Hauptverhandlung ein entsprechender Sachverhalt ergeben hat[581]. Teilweise wird sogar vertreten, das Gericht sei trotz Vorliegens eines Verfahrenshindernisses zu weiterer Verhand-

---

579 Siehe dazu Volk, S. 169ff.

580 Vgl. Kleinknecht/Meyer, Einl. Rdn. 142; BGH NJW *86*, 75 (76); Sulanke, S. 85ff.

581 Vgl. BGHSt *13*, 268 (273); KK-Hürxthal, § 260 Rdn. 50; KMR-Sax, § 260 Anm. 9a; Kleinknecht/Meyer, § 260 Rdn. 41.

lung und Beweisaufnahme berechtigt, wenn die bloße Möglichkeit eines Freispruchs sehr naheliegt und die noch erforderliche Sachverhaltsaufklärung ohne nennenswerte Verfahrensverzögerung erreichbar ist[582]. Diese Ausnahme deutet darauf hin, daß die starre Beschreibung der Prozeßvoraussetzungen als Bedingungen des Sachurteils zwar nicht völlig falsch, aber auch nicht hinreichend ist. Vielmehr müßte ein hinter der Kategorie von Form und Inhalt stehender Gesichtspunkt berücksichtigt werden, der auch den Verzicht auf das „an sich" gebotene Einstellungsurteil erklären kann. Auch die Formel von der „Zulässigkeit des Verfahrens im ganzen bzw. des Sachurteils" hat sich also als zur Beschreibung des Wesens der Prozeßvoraussetzungen unbrauchbar erwiesen. Vielmehr wird dadurch nur die wesentliche Rechtsfolge ihres Fehlens beschrieben.

So bleibt als letztes Definitionsmerkmal der h. M. das „Gewicht" der fraglichen prozessualen Normen. Dabei kommt das, was dort als „Gewicht" bezeichnet wird, auch in anderen Beschreibungsversuchen zum Ausdruck. So wird vertreten, in den die Prozeßvoraussetzungen regelnden Normen kämen „übergeordnete Belange der Allgemeinheit" bzw. „sonstige öffentliche Interessen" zum Ausdruck[583]; weiter wird auf „erhöhte rechtspolitische Interessen[584]" bzw. „allgemeine Belange der Rechtspflege[585]" verwiesen. Weiter heißt es, die Anerkennung von Prozeßvoraussetzungen fuße auf dem „immer bewußter und entschiedener werdenden Streben nach Rechtsstaatlichkeit des Verfahrens[586]". All diesen Beschreibungsversuchen liegt wohl die Vorstellung zugrunde, in den Prozeßvoraussetzungen Gewährleistungen für die „Richtigkeit" des Sachurteils zu sehen. Es fällt nicht schwer, in zumindest einigen der dabei genannten Momente (z.B. Rechtsstaatlichkeit des Verfahrens) die bereits beschriebene Auffassung Nieses[587] wiederzuerkennen, wonach Aufgabe der Prozeßvoraussetzungen die Sicherung eines justizförmigen Verfahrens ist[588].

Nun soll nicht bestritten werden, daß diese Aufgabe von zumindest einigen Prozeßvoraussetzungen (mit)erfüllt wird. Jedoch ist die Sicherung der Justizförmigkeit — was immer man sich unter diesem „Sammelbegriff" vorstellen mag — nicht Aufgabe der Prozeßvoraussetzungen allein; vielmehr dienen auch die sonstigen verfahrensleitenden Vorschriften diesem Ziel[589]. Der Begriff der Justizförmigkeit kann daher nur — worauf Volk zutreffend hingewiesen hat[590]

---

582 Vgl. LR(23)-Gollwitzer, § 260 Rdn. 100; LR(24)-Schäfer, Einl. Kap. 11 Rdn. 55; Hillenkamp, JR *75*, 140.

583 BGHSt *26*, 84 (91).

584 BGHSt *7*, 26 (28); *10*, 74 (77).

585 BGHSt *18*, 79 (84); *13*, 157 (161).

586 Vgl. OLG Hamburg JR *69*, 310 mit zustimmender Anm. v. Eb. Schmidt.

587 Vgl. oben 5. Kap. A. I. 4.

588 Niese, a.a.O. S. 40.

589 Vgl. Rüping-Dornseifer, JZ *77*, 417; Eb. Schmidt, NJW *69*, 1440f.

590 Volk, S. 208.

— auf das gesamte Prozeßrecht bezogen werden, ist also nicht in der Lage, innerhalb dieses Gebietes verfahrensleitende Normen und Prozeßvoraussetzungen voneinander zu trennen. Die h. M., die gleichwohl beide Normgruppen des Prozeßrechts auf den Gedanken der Justizförmigkeit zurückführt[591], muß daher zur Beschreibung der Spezifika der Prozeßvoraussetzungen auf Steigerungsformen zurückgreifen und von „übergeordneten Belangen der Allgemeinheit[592]" und „erhöhten rechtspolitischen Interessen[593]" sprechen, ohne dabei jedoch angeben zu können, wann und warum der quantitative in einen qualitativen Unterschied umzuschlagen in der Lage ist[594].

Festzuhalten ist also, daß die herkömmliche Begriffsbestimmung die inhaltlichen Anforderungen, die einen Umstand zur Prozeßvoraussetzung machen, nur unzulänglich beschreibt. Die Formel von den „Zulässigkeitsbedingungen des Verfahrens bzw. des Sachurteils" bringt lediglich die wichtigste Rechtsfolge ihres Fehlens — die Verfahrensbeendigung durch Einstellung und nicht durch Sachurteil — zum Ausdruck.

III. Prozeßzweckorientierte Betrachtungsweise der Prozeßvoraussetzungen.

Um diese Unzulänglichkeiten zu vermeiden, hat sich — beginnend Mitte der sechziger Jahre — eine neue Lehre entwickelt, die das Wesen der Prozeßvoraussetzungen aus ihrer Beziehung zum Prozeßzweck erklären will[595]. Sie wurde zunächst für den Bereich des Zivilprozesses von Rimmelspacher entwickelt[596]. Er sieht es als Ziel des Verfahrens an, den Rechtsfrieden zu wahren[597]. Anhand der Betrachtung einzelner Prozeßvoraussetzungen kommt Rimmelspacher zu dem Ergebnis, daß sie ihrem rechtspolitischen Grundgedanken nach die Erreichung dieses Ziels (Rechtsfrieden) sichern sollen[598]. Insoweit bezeichnet er sie als „Schutzwürdigkeitsvoraussetzungen unter dem Gesichtspunkt der Rechtsfriedenssicherung" bzw. als „vertypte Fälle der Rechtsschutzwürdigkeit" einer Klage[599]. Im Gegensatz zur h. M. sieht er jedoch Prozeßvoraussetzungen und materiell-rechtliche Urteilsbedingungen als gleichwertig an und lehnt vor allem die von der h. A. vertretene Unterscheidung zwischen der Zulässigkeits- und der Begründetheitsprüfung ab. Beide seien gleichwertige Erfolgsbedingungen einer Klage[600]. Diese Betrachtungsweise hat allerdings zur Konsequenz, daß

---

[591] Siehe dazu Volk, a.a.O. S. 215.

[592] BGHSt *26*, 84 (91).

[593] BGHSt *7*, 26 (28); *10*, 74 (77).

[594] Vgl. auch Rieß, JR *85*, 46/47.

[595] Zur Zulässigkeit dieser Vorgehensweise siehe Larenz, Methodenlehre, S. 313ff. Kritisch jedoch v. Hippel, ZZP *65*, 424 ff; Gaul, AcP *168*, 35 (62); Jauernig, JuS *71*, 329ff.

[596] Vgl. Rimmelspacher, S. 135.

[597] Vgl. Rimmelspacher, S. 23.

[598] Vgl. Rimmelspacher, S. 54ff., 76.

[599] Vgl Rimmelspacher, S. 135.

der Prozeßzweck im Zivilprozeß i.d. R. nur durch ein stattgebendes Urteil erreicht werden kann[601]. Wenn ein klageabweisendes Sachurteil auch bei Fehlen einer Prozeßvoraussetzung erlassen werden darf, so heißt dies — da diese nach Ansicht Rimmelspachers ja Voraussetzungen der Sicherung des Prozeßzwecks sind —, daß durch solche Urteile das Prozeßziel, also die Wiederherstellung des Rechtsfriedens, gerade nicht oder zumindest nicht in jedem Fall erreicht werden kann. Ob dies für den Zivilprozeß vertretbar ist, braucht hier nicht näher untersucht zu werden. Auf den Strafprozeß jedenfalls läßt sich diese Ansicht nicht übertragen, da dort das „klageabweisende Urteil" (= Freispruch) potentiell die gleiche rechtsfriedenschaffende Wirkung hat wie eine Verurteilung[602].

In der Strafprozeßrechtswissenschaft wird die prozeßzweckorientierte Betrachtungsweise vor allem von Volk[603] vertreten. Seine Lehre geht dabei von folgender Grundüberlegung aus: Wenn das Strafverfahren einem bestimmten Zweck dient, dann müssen sich auch die Prozeßvoraussetzungen als Teil des Strafverfahrens diesem Zweck fügen[604]. Als Prozeßzweck sieht er dabei die Sicherung des Rechtsfriedens an[605]. Dieses Prozeßziel erscheint ihm gegenüber den sonst angeführten topoi „Wahrheit" oder „Gerechtigkeit" vorzugswürdig, da der Begriff des Rechtsfriedens den sonst schwer auflösbaren Widerspruch zwischen den Zielen „Wahrheit und Gerechtigkeit" einerseits und dem Erfordernis nach Rechtssicherheit andererseits überwinden helfe und zudem auch das Phänomen unrichtiger wiewohl bestandskräftiger Urteile in sich aufzunehmen imstande sei[606]. Bezogen auf diesen Prozeßzweck sind Prozeßvoraussetzungen für Volk „typisierte Voraussetzungen der Sicherung des Rechtsfriedens"; bei ihrem Fehlen bestehe „von Rechts wegen kein Anlaß zur Bewährung der Strafrechtsordnung"[607]. Volk geht dabei jedoch nicht davon aus, die einzelnen Prozeßvoraussetzungen könnten gleichsam begrifflich aus dem Prozeßzweck abgeleitet werden. Vielmehr dient ihre Rückkopplung mit dem Prozeßzweck „lediglich" der teleologischen Kontrolle[608]. Fehlen Prozeßvoraussetzungen, so steht fest, daß der Prozeßzweck nicht erreicht werden kann. Das Vorliegen oder

---

600 Vgl. Rimmelspacher, S. 117 a. E., 136, 144; teilweise modifizierend jedoch in ZZP *88*, 245. Grunsky, der der Auffassung Rimmelspachers im Grundsatz zustimmt (vgl. ZZP *80*, 55 ff. u. Grundlagen des Verfahrensrechts, S. 293 ff.), will gleichwohl bei Prozeßvoraussetzungen, die öffentl. Interessen berücksichtigen, am Prüfungsvorrang festhalten.

601 Martin, Prozeßvor., S. 33/34. Im Ergebnis ebenso Wieser, ZZP *84*, 304 ff.; Schwab, JuS *76*, 69; Berg, JuS *69*, 125; Fenn, AcP *167*, 465.

602 Vgl. Volk, a.a.O., S. 212.

603 Volk, a.a.O. S. 169 ff. und 204 ff.; im Ansatz zustimmend wohl Kleinknecht/Meyer, Einl. Rdn. 139; siehe auch Schlüchter, Rdn. 367 und Roxin, § 21 A.

604 Volk, a.a.O., S. 171.

605 A.a.O., S. 183 ff.

606 Vgl. a.a.O., S. 193 ff.

607 A.a.O., S. 204.

608 Vgl. a.a.O.

Nichtvorliegen eines materiell-rechtlichen Umstands ist nach dieser Ansicht dagegen für diese Frage prinzipiell von gleichrangiger Bedeutung[609].

Fraglich ist jedoch, ob durch diese Rückkopplung der Prozeßvoraussetzungen mit dem Prozeßzweck eine genaue Abrenzung zu materiell-rechtlichen Normen einerseits und verfahrensleitenden Vorschriften andererseits möglich ist. Wie Volk selbst einräumt[610], hat der Prozeßzweck nicht nur Verbindungslinien zu den Prozeßvoraussetzungen, sondern auch zu diesen Normgruppen. So ist z. B. eine Verurteilung, die auf einem durch Drohung erpreßten Geständnis beruht (§ 136a), zur Wiederherstellung des Rechtsfriedens wohl ebensowenig in der Lage wie ein Urteil, das ein Strafübel trotz Fehlens des erforderlichen Antrags ausspricht. Aber auch dem materiellen Strafrecht kommt eine den Rechtsfrieden sichernde Funktion zu. Der durch das Delikt entstandene soziale Konflikt soll durch Versöhnung oder Strafe beseitigt werden[611]. Wird etwa der Rechtsfrieden durch Ablauf der Verjährungsfrist (normativ) wiederhergestellt, so tritt diese Wirkung auch bei einem Rücktritt vom Versuch ein, ohne daß damit erklärt würde, warum die Verjährung eine Prozeßvoraussetzung darstellt, während die Rücktrittsvorschriften dem materiellen Recht zugeordnet werden[612]. Ist aber der Begriff „Rechtsfrieden" zur Abgrenzung nicht geeignet, so bleibt auch von dieser Definition lediglich die Feststellung, daß bei Fehlen der Prozeßvoraussetzung kein Anlaß zur Bewährung der Strafrechtsordnung mehr bestehe. Da die Bewährung der Strafrechtsordnung durch einen Prozeß erfolgt, bedeutet dies inhaltlich jedoch nichts anderes, als daß es sich bei den Prozeßvoraussetzungen eben um Zulässigkeitsbedingungen des Prozesses bzw. des Sachurteils handelt.

Zusammenfassung

Man kann also festhalten, daß es bislang nicht gelungen ist, die Voraussetzungen, unter denen ein Umstand zur Prozeßvoraussetzung wird, abschließend zu beschreiben[613]. Als einzig gesicherte Erkenntnis kann man die Tatsache hervorheben, daß es sich bei ihnen um Normen handelt, die im Falle ihres Nichtvorliegens das weitere Prozedieren mit dem Ziel eines Sachurteils ausschließen. Fraglich ist, inwieweit dies für die Beantwortung der eingangs[614] gestellten Fragen nach dem anzuwendenden Beweisrecht einerseits bzw. nach dem Umfangs der revisionsgerichtlichen Ermittlungsbefugnis andererseits nutzbar gemacht werden kann.

---

609 A.a.O., S. 240.

610 Volk, a.a.O., S. 205, 240f.

611 So Zielinski, Kaufmann-FS, S. 878.

612 Vgl. Zielinski, a.a.O.; siehe auch Meyer, S. 36.

613 Vgl. auch LR(24)-Schäfer, Einl. Kap. 11, Rdn. 8; Rieß, JR *85*, 45.

614 Vgl. oben zu Beginn des 5. Kap.

Hinsichtlich des anzuwendenden Beweisrechts wird man aus dieser Definition wohl kaum zusätzliche Argumente zur Stützung der h. M. herleiten können, wonach Prozeßvoraussetzungen freibeweislich festgestellt werden können. Ihr Vorliegen ist für den Erlaß eines Sachurteils ebenso Voraussetzung wie die Feststellung der materiell-rechtlichen Umstände, die ihm zugrunde liegen; d.h. das „Ob" und das „Wie" einer Sachentscheidung sind prinzipiell gleichwertig. Dies spricht dann aber dafür, die das „Ob" regelnden Normen in derselben Art und Weise festzustellen wie die für das „Wie" ausschlaggebenden. Somit bliebe die formale Zuordnung der Sachurteilsvoraussetzungen zum Prozeßrecht der einzige Anknüpfungspunkt für die Zulässigkeit des Freibeweises. Zwar ergibt sich — wie oben dargestellt[615] — aus dem Gesetz kein Anhaltspunkt für eine generelle Zulässigkeit des Freibeweises bei der Feststellung prozessualer Normen. Diese Ableitung wäre aber wenigstens in sich schlüssig, wenn daraus eine stringent unterschiedliche Behandlung von Prozeßvoraussetzungen und materiell-rechtlichen Normen hergeleitet würde. Schon aus diesem Grund ist es daher erforderlich, im Rahmen der Funktionsanalyse der Verfahrensvoraussetzungen nicht nur deren Herleitung, sondern auch die mit der Einordnung verbundenen Rechtsfolgen zu berücksichtigen[616].

Ähnliches läßt sich zur Frage einer möglichen Bindung des Revisionsgerichts an tatrichterliche Feststellungen sagen. Die Tatsache, daß Prozeßvoraussetzungen Zulässigkeitsbedingungen des Sachurteils sind, führt zwar grundsätzlich zu einer Ermittlungsbefugnis des Revisionsgerichts. Auch dessen Tätigkeit ist auf ein Sachurteil gerichtet. Daraus allein ergibt sich jedoch noch nicht ohne weiteres, was im Falle sich überschneidender Ermittlungsbefugnisse zu geschehen hat.

B. Rechtliche Auswirkungen der Prozeßvoraussetzungen

I. Prüfungsmodalitäten bei Prozeßvoraussetzungen

Anhaltspunkte hinsichtlich des zu wählenden Beweisverfahrens und/oder einer etwaigen Bindungswirkung könnten sich zunächst aus den bei der Prüfung der Prozeßvoraussetzungen nach einhelliger Ansicht zu beachtenden Besonderheiten ergeben, die aus ihrer Funktion als Sachurteilsvoraussetzungen abgeleitet werden.

1. Die Vorrangprüfung in jeder Lage des Verfahrens

So ist es u.a. ein Charakteristikum der Prozeßvoraussetzungen, daß sie in jeder Lage des Verfahrens, und zwar vor anderen entscheidungsrelevanten Tatsachen zu prüfen sind[617]. Jedes Gericht hat zunächst festzustellen, ob ihm der

---

[615] Vgl. oben 4. Kap.

[616] Vgl. unten 5. Kap. B.

[617] Vgl. LR(24)-Schäfer, Einl. Kap. 11, Rdn. 17; KK-Pfeiffer, Einl. Rdn. 133f.; Kleinknecht/Meyer, Einl. Rdn. 150ff.

Weg zur Sachprüfung „von Rechts wegen" überhaupt eröffnet ist. Die Einhaltung dieser Prüfungsreihenfolge ist somit eine Konsequenz aus der den Prozeßvoraussetzungen beigelegten Funktion, Voraussetzungen für den Erlaß eines Sachurteils zu sein. Sie ergibt sich gleichermaßen sowohl vom Standpunkt der h. L., wonach sich diese Funktion aus ihrer Eigenschaft als Zulässigkeitsvoraussetzungen des Gesamtverfahrens herleitet, als auch nach der prozeßzweckorientierten Betrachtungsweise. Auch nach dieser Ansicht ist vor der „Bewährung der Rechtsordnung durch Prozeß" zunächst zu fragen, ob dies zur Wiederherstellung des Rechtsfriedens überhaupt noch geboten und erforderlich ist[618].

Auch in der Revisioninstanz ist nach einhelliger Ansicht diese zeitliche Reihenfolge der Prüfung der Prozeßvoraussetzungen grundsätzlich zu beachten[619]. Während das Revisionsgericht ansonsten beim Zusammentreffen von Prozeß- und Sachrügen nach reinen Zweckmäßigkeitserwägungen bestimmen kann, welche es zuerst prüft[620], hat es — jedenfalls bei ordnungsgemäß eingelegter Revision — zuerst festzustellen, ob die Verfahrensvoraussetzungen vorliegen. Die Überprüfung des angefochtenen Urteils kann also erst beginnen, wenn die Voraussetzungen des dazu vorgesehenen Verfahrens (= Revision) festgestellt wurden.

Dies spricht dafür, den Revisionsgerichten ausnahmslos, d.h. auch in Fällen von Doppelrelevanz, die Prüfung der tatsächlichen Grundlagen der Prozeßvoraussetzungen zu gestatten. Ist nämlich das Revisionsgericht einerseits an tatrichterliche Feststellungen auch im prozessualen Bereich gebunden und soll es andererseits gerade diese Tatsachen selbst ermitteln dürfen, um seine eigene Sachentscheidungskompetenz festzustellen, so führt dies bei tatsächlichem Nichtvorliegen einer Prozeßvoraussetzung zur Bindung des Revisionsgerichts an Feststellungen, die nach dem zugrunde liegenden Verfahrensverständnis nicht hätten getroffen werden dürfen. Es ist also nicht nur so, daß bei einer Verfahrenseinstellung, die aufgrund fehlender Prozeßvoraussetzungen erfolgt, das eigentliche Charakteristikum der Doppelrelevanz — ihr Hinübergreifen auch in den materiell-rechtlichen Bereich — aufgehoben wird[621]. Die Lehre, nach der das Revisionsgericht bei Doppelrelevanz grundsätzlich an die tatrichterlichen Feststellungen gebunden ist, steht darüber hinaus auch in dem oben aufgezeigten Wertungswiderspruch zu der sonst von der h. A. bei Prozeßvoraussetzungen vertretenen Prüfungsreihenfolge.

---

[618] Vgl. Volk, S. 241/2

[619] Vgl. BGHSt *9*, 104; LR(24)-Hanack, § 352 Rdn. 3; KK-Pikart, § 352 Rdn. 3; Eb. Schmidt, Lehrk. II, § 352 Anm. 1; Beling, S. 421 f.

[620] Vgl. LR(24)-Hanack, a.a.O. Rdn. 11.

[621] Vgl. oben 3. Kap. C. III. 1. b).

2. Die Prüfung von Amts wegen

Die zweite Besonderheit der Prozeßvoraussetzungen soll darin bestehen, daß ihr Vorliegen stets von Amts wegen zu prüfen ist[622]. Dabei ist jedoch nicht ohne weiteres ersichtlich, was die h. M. unter diesem aus dem Zivilprozeß „entliehenen“ Begriff im Strafverfahren eigentlich verstehen will. Soll er, wie im Zivilprozeß[623], ausdrücken, daß das Gericht nicht an übereinstimmenden Parteivortrag gebunden ist, so ist er für das Strafverfahren schon deshalb inhaltsleer, weil dort stets der Untersuchungsgrundsatz gilt, der sowohl materiell-rechtliche als auch prozeßrechtliche Fragen umfaßt[624] und somit kein Spezifikum der Prozeßvoraussetzungen ist.

a) Amtsprüfung und Bindungswirkung

Der Amtsprüfungsgrundsatz wird aber darüber hinaus in der Revisionsinstanz auch zur Begründung dafür herangezogen, daß das Fehlen von Prozeßvoraussetzungen — im Gegensatz zu Fehlern bei der Anwendung des materiellen Rechts bzw. der sonstigen Verfahrensnormen — nicht mittels einer besonderen Rüge geltend zu machen ist, sondern vom Revisionsgericht — jedenfalls bei ordnungsgemäßer Revisionseinlegung — ohne weiteres beachtet wird[625].

Der Verzicht auf eine spezielle Rüge bei Prozeßvoraussetzungen erscheint auf den ersten Blick systemwidrig. Nach dem Wortlaut des § 344 Abs. 1 muß der Beschwerdeführer ausnahmslos angeben, inwieweit er die Überprüfung des untergerichtlichen Urteils begehrt. § 352 beschränkt konsequenterweise den Umfang der vom Revisionsgericht vorzunehmenden Überprüfung auf die vom Revisionsführer gestellten Anträge bzw. die zur Begründung derselben gem. § 344 Abs. 2 S. 2 anzugebenden Tatsachen. Aber auch darüber hinaus „passen“ die Prozeßvoraussetzungen nicht in den auf reine Kontrollfunktionen zugeschnittenen Regelungsrahmen der §§ 333 ff. So ist zwar selbstverständlich, daß das Revisionsgericht das angefochtene Urteil samt den zugrunde liegenden Feststellungen gem. § 353 aufhebt, wenn es ein Verfahrenshindernis festgestellt hat[626]. Die in der Folge zu treffende Endentscheidung[627] des Revisionsgerichts (Einstellung des Verfahrens) kann jedoch häufig[628] nicht auf eine revisionsrechtliche Norm allein, sondern muß mit auf die erstinstanzlichen Vorschriften der §§ 206a, 260 Abs. 3[629] gestützt werden. Dies gilt jedenfalls, wenn das Revisions-

---

[622] KK-Pfeiffer, Einl. Rdn. 133; Kleinknecht/Meyer, Einl. Rdn. 14 ff. jeweils m. w. N.

[623] Vgl. Thomas/Putzo, Vorbem. zu § 253, Anm. III A.

[624] Alsberg/Nüse/Meyer, S. 113 Fn. 27.

[625] So die weitaus h. M., vgl. KK-Pikart, § 344 Rdn. 22; BGHSt *13*, 128; *21*, 242, 243; a. A. Volk, S. 57 ff.

[626] Vgl. KK-Pikart, § 353 Rdn. 3.

[627] Soweit es sich — wie im Regelfall — um nicht behebbare Hindernisse handelt.

[628] Eine Ausnahme ist die Einstellung durch einstimmigen Beschluß gem. § 349 Abs. 4.

[629] Vgl. LR(24)-Hanack, § 349 Rdn. 35.

gericht eigene Feststellungen zu der betreffenden Verfahrensvoraussetzung getroffen hat. Eine Entscheidung nach § 354 Abs. 1 allein ist nur möglich, wenn die Feststellungen des Tatrichters unberührt bleiben[630]. Auch ist es zur Einstellung nicht unbedingt i. S. d. § 337 Abs. 1 erforderlich, daß das angefochtene Urteil auf dem Fehlen einer Prozeßvoraussetzung beruht. Zwar muß das festgestellte Verfahrenshindernis sich auf einen Tatkomplex beziehen, der wenigstens hinsichtlich eines Teilaspekts durch die Urteilsanfechtung Gegenstand des Revisionsverfahrens geworden ist[631]. Kausalität zwischen Urteil und Rechtsverstoß, wie sie im übrigen zur Feststellung des „Beruhens" verlangt wird[632], ist bei Prozeßvoraussetzungen jedoch nicht erforderlich. Dies ergibt sich schon daraus, daß das Revisionsgericht bei der Prüfung den Zeitpunkt seiner eigenen Entscheidung zugrunde legen muß. Gleichgültig ist dagegen, ob die fragliche Prozeßvoraussetzung zur Zeit des tatrichterlichen Urteils gefehlt hat oder nicht[633]. Auch dies ist nach h. A. Folge des Amtsprüfungsgrundsatzes[634], während nachträgliche Veränderungen des materiellen Rechts nur gem. § 354a berücksichtigt werden können, der eine ausdrückliche Ausnahmeregelung vom Beruhenserfordernis des § 337 trifft[635].

Begründet wird das Erfordernis der Amtsprüfung zunächst damit, Gründe des allgemeinen Wohls ließen es nicht zu, daß Versäumnisse oder Verzichte der Beteiligten einen Einfluß gegenüber verfahrenshindernden Mängeln gewönnen[636]. Das „Gewicht" des prozessualen Fehlers allein kann jedoch diese Rechtsfolge nicht tragen; andernfalls wäre wohl kaum zu erklären, warum etwa das Fehlen eines Strafantrags stets, ein Verstoß gegen § 136a aber nur auf eine entsprechende Rüge hin zu beachten ist.

Die Prozeßvoraussetzungen sind jedoch als Zulässigkeitsbedingungen des Gesamtverfahrens eben auch Vorbedingungen dafür, daß das Revisionsgericht selbst in der Sache überhaupt verhandeln darf. Bei ihrer Feststellung steht daher nicht die ansonsten vorherrschende Kontrollfunktion im Vordergrund, sondern die Prüfung der Prozeßvoraussetzungen durch das Revisionsgericht geschieht in originärer Eigenzuständigkeit und entspricht derjenigen der anderen im Verlaufe des Verfahrens mit dieser Frage konfrontierten Entscheidungsträger[637]. Zwischen Tatsachenfeststellungen des Revisionsgerichts zu Prozeßrügen und solchen zu Prozeßvoraussetzungen besteht also nicht nur ein formaler Unterschied hinsichtlich der durch die Vorrangprüfung der Prozeßvoraussetzungen

---

630 Vgl. KK-Pikart, § 354 Rdn. 2 m. w. N.

631 Vgl. KK-Pikart, § 353 Rdn. 7.

632 Vgl. Roxin, § 53, E I 1, S. 346.

633 Vgl. LR(24)-Hanack, § 337 Rdn. 29 m. w. N.

634 Vgl. LR(24)-Hanack, a. a. O.

635 Vgl. LR(24)-Hanack, § 354a Rdn. 4f.; KK-Pikart, § 354a Rdn. 6 m. w. N.

636 So etwa LR(24)-Schäfer, Einl. Kap. 11, Rdn. 17.

637 Vgl. i.d. S. auch Roxin, § 53 I, I 2; LR(24)-Hanack, § 337 Rdn. 29; Eb. Schmidt, Lehrk. II, § 337 Rdn. 12.

festgelegten Prüfungsreihenfolge. Vielmehr besteht auch ein inhaltlicher Unterschied dergestalt, daß letztere infolge der Funktion der Prozeßvoraussetzungen für das Gesamtverfahren auch vom Revisionsgericht unabhängig von dessen Kontrollfunktion festgestellt werden.

Diese unterschiedliche Herleitung der Überprüfungskompetenz bei Prozeßvoraussetzungen einerseits und rügepflichtigen Verstößen andererseits spricht aber gegen eine, wie auch immer geartete Bindung des Revisionsgerichts an tatrichterliche Feststellungen bei der Überprüfung der Verfahrensvoraussetzungen. Jeglicher Versuch[638], aus der grundsätzlichen Beschränkung der Revision auf die Überprüfung von Rechtsfehlern gem. § 337 auf eine Dominanz der tatrichterlichen Feststellungen zur Schuld- und Straffrage zu schließen und daraus eine Bindung des Revisionsgerichts auch im prozessualen Bereich bei Doppelrelevanz abzuleiten, liegt hinsichtlich der Prozeßvoraussetzungen neben der Sache. Die originäre Eigenzuständigkeit des Revisionsgerichts zur Ermittlung ihrer tatsächlichen Grundlagen, die sich aus ihrer Funktion als Zulässigkeitsbedingungen des Gesamtverfahrens und dem daraus resultierenden Amtsprüfungsgrundsatz ergibt, stellt sie außerhalb des dem Revisionsgericht gem. §§ 337, 352 Abs. 1 ansonsten zugewiesenen Aufgabenbereichs, der sich grundsätzlich auf die Kontrolle untergerichtlicher Entscheidungen beschränkt. Dann können aber auch die dort vorgegebenen Beschränkungen hinsichtlich des Tätigkeitsbereichs prinzipiell nicht auf die Überprüfung der Prozeßvoraussetzungen übertragen werden.

b) Amtsprüfung und Freibeweis

Daneben wird der Amtsprüfungsgrundsatz auch herangezogen, um die Zulässigkeit freibeweislicher Feststellungen hinsichtlich der Prozeßvoraussetzungen jedenfalls in der Revisionsinstanz zu begründen. Wäre dies zutreffend, könnte damit wegen der präsumtiv größeren Zuverlässigkeit des Strengbeweises auch hinsichtlich der Prozeßvoraussetzungen eine Bindung des Revisionsgerichts an diesbezügliche Feststellungen des Tatrichters abgeleitet werden[639].

Der Grund für die Zulässigkeit soll darin liegen, daß ansonsten (d.h. bei strengbeweislichen Ermittlungen) „der Grundsatz der Amtsprüfung aufgegeben werden müßte und dem Revisionsgericht die Prüfung in zahlreichen Fällen, in denen es auf den Akteninhalt ankommt, zuverlässig kaum möglich wäre“[640]. Nun war oben bereits festgestellt worden, daß die revisionsspezifische Bedeutung des Amtsermittlungsgrundsatzes darin zu sehen ist, daß Prozeßvoraussetzungen ohne spezielle Rüge des Revisionsführers überprüft werden. Es ist nicht ersichtlich, inwieweit dies undurchführbar werden soll, wenn zur Überprüfung

---

[638] Vgl. oben 3. Kap. C. III. 1. b) u. 2.

[639] Vgl. oben 3. Kap. C. III. 1. c).

[640] So etwa LR(24)-Hanack, § 337 Rdn. 33; Schünemann, JA *82*, 123; LR(24)-Schäfer, Einl. Kap. 11, Rdn. 18.

Streng- statt Freibeweis eingesetzt wird. Hintergrung dieser Ansicht kann daher nur die Überlegung sein, daß mit der Verwendung des Akteninhalts zu Beweiszwecken zusätzliche, dem Strengbeweis verschlossene Erkenntnisquellen zur Verfügung stünden. Schon oben[641] war aber festgestellt worden, daß das Freibeweisverfahren keine gegenüber dem Strengbeweis zusätzlichen Beweismittel bereithält, sondern daß lediglich die Art und Weise der Einführung des Beweisergebnisses unterschiedlich sind. Entsprechendes gilt auch hier. Entweder sind die in den Akten befindlichen Schriftstücke als Urkunden verlesbar oder sie enthalten Beweissurrogate. Letzteres zwingt nur zu einer Verwendung des sachnäheren Beweismittels, aber nicht zu einem völligen Verzicht. Aus dem Amtsprüfungsgrundsatz läßt sich also die Zulässigkeit des Freibeweises in der Revisionsinstanz nicht herleiten.

II. Die Zuordnung der Prozeßvoraussetzungen zum Prozeßrecht und die damit verbundenen Rechtsfolgen als Begründung des Freibeweises?

Die bisherigen Erörterungen zu den Prozeßvoraussetzungen haben bislang keine Anhaltspunkte für die Zulässigkeit einer Bindung des Revisionsgerichts an tatrichterliche Feststellungen ergeben. Weder unmittelbar aus ihrer Funktion im Strafverfahren noch mittelbar aus der Zulässigkeit ihrer freibeweislichen Feststellung zumindest in der Revisionsinstanz ließen sich Argumente zur Stützung dieses Ergebnisses herleiten. Gerade der letzte Gesichtspunkt, die Zulässigkeit des Freibeweises, wird, wie oben bereits festgestellt[642], häufig schon aus der Tatsache abgeleitet, daß die Prozeßvoraussetzungen dem Prozeßrecht zugeordnet werden[643]. Zwar wurde bereits festgestellt[644], daß sich diese Gleichsetzung von Prozeßrecht und Freibeweis dem Gesetz nicht entnehmen läßt. Die Frage des anzuwendenden Beweisrechts — und damit letztlich auch der Bindungswirkung — soll jedoch nicht abschließend beantwortet werden, ohne die zumindest innere Schlüssigkeit der Ableitung bestimmter Rechtsfolgen aus der Zuordnung einer Norm zum Prozeßrecht oder zum materiellen Recht geprüft zu haben. Dazu wäre erforderlich, daß sich aus der unterschiedlichen Eingruppierung von Prozeßvoraussetzungen einerseits und materiell-rechtlichen Normen andererseits wenigstens hinsichtlich der wichtigsten Rechtsfolgen abweichende Ergebnisse feststellen ließen.

1. In-dubio-pro-reo

Lange Zeit wurde es als wesentlicher Unterschied zwischen Prozeßrecht und materiellem Recht angesehen, daß nur bei letzterem tatsächliche Zweifel

[641] Vgl. oben 2. Kap. C. I.

[642] S.o. 5. Kap. A. III.

[643] Vgl. etwa KK-Herdegen, § 244 Rdn. 6; Meyer in Alsberg/Nüse/Meyer, S. 119.

[644] Vgl. oben 5. Kap. A. III.

zugunsten des Angeklagten zu berücksichtigen seien[645]. Heute ist jedoch nach einhelliger Auffassung bei der Mehrzahl der Prozeßvoraussetzungen im Zweifel für den Angeklagten zu entscheiden. Lediglich die Begründungen dafür variieren.

Während die Rechtsprechung[646] und Teile der Literatur[647] die generelle Anwendung dieses Grundsatzes auf Prozeßvoraussetzungen ablehnen und jeweils nach Sinn und Zweck der in Frage stehenden Norm entscheiden wollen, tritt die wohl h. L. für seine durchgängige, zumindest sinngemäße Beachtung ein[648].

Sie geht dabei von der Überlegung aus, daß das Überzogenwerden mit einem Strafverfahren notwendigerweise einen Eingriff in die Freiheitssphäre des Betroffenen bedeutet. Der Grundtenor dieser Auffassung ist daher, daß es angesichts dieses Eingriffs mit rechtsstaatlichen Grundsätzen unvereinbar wäre, gegen eine Person vorzugehen, „der gegenüber die Rechtsordnung ihre Machtmittel (möglicherweise) gar nicht anwenden will“[649].

Das anerkennt im Grunde auch der Bundesgerichtshof, wenn er in seinem Urteil zur Anwendbarkeit des in-dubio-Grundsatzes bei Verjährung ausführt, daß „Gerechtigkeit und Rechtssicherheit miteinander besser in Einklang stehen, wenn sich das Verlangen nach Bestrafung des Schuldigen dem Verlangen unterordnet, ihn nicht in möglicherweise wiedererlangter Rechtssicherheit anzutasten, ...

Ein Verdacht ungesetzlichen Strafens schadet dem Vertrauen in die Rechtsstaatlichkeit der Strafe mehr, als es die Gerechtigkeit befriedigt ...“[650].

Diese Ausführungen treffen aber — wie schon Eb. Schmidt festgestellt hat[651] — nicht nur für die Verjährungsproblematik zu, sondern können auch im Hinblick auf andere Prozeßvoraussetzungen Geltung beanspruchen. Insbesondere erlauben sie es, entgegen anderslautenden Entscheidungen des Bundesgerichtshofes[652], sehr wohl, bei Zweifeln über die rechtzeitige Einlegung eines Rechtsmittels zwischen einem solchen zugunsten des Angeklagten und anderen

---

645 Vgl. etwa RGSt *71*, 263; *72*, 5; *72*, 25; BGH bei Herlan, MDR *55*, 527.

646 Vgl. insb. BGH JZ *63*, 605 (606).

647 vgl. Meyer in Alsberg/Nüse/Meyer, S. 152 FN. 79; Sax, Stock-FS, S. 143 ff.

648 Vgl. Roxin, § 15 D 3 b, S. 84; Schlüchter, Rdn. 389; Baumann, NJW *58*, 452 (453); Schmidt, Lehrk. I Anm. 198; Mann, ZStW *1964*, 264; LR(24)-Hanack, § 337 Rdn. 34; KMR-Paulus, § 244 Rdn. 330 ff.; Stree, S. 53 ff., der jedoch die Rechtsmittelvoraussetzungen ausklammern will; LR(24)-Schäfer, Einl. Kap. 11 Rdn. 38 ff.; Peters, S. 289; siehe auch Sulanke, S. 77 f., 84 ff., der zwar den in-dubio-Grundsatz für unanwendbar hält, aber auf anderen Wegen zum gleichen Ergebnis kommt.

649 So Volk, S. 229 FN. 229.

650 Vgl. BGH, a.a.O.

651 Eb. Schmidt, JZ *63*, 607.

652 Vgl. etwa BGH NJW *60*, 2202.

zu unterscheiden[653]. Unter dem Gesichtspunkt zweifelsfreier Legitimation staatlicher Eingriffsrechte ist es ferner — im Gegensatz zur Auffassung des BGH[654] — unerheblich, ob sich bei einem möglicherweise eingreifenden Amnestiegesetz der Zweifel auf „lediglich formale“ oder aber auf schuldbezogene Merkmale erstreckt[655]. Schließlich überzeugt auch die Begründung nicht, mit der die Rechtsprechung die Anwendung des in-dubio-Grundsatzes auf die Frage der Verhandlungsfähigkeit abgelehnt hat[656].

Soweit darauf abgestellt wird, bei der Verhandlungsunfähigkeit handele es sich um eine Ausnahmeregelung, die entsprechend eng auszulegen sei[657], wird übersehen, daß dies auch bei der inhaltlich ähnlich strukturierten Schuldfähigkeit der Fall ist, ohne daß daraus entsprechende Konsequenzen für die Lösung von Zweifelsfällen gezogen würden. Auch verkennt diese Ansicht Sinn und Zweck der Verhandlungsfähigkeit. Durch sie wird die Stellung des Angeklagten als Prozeßsubjekt abgesichert. Fehlt sie, wird der Betroffene zum bloßen Objekt staatlichen Handelns. Daher dürfte ein Verfahren aus rechtsstaatlichen Gründen schon dann unzulässig sein, wenn — nach Ausschöpfung aller zulässigen Beweismittel — unbehebbare Zweifel an dieser Subjektsqualität verbleiben[658].

Festzuhalten ist also, daß der in-dubio-Grundsatz jedenfalls im Ergebnis auch auf Prozeßvoraussetzungen angewandt werden muß[659]. Selbst wenn man aber der restriktiveren Rechtsprechung folgt, so verläuft auch danach die Grenze seiner Anwendbarkeit nicht zwischen Prozeßrecht und materiellem Recht, so daß insoweit von einer durchgängig unterschiedlichen Behandlung nicht gesprochen werden kann. Folglich kann daraus nicht auf die Zulässigkeit eines gesonderten Beweisrechts geschlossen werden.

2. Das Rückwirkungsverbot

In anderen Bereichen — etwa bei der Frage der Geltung des Rückwirkungsverbots — wird heute eine Gleichstellung der materiell-rechtlichen Vorschriften mit zumindest einem Teil der Prozeßvoraussetzungen befürwortet[660]. Nicht mehr die Unterscheidung zwischen materiellem Recht und Prozeßrecht soll demnach für dessen Anwendbarkeit ausschlaggebend sein. Vielmehr wird darauf abgestellt, ob durch die Neuregelung auch einer Verfahrensvoraussetzung ein schützenswertes Vertrauen des Täters auf den Bestand des bisherigen

---

653 So auch LR(24)-Schäfer, a.a.O., Rdn. 51.

654 Siehe nur BGH GA *1956*, 350 (351); Kleinknecht/Meyer, § 261 Rdn. 34.

655 So auch Stree, S. 68ff.; LR(24)-Schäfer, a.a.O., Rdn. 37.

656 So noch BGH MDR *73*, 902 (D); in BGH NStZ *1984*, 520 scheint diese Ansicht z. T. aufgegeben worden zu sein; die Ausführungen dazu sind jedoch nicht eindeutig.

657 Vgl. etwa Kleinkecht/Meyer, a.a.O.

658 Vgl. zur Bedeutung der Subjektsqualität etwa Eb. Schmidt, Lehrk. I Rdn. 98ff.

659 So auch Roxin, S. 84.

660 Siehe dazu die Nachweise bei Sch-Sch-Eser, § 2 StGB Rdn. 6.

Rechtszustands verletzt wird oder nicht. So soll sich etwa aus dem Vertrauen des Täters darauf, daß die Strafverfolgung vom Antrag eines bestimmten, ihm nahestehenden Personenkreises abhängig bleibt, ein Verbot insoweit rückwirkender Gesetzesänderungen ergeben[661].

Weitergehend wird sogar eine völlige Gleichstellung beider Normgruppen befürwortet[662], da der Vertrauensschutzgedanke die Reichweite des Rückwirkungsverbots nicht hinreichend kennzeichnen könne[663]. So versteht es Schreiber etwa als „eine objektive, innere Begrenzung der staatlichen Strafgewalt"[664]. Dies wiederum führt zu einer Gleichbehandlung von Prozeßvoraussetzungen und materiell-rechtlichen Normen unter funktionalen Gesichtspunkten. Wo es um die Begrenzung staatlicher Strafgewalt geht, ist es nicht von Belang, ob die Verfolgungsbedingung dem materiellen Recht oder dem Prozeßrecht angehört. Vielmehr ist unter diesem Gesichtspunkt entscheidend, daß die Prozeßvoraussetzungen — auch nach h. M. — ebenso wie die materiellen Normen Bestimmungen über das „Ob" der Strafe enthalten. Zum gleichen Ergebnis gelangt man auch, wenn man das von Grünwald entwickelte Erklärungsmodell des Rückwirkungsverbots zugrunde legt. Danach hindert es den Gesetzgeber, „Gesetze unter dem Eindruck geschehener Taten aufzustellen und sie auf diese zuzuschneiden[665]". Dieses Modell, wenn auch anhand der Verjährungsvorschriften entwickelt, gilt aber, worauf schon Volk zutreffend hingewiesen hat[666], nicht nur für diese, sondern auch für alle anderen Prozeßvoraussetzungen.

3. Rechtskraftfragen

Einziger prozeßrechtlicher Fixpunkt der Lehre von den Prozeßvoraussetzungen ist, daß bei ihrem Fehlen ein Einstellungsurteil (§ 260 Abs. 3) ergeht, während über materiell-rechtliche Bestrafungsvoraussetzungen durch Sachurteil gem. § 260 Abs. 1 entschieden wird[667]. Die unterschiedliche Entscheidungsform ist kein rein formales Kriterium, vielmehr wird damit auch ein inhaltlicher Unterschied dokumentiert. Während das Sachurteil inhaltlich zu dem dem Angeklagten gemachten Schuldvorwurf Stellung nimmt, besagt ein Einstellungsurteil, daß diesem Schuldvorwurf — aus welchen Gründen auch immer — nicht in dem dafür an sich vorgesehenen Verfahren nachgegangen werden soll. Gleichwohl wurde bereits festgestellt[668], daß daraus nicht auf die Zulässigkeit

---

[661] Vgl. Sch-Sch-Eser, a.a.O.

[662] Siehe dazu Grünwald, MDR *65*, 521 ff.; Schreiber, Gesetz u. Richter, S. 219f.; Baumann/Weber, S. 126; Arndt, NJW *61*, 14f.

[663] Grünwald, a.a.O., S. 522f.

[664] Vgl. Schreiber, a.a.O. u. ZStW *1968*, 364.

[665] Grünwald, a.a.O., S. 523.

[666] Volk, a.a.O., S. 55f.

[667] Vgl. Meyer, Strafantrag, S. 20.

[668] Vgl. oben 5. Kap. A. III.

des Freibeweises geschlossen werden kann, da das „Ob“ und das „Wie“ der Bestrafung insoweit prinzipiell gleichwertig sind.

Unter dem Gesichtspunkt der Entscheidungsform könnten sich Anhaltspunkte für die Zulässigkeit verschiedener Beweisverfahren daher nur noch aus Unterschieden hinsichtlich der Erledigungswirkung beider Urteilsarten ergeben.

Dies setzt jedoch voraus, daß zwischen allen Einstellungsurteilen einerseits und dem Sachurteil andererseits tatsächlich solch gravierende Unterschiede hinsichtlich der Rechtskraftwirkung festgestellt werden könnten. Und auf den ersten Blick scheint dies auch so zu sein. Denn nach Ansicht der Rechtsprechung und von Teilen der Literatur kommt nur dem Sachurteil umfassende Erledigungswirkung zu[669], während das Prozeßurteil nur hinsichtlich des Verfahrenshindernisses, auf das es sich bezieht, in Rechtskraft erwachsen soll[670]. Doch auch bei grundsätzlicher Billigung dieses Standpunktes gibt es Prozeßentscheidungen, die den zugrunde liegenden Vorgang endgültig und umfassend abschließen, so z. B. bei Feststellung der Strafunmündigkeit des Angeklagten in der Hauptverhandlung[671]. Entsprechendes gilt für Einstellungsurteile infolge Verjährung oder fehlenden Strafantrages hinsichtlich der rechtlichen Einordnung des geprüften Sachverhalts[672]. War z. B. eine Körperverletzung gem. § 223 StGB angeklagt und erfolgte wegen fehlenden Antrags eine Einstellung nach § 260 III, so kann zwar bei Nachholung des Antrags (wenn dies noch möglich ist) erneut Anklage wegen § 223 erhoben werden. Eine nochmalige Anklage unter dem Gesichtspunkt eines Offizialdelikts (z. B. § 224 StGB) ist jedoch ausgeschlossen, wenn schon das erste Einstellungsurteil in den Gründen festgestellt hat, daß ein Antrag erforderlich ist[673]. Daher sollen nach h. M. in der Literatur[674] auch Urteile nach § 260 III zumindest dann materiell rechtskräftig werden, wenn sie unbehebbare Verfahrenshindernisse feststellen.

Und auch diejenigen, die die materielle Rechtskraft auf Sachurteile beschränken wollen, müssen einräumen, daß solche Einstellungsurteile zumindest in ihrer Wirkung einem die Strafklage verbrauchenden Sachurteil in nichts nachstehen[675]. Die Trennungslinie zwischen endgültig abschließenden und nicht endgültig abschließenden Urteilen einerseits entspricht also nicht derjenigen zwischen Prozeß- und Sachurteil andererseits. Folglich kann der Rechtskraftge-

---

[669] Vgl. BVerfG NJW *61*, 867; BGHSt *18*, 1 (5); Kleinknecht/Meyer, Einl. Rdn. 172; KK-Pfeiffer, Einl. Rdn. 170.

[670] Vgl. etwa Kleinknecht/Meyer, § 260 Rdn. 39.

[671] Vgl. Peters, § 54 III, S. 517.

[672] Vgl. LR(24)-Schäfer, Einl. Kap. 12 Rdn. 45; KMR-Sax, Einl. XIII Rdn. 12.

[673] Vgl. KMR-Sax, a. a. O.

[674] Vgl. Peters, a. a. O. S. 518; Roxin, § 50 B III 1 a aa, S. 310; LR(24)-Schäfer, a. a. O.

[675] Vgl. KK-Hürxthal, § 260 Rdn. 48; im Ergebnis auch LR(24)-Gollwitzer, § 260 Rdn. 102 f.

sichtspunkt auch nicht zur Herleitung eines besonderen Beweisrechts für Verfahrensvoraussetzungen herangezogen werden.

4. Revisionserstreckung und Wiederaufnahme

Auch in anderen Fragen wird heute eine Gleichstellung von Prozeßvoraussetzungen einerseits und materiell-rechtlichen Normen andererseits befürwortet.

So erstreckt sich z. B. nach allgemeiner Ansicht[676] ein Revisionsurteil, das eine angefochtene Entscheidung wegen Fehlens einer Prozeßvoraussetzung aufhebt, entgegen dem Wortlaut des § 357 auch auf den Mitangeklagten, der keine Revision eingelegt hat.

Ferner wird die Wiederaufnahme zugunsten des Verurteilten — entgegen dem Wortlaut des §359 Nr. 5 — auch dann zugelassen, wenn lediglich solche Tatsachen vorgebracht werden, die nicht zur Freisprechung, sondern zur Einstellung des Verfahrens wegen Vorliegens eines Prozeßhindernisses führen können[677]. Allerdings soll dies nicht für alle Prozeßvoraussetzungen gelten. Teilweise wird die Wiederaufnahme nur hinsichtlich solcher Verfahrenshindernisse zugelassen, die sich — wie z. B. der Strafantrag, die Verjährung, die Strafunmündigkeit oder die Amnestie — auch auf die Tat als solche beziehen[678]. Andere stellen darauf ab, ob eine die Strafklage verbrauchende Einstellung erstrebt wird[679].

Unabhängig davon, welcher Auffassung man sich anschließen will, zeigen auch diese Beispiele, daß sich aus der Einordnung der Verfahrensvoraussetzungen zum Prozeßrecht allein keine Rückschlüsse auf ihre rechtliche Behandlung ziehen lassen.

C. Schlußfolgerungen

I. Prozeßvoraussetzungen und Freibeweis

Es kann somit festgehalten werden, daß sich die Zulässigkeit des Freibeweises für den Nachweis der Prozeßvoraussetzungen nicht aus deren Stellung und Funktion innerhalb des Strafverfahrens ableiten läßt. Unter Prozeßvoraussetzungen versteht man solche Normen, die im Falle ihres Nichtvorliegens das weitere Prozedieren mit dem Ziel eines Sachurteils ausschließen. Dies ergibt sich sowohl vom Standpunkt der h. L., die die Prozeßvoraussetzungen als Zulässigkeitsbedingungen des Gesamtverfahrens versteht, als auch nach der prozeß-

---

676 Vgl. für viele LR(24)-Hanack, § 357 Rdn. 14; Kleinknecht/Meyer, § 357 Rdn. 9f.

677 Vgl. etwa KK-von Stackelberg, § 359 Rdn. 33; Kleinknecht/Meyer, § 359 Rdn. 39 m.w.N.

678 Vgl. KK-Meyer-Goßner, § 359 Rdn. 34 m.w.N.

679 Vgl. LR(24)-Gössel, § 359 Rdn. 126.

zweckorientierten Betrachtungsweise, nach der es sich bei Verfahrensvoraussetzungen um typisierte Voraussetzungen der Sicherung des Rechtsfriedens handelt, bei deren Fehlen kein Anlaß zur Bewährung der Strafrechtsordnung (mehr) besteht. Als prozessuale Strafbarkeitsbedingungen, die über das „Ob" eines Sachurteils entscheiden, sind sie prinzipiell gleichwertig mit den materiellrechtlichen, nach denen sich dessen Inhalt bestimmt. Es ist also insoweit kein Grund erkennbar, der es rechtfertigte, sie mittels eines anderen Beweisverfahrens festzustellen als die sachlich-rechtlichen Vorschriften. Etwas anderes ergibt sich auch nicht aus ihrer generellen Einordnung ins Prozeßrecht, da diese Kategorisierung allein zur Herleitung bestimmter Rechtsfolgen nicht ausreichend ist. Vielmehr müssen dazu andere, außerhalb dieser Differenzierung liegende Erwägungen herangezogen werden, wie dies von der h. A. hinsichtlich anderer aus dieser Eingruppierung angeblich herzuleitenden Rechtsfolgen (in-dubio-Grundsatz, Rückwirkungsverbot u.a.) bereits praktiziert wird.

II. Prozeßvoraussetzungen und Bindungswirkung

Ist somit die freibeweisliche Feststellung der Prozeßvoraussetzungen auch in der Revisionsinstanz nicht zulässig, so entfällt damit der Ausgangspunkt der wohl noch immer h. A., wonach sich in Fällen von Doppelrelevanz aus dem unterschiedlichen Beweisrecht eine Bindung des Revisionsgerichts an tatrichterliche Feststellungen auch im prozessualen Bereich herleiten läßt[680]. Auch die Funktionsanalyse der Prozeßvoraussetzungen hat keine Anhaltspunkte für die Zulässigkeit einer solchen Bindung ergeben. Sie steht einmal im Widerspruch mit der aus der Eigenschaft der Prozeßvoraussetzungen als Zulässigkeitsbedingungen (auch) des Revisionsverfahrens abgeleiteten Vorrangprüfung, da sie bei Nichtvorliegen einer Verfahrensvoraussetzung das Revisionsgericht an Feststellungen zur Schuld- und Straffrage bindet, obwohl diese — auch nach dem Verfahrensverständnis der h. L. — nicht hätten getroffen werden dürfen. Zum anderen wird das Revisionsgericht bei der Überprüfung der Prozeßvoraussetzungen nicht in erster Linie — wie bei der Sach- und der Verfahrensrüge — als Kontrollorgan unterer Instanzen tätig, sondern stellt auch ihre tatsächlichen Grundlagen von Amts wegen in originärer Eigenzuständigkeit fest. Überprüfungsbeschränkungen aus der besonderen Struktur des Rechtsmittels der Revision können somit bei der Feststellung der Prozeßvoraussetzungen nicht eingreifen.

Die hier vertretene Ansicht stimmt also im Ergebnis mit der von Eb. Schmidt vertretenen[681] überein, wonach es bei Prozeßvoraussetzungen auch hinsichtlich doppelt relevanter Tatsachen keine Bindung des Revisionsgerichts an tatrichterliche Feststellungen gibt. Damit stellt sich auch hier die Frage, wie ein Urteil auf widersprüchlicher Tatsachengrundlage vermieden werden kann, wenn das

680 Vgl. oben 3. Kap. C. III. 1. c).

681 Vgl. oben 3. Kap. B. I.

Revisionsgericht zu doppelt relevanten Tatsachen zwar von denen des Tatrichters abweichende Feststellungen trifft, diese aber gleichwohl zur Feststellung des Verfahrenshindernisses nicht ausreichen. Zu denken ist beispielsweise an folgenden Fall: Der Tatrichter hat in den Urteilsgründen einen bestimmten Tatzeitpunkt genannt. Bei der Prüfung der Verjährung ermittelt das Revisionsgericht einen abweichenden Zeitpunkt. Trotzdem kann es das Verfahren nicht einstellen, weil auch unter Berücksichtigung der von ihm ermittelten Tatsachen die Verjährungsfrist noch nicht abgelaufen ist. Zwei Vorgehensweisen sind denkbar.

Zunächst könnte man dem Revisionsgericht die Verwendung der von ihm festgestellten Tatsachen nur dann gestatten, wenn sie zur Einstellung des Verfahrens führen, während es ansonsten den tatrichterlich ermittelten Sachverhalt seiner Entscheidung zugrunde legen müßte. Solche Beschränkungen der Verwendbarkeit einmal ermittelter Tatsachen sind dem Strafprozeß nicht fremd. Hat das Revisionsgericht z.B. ein Urteil und die ihm zugrunde liegenden Feststellungen nur zum Teil aufgehoben (§ 353 Abs. 2), so ist der neue Tatrichter an die aufrechterhaltenen Feststellungen gebunden[682]. Dies hat nach allgemeiner Ansicht zur Folge, daß ihnen widersprechende, in der neuen Hauptverhandlung aber gleichwohl festgestellte Tatsachen nicht berücksichtigt werden dürfen[683], selbst wenn sich dadurch — von wenigen und zudem umstrittenen Ausnahmen einmal abgesehen[684] — die Unrichtigkeit der aufrechterhaltenen Sachverhaltsteile herausstellt. Entsprechendes gilt im Rahmen einer wirksam beschränkten Berufung für insoweit doppelt relevante Tatsachen[685]. Diese Vorgehensweise hat jedoch den Nachteil, zu „überflüssigen" Beweisaufnahmen führen zu können, und mutet dem Revisionsgericht darüber hinaus zu, bei der Überprüfung der Sachrüge von einem Sachverhalt auszugehen, dessen Unrichtigkeit von ihm selbst anläßlich der Ermittlungen zu den Prozeßvoraussetzungen festgestellt worden ist.

Die andere Möglichkeit besteht darin, daß das Revisionsgericht in diesen Fällen das Urteil mit den zugrunde liegenden Feststellungen aufhebt und die Sache zur erneuten Verhandlung und Entscheidung zurückverweist. Damit würden nicht nur überflüssige Beweisaufnahmen des Revisionsgerichts vermieden. Diese Verfahrensweise entspricht darüber hinaus auch derjenigen, die die Revisionsgerichte ansonsten bei widersprüchlichen Tatsachenfeststellungen im Urteil wählen[686]. Der Unterschied zur vorliegenden Fallkonstellation besteht lediglich darin, daß die Widersprüchlichkeit hier erst durch eigene Feststellungen des Revisionsgerichts zu prozessualen Fragen eintritt. Da nach der hier vertretenen Ansicht auch die Prozeßvoraussetzungen strengbeweislich festzu-

---

682 Vgl. BGH NStZ *81*, 448; KK-Pikart, § 353 Rdn. 32.

683 Vgl. LR(24)-Hanack, § 353 Rdn. 33; Dahs/Dahs, Rdn. 473.

684 Vgl. dazu KK-Pikart, a.a.O. Rdn. 33 m.w.N.

685 Vgl. KK-Rieß, § 318 Rdn. 9; Kleinknecht/Meyer, § 327 Rdn. 2 jeweils m.w.N.

686 Vgl. oben 2. Kap. A. IV.

stellen sind, bestehen auch unter dem Gesichtspunkt der Qualität des Beweisverfahrens keine Bedenken gegen dieses Vorgehen. Dagegen läßt sich jedoch einwenden, daß auf diese Art und Weise die Entscheidung darüber, welche Feststellungen letztlich verbindlich sein sollen, nur aufgeschoben wird. Der neue Tatrichter ist an den vom *Revisionsgericht* festgestellten Sachverhalt nicht gebunden[687]. Folglich kann er wiederum andere Feststellungen als das Revisionsgericht treffen. Es besteht bei dieser Vorgehensweise somit die Gefahr, daß die Sache zwischen Tat- und Revisionsgericht hin- und hergeschoben wird. Um dies zu vermeiden und eine endgültige Entscheidung herbeizuführen, ist der zuerst vorgestellte Lösungsweg trotz der dort geschilderten Nachteile wohl vorzuziehen.

Entscheidend ist jedoch, daß nach der hier vertretenen Auffassung die Funktion der Prozeßvoraussetzungen sowohl in der Tat- als auch in der Revisionsinstanz identisch ist. Der Revisionsrichter hat daher ihre Voraussetzungen auch in tatsächlicher Hinsicht selbstständig zu prüfen. Eine Bindung an tatrichterliche Feststellungen besteht auch im Bereich doppelt relevanter Tatsachen grundsätzlich nicht.

---

[687] Vgl. LR(24)-Hanack, § 358 Rdn. 13 m.w.N.

Zusammenfassung der Ergebnisse

1. Unabhängig von der zugrunde gelegten Revisionstheorie verläuft die Grenze der Revisibilität von Tatsachen im Strafprozeß grundsätzlich entlang der Abgrenzungslinie zwischen materiellem Recht und Prozeßrecht. Nur bei letzterem kann das Revisionsgericht nach fast einhelliger Ansicht eigene Feststellungen treffen, während es ansonsten an den tatrichterlich ermittelten Sachverhalt gebunden ist und das Urteil gem. § 337 nur auf Rechtsfehler hin untersucht.

Dabei werden nach überwiegender Ansicht unter „Rechtsfehlern" auch bestimmte Mängel des vom Untergericht in der Urteilsurkunde niedergelegten Sachverhalts verstanden. Das Urteil wird daher auch daraufhin überprüft, ob seine Tatsachengrundlage in sich widerspruchsfrei und plausibel ist. Ferner wird kontrolliert, ob der vom Tatrichter mitgeteilte Sachverhalt die aus ihm abgeleitete rechtliche Wertung zu tragen in der Lage ist oder ob er insoweit Lücken enthält oder gegen allgemein anerkannte Denk- und Erfahrungssätze verstößt.

Auf der anderen Seite wird dem Revisionsgericht die Ermittlungsbefugnis bei prozessualen Fragen nicht ausnahmslos gestattet. Räumen Prozeßnormen dem Tatrichter ein Ermessen ein, so wird seine Entscheidung nur daraufhin überprüft, ob es rechtsfehlerfrei ausgeübt wurde. Die Rechtsprechung und die h. A. in der Literatur dehnen diese Einschränkung auf bestimmte tatsächliche Umstände aus, indem sie einen Beurteilungsspielraum des Tatrichters annehmen und damit dessen tatsächliche Feststellungen als für die Revisionsinstanz bindend ansehen.

Neben der Frage des „Ob" der Überprüfbarkeit hat die Unterscheidung zwischen Prozeß- und Sachfrage darüber hinaus auch Auswirkungen auf die Art des zu ihrer Feststellung anzuwendenden Beweisrechts. Während nach einhelliger Auffassung die die Schuld- und Straffrage betreffenden Umstände vom Tatrichter im Strengbeweis gem. den §§ 244 ff. festzustellen sind, kann das Revisionsgericht nach h. A. seine Ermittlungen zu Prozeßfragen freibeweislich treffen. Der Unterschied zwischen beiden Beweisarten ist dabei in erster Linie darin zu sehen, daß beim Freibeweis die Grundsätze der Unmittelbarkeit und Mündlichkeit nicht gelten, so daß in starkem Maße auf Beweissurrogate zurückgegeriffen werden kann. Ferner gilt im Freibeweisverfahren das formelle Beweisantragsrecht nicht; vielmehr steht die Entscheidung über einen Beweisantrag im pflichtgemäßen Ermessen des Gerichts. Dadurch wird der Einfluß insbesondere des Angeklagten auf die vom Gericht durchzuführende Stoffsammlung erheblich eingeschränkt.

2. Die Aufgabenteilung zwischen Revisionsgericht und Tatgericht könnte aber nur dann eine eindeutige Entscheidung zwischen revisiblen und irrevisiblen Tatsachen ermöglichen, wenn jede der Entscheidung zugrunde zu legende Feststellung nur entweder dem Prozeßrecht oder dem materiellen Recht zugeordnet werden könnte. Es gibt jedoch Tatsachen, die sowohl für die Beantwortung der Schuld- und Straffrage als auch für eine Prozeßentscheidung benötigt werden. Solche Tatsachen bezeichnet man als doppelt relevant. Sie können sowohl bei Prozeßvoraussetzungen als auch bei verfahrensleitenden Normen auftreten.

Infolge der unterschiedlichen Reichweite der Überprüfungskompetenz der Revisionsgerichte hinsichtlich prozessualer Fragen einerseits und materiell-rechtlicher andererseits besteht also in Fällen von Doppelrelevanz die Möglichkeit, daß das Revisionsgericht bei einer prozessualen Entscheidung einen vom tatrichterlichen abweichenden Sachverhalt ermittelt, während es bei der Prüfung der Sachrüge wegen § 337 gerade an diesen vom Untergericht niedergelegten Sachverhalt gebunden ist.

3. Die weitaus überwiegenden Stimmen in Rechtsprechung und Literatur vertreten daher die Ansicht, daß diese Tatsachen einheitlich festgestellt werden müssen, um ein Urteil auf widersprüchlicher Tatsachengrundlage zu verhindern.

Im Bereich des Zivil- und Verwaltungsprozesses wird dies dadurch erreicht, daß die vom Revisionsgericht zu prozessualen Fragen getroffenen Feststellungen auch der Überprüfung der Sachentscheidung zugrunde gelegt werden. Dieser Weg ist im Strafprozeß jedoch nicht gangbar, da dort gem. §§ 261, 337 die das Urteil tragenden Feststellungen grundsätzlich nur von einem Entscheidungsträger als das Ergebnis einer Hauptverhandlung festgestellt werden können und eine Aufsplitterung des zur Schuld- und Straffrage zu treffenden Sachverhalts daher nicht möglich ist. Eine solche Aufsplitterung wäre die Folge, wenn das Revisionsgericht einzelne, zu prozessualen Fragen ermittelte Tatsachen auch bei der Prüfung der Sachrüge seiner Entscheidung zugrunde legte.

Im Strafprozeß geht man daher überwiegend davon aus, daß das Revisionsgericht bei Doppelrelevanz an die tatrichterlichen Feststellungen gebunden ist. Begründen läßt sich eine solche Bindung mit dem unterschiedlichen Beweisrecht bei Prozeßtatsachen einerseits und materiell-rechtlich erheblichen Umständen andererseits. Die beim Freibeweis mögliche Verwendung von Beweissurrogaten und die damit verbundenen Fehlerquellen bei der Wissensübermittlung einerseits sowie der Verzicht auf ein formelles Beweisantragsrecht andererseits machen den Strengbeweis zu einem präsumtiv zuverlässigeren Beweismittel. Daher ist es nach dieser Ansicht gerechtfertigt, die vom Tatrichter im Wege dieses Beweisverfahrens gewonnenen Feststellungen bei Doppelrelevanz auch den Prozeßentscheidungen des Revisionsgerichts zugrunde zu legen.

4. Diese Begründung der Bindungswirkung setzt aber voraus, daß das Revisionsgericht — wie von der h. A. angenommen — tatsächlich für alle

Prozeßentscheidungen Freibeweis verwenden kann. Eine gesetzliche Festschreibung der Zulässigkeit des Freibeweises findet sich lediglich in §251 Abs. 3, der die Verlesung von Urkunden für andere als unmittelbar der Urteilsfindung dienende Zwecke gestattet. Da letzlich jedes Beweismittel in ein schriftliches Beweissurrogat umgewandelt werden und die Zulässigkeit des Freibeweises nicht von der Art des Beweismittels, sondern nur vom Zweck der Beweiserhebung abhängen kann, enthält diese Norm somit eine umfassende Freistellung vom Unmittelbarkeitsgebot als einem der wesentlichen Strukturelemente des Strengbeweises. Wegen der Beschränkung auf solche Beweiserhebungen, die nicht unmittelbar der Urteilsfindung dienen, ergibt sich aus § 251 Abs. 3 jedoch nicht die Zulässigkeit des Freibeweises zum Nachweis der Prozeßvoraussetzungen, da diese als prozessuale Strafbarkeitsbedingungen zum Erlaß eines Sachurteils ebenso erforderlich sind wie das Vorliegen materiell-rechtlicher Umstände.

5. Die Zulässigkeit des Freibeweises ergibt sich für Prozeßvoraussetzungen auch nicht aus ihrer Stellung und Funktion im Strafverfahren. Insbesondere aus ihrer generellen Einordnung ins Prozeßrecht lassen sich keine Rückschlüsse auf die bei ihrer Überprüfung zu beachtenden Verfahrensweisen und Rechtsfolgen ziehen. Auch bei anderen möglichen Unterschieden in der Behandlung von Prozeßrecht einerseits und materiellem Recht andererseits (etwa bei der Frage der Geltung des in-dubio-Grundsatzes oder des Rückwirkungsverbotes) wird nach heute h. A. nicht auf die formelle Zuordnung der entsprechenden Norm, sondern auf Sinn und Zweck des in Frage stehenden Rechtsinstituts abgestellt und eine zunehmende Angleichung der Behandlung von Prozeßvoraussetzungen und materiellen Strafbarkeitsbedingungen befürwortet.

Ist aber der Freibeweis zum Nachweis der Prozeßvoraussetzungen generell nicht zulässig, so stellt sich damit erneut die Frage nach der Legitimation der von der h.A. bei Doppelrelevanz angenommenen Bindung des Revisionsgerichts. Auch insoweit ergibt die Funktionsanalyse der Prozeßvoraussetzungen keine Anhaltspunkte, die die h.A. stützen könnten. Die Prozeßvoraussetzungen sind als Zulässigkeitsbedingungen des Gesamtverfahrens auch Voraussetzungen für die Durchführung des Revisionsverfahrens. Die daraus zum einen resultierende Vorrangprüfung schreibt eine bestimmte Prüfungsreihenfolge vor, die zu einer evtl. Bindung des Revisionsgerichts im Widerspruch steht, da sie bei Nichtvorliegen einer Prozeßvoraussetzung das Revisionsgericht an einen Sachverhalt zur Schuld- und Straffrage bindet, der nach dem zugrunde liegenden Verfahrensverständnis nicht hätte getroffen werden dürfen. Somit entfällt beim Vorliegen eines Verfahrenshindernisses gerade das wesentliche Charakteristikum der Doppelrelevanz, nämlich ihr Hinübergreifen auch in den materiell-rechtlichen Bereich. Zum anderen wird das Revisionsgericht bei Überprüfung der Prozeßvoraussetzungen nicht in erster Linie als Kontrollinstanz tätig, sondern stellt die tatsächlichen Grundlagen der Prozeßvoraussetzungen in originärer Eigenzuständigkeit fest.

Im Bereich der Prozeßvoraussetzungen ist also auch bei Doppelrelevanz davon auszugehen, daß das Revisionsgericht ihre tatsächlichen Grundlagen ohne Bindung an tatrichterliche Feststellungen eigenständig ermittelt. Als Ergebnis dieser Ermittlungen wird entweder das Verfahren eingestellt, wenn die Voraussetzungen des fraglichen Verfahrenshindernisses vorliegen, oder das Ergebnis der tatrichterlichen Ermittlungen wird bestätigt. Im letzteren Fall ergeben sich keine Probleme hinsichtlich des zugrunde zu legenden Sachverhalts bei der anschließenden Sachprüfung. Stellt allerdings das Revisionsgericht einen vom tatrichterlichen abweichenden Sachverhalt fest, der gleichwohl nicht zur Feststellung des Verfahrenshindernisses ausreicht, bestehen zwei Möglichkeiten. Das Revisionsgericht könnte das Urteil samt den dazugehörenden Feststellungen aufheben und die Sache zur erneuten Verhandlung zurückverweisen. Damit wäre gewährleistet, daß das Revisionsgericht zum einen hinsichtlich der Prozeßvoraussetzungen seine Nachprüfungsmöglichkeiten voll ausschöpft, und zum anderen, daß die Feststellungen zur Schuld- und Straffrage — wie im Strafprozeß vorausgesetzt — umfassend in einer tatrichterlichen Hauptverhandlung festgestellt werden.

Da der neue Tatrichter nicht an die Feststellungen des Revisionsgrichts gebunden ist, besteht bei dieser Vorgehensweise die Gefahr, daß die Sache zwischen Tat- und Revisionsgericht hin- und hergeschoben wird. Um dies zu verhindern, ist der Revisionrichter *nur in diesen Ausnahmefällen* gehalten, nicht seine eigenen, sondern die Feststellungen des Tatrichters bei der Entscheidung über das Vorliegen eines Verfahrenshindernisses zugrunde zu legen. Eine weitergehende Bindung an doppelt relevante Tatsachen, wie sie von der h. A. für diesen Bereich befürwortet wird, besteht dagegen nicht.

Literaturverzeichnis

Alsberg, Max: Der Beweis der außerhalb der Schuld- und Straffrage liegenden Momente, in: GA 1916, S. 1ff.

Alsberg, Max / *Nüse*, Karl-Heinz: Der Beweisantrag im Strafprozeß, 3. Aufl., Köln / Berlin / Bonn / München 1967

Alsberg, Max / *Nüse*, Karl-Heinz / *Meyer*, Karl-Heinz: Der Beweisantrag im Strafprozeß, 5. Aufl., Köln / Berlin / Bonn / München 1983

Arndt, Adolf: Umwelt und Recht, in: NJW 1961, S. 14ff.

Baumann, Jürgen: Die Beweislast bei § 199 StGB, in: NJW 1958, S. 452ff.

— Grundbegriffe und Verfahrensprinzipien des Strafprozeßrechts, 3. Aufl., Stuttgart 1979

Baumann, Jürgen / *Weber*, Ulrich: Strafrecht, Allgemeiner Teil, 9. Aufl., Bielefeld 1985

Baumbach / Lauterbach / Albers / Hartmann: Zivilprozeßordnung mit Gerichtsverfassungsgesetz, Kommentar, 45. Aufl., hrsg. v. Jan Albers u. Peter Hartmann, München 1987

Baur, Fritz: Zum sog. Freibeweis im Verfahren der freiwilligen Gerichtsbarkeit, in: Festschrift für Hans Schima, S. 59ff., Wien 1969

Beling, Ernst: Deutsches Reichsstrafprozeßrecht mit Einschluß des Strafgerichtsverfassungsrechts, Berlin / Leipzig 1928

— Revision wegen Verletzung einer Rechtsnorm über das Verfahren im Strafprozeß, in: Festschrift für Karl Binding, Bd. 2, S. 87ff., Leipzig 1911

— Anmerkung zu RG 3 D 313/25, in: JW 1925, S. 2782

— Recht und Pflicht der Prozeßparteien zur Anwesenheit in der Verhandlung über ihren Geisteszustand, in: ZStW 1910, S. 39ff.

Bennecke, Hans / *Beling*, Ernst: Lehrbuch des Deutschen Reichstrafprozeßrechts, 2. Aufl., Breslau 1900

Berg, Hans: Zulässigkeitsvoraussetzungen im Zivilprozeß, in: JuS 1969, S. 123ff.

Bergmann, Karl-Otto: Die Beweisanregung im Strafverfahren, in: MDR 1976, S. 888ff.

Binding, Karl: Grundriß des gemeinen deutschen Strafprozesses, Leipzig 1881

Birkmeyer, Karl: Deutsches Strafprozeßrecht, Berlin 1898

Bloy, René: Die dogmatische Bedeutung der Strafausschließungs- und Strafaufhebungsgründe, Berlin 1976

Bosch, Friedrich-Wilhelm: Grundsatzfragen des Beweisrechts, Bielefeld 1963

Bovensiepen, Michael: Der Freibeweis im Strafprozeß, Diss. Bonn 1978

Bruns, H.-J.: Der Beschluß des großen Senats zum strafprozessualen V-Mann-Problem. Anfang oder Ende einer notwendigen Neuorientierung der Rechtsprechung? in: MDR 1984, S. 177ff.

Bülow, Oskar: Die Lehre von den Prozeßeinreden und die Prozeßvoraussetzungen, Gießen 1868

Busch, Richard: Begründung, Anfechtung und Revisibilität der Verwerfungsurteile der §§ 329 Abs. 1 und 412 Abs. 1 StPO, in: JZ 1963, S. 457ff.

Cramer, Dieter: OWiG-Reform auf dem Holzweg, in: DAR 1981, S. 269ff.

Dahs, Hans: Rechtliches Gehör im Strafverfahren, Köln 1965

Dahs, Hans / *Dahs*, Hans: Die Revision im Strafprozeß, 3. Aufl.,München 1984

Ditzen, Wilhelm: Dreierlei Beweis im Strafverfahren, Leipzig 1926

Dohna, Alexander Graf zu: Das Problem der vorweggenommenen Beweiswürdigung im Strafverfahren, in: Probleme der Strafrechtserneuerung; Festschrift für Eduard Kohlrausch, S. 319ff., Berlin 1944

Dreher, Eduard / *Tröndle*, Herbert: Strafgesetzbuch und Nebengesetze, Kommentar, 44. Aufl., München 1988

Engels, Dieter: Beweisantizipationsverbot und Beweiserhebungsumfang im Strafprozeß, in: GA 1981, S. 21ff.

Eyermann, Erich / *Fröhler*, Ludwig: Verwaltungsgerichtsordnung, Kommentar, 9. Aufl., München 1988

Fenn, Herbert: Rezension zu Rimmelspacher, Die Prüfung von Amts wegen im Zivilprozeß, in: AcP 1967, S. 461ff.

Fezer, Gerhard: Die erweiterte Revision — Legitimierung der Rechtswirklichkeit —, Tübingen 1974, (*zit:* Fezer, S.)

— Die Funktion der mündlichen Verhandlung im Zivil- und im Strafprozeß, Diss. Tübingen 1970, (*zit:* Fezer, mündl. Verhandlung)

— Anmerkung zu BGH, Beschluß v. 17.10.83, GSSt 1/83, in: JZ 1984, S. 433ff.

— Strafprozeßrecht, Bd. I u. II, München 1986, (*zit:* Fezer, Strafprozeß Bd. u. S.)

Frenzel, A.: Anmerkung zu BGH, Beschluß v. 17.10.83, GSSt 1/83, in: NStZ 1984, S. 39

Gaul, Hans-Friedhelm: Zur Frage nach dem Zweck des Zivilprozesses, in: AcP 168, S. 27ff.

Geppert, Klaus: Der Grundsatz der Unmittelbarkeit im deutschen Strafverfahren, Berlin / New York 1979

Goldschmidt, James: Der Prozeß als Rechtslage. Eine Kritik des prozessualen Denkens, Berlin 1925

Gössel, Karl-Heinz: Strafverfahrensrecht, Stuttgart 1977

Grau, F.: Die dritte Verordnung zur Vereinfachung der Strafrechtspflege vom 29.05.43, in: DJ 1943, S. 331ff.

Grunsky, Wolfgang: Grundlagen des Verfahrensrechts, 2. Aufl., Bielefeld 1974

— Prozeß- und Sachurteil, in: ZZP 1980, S. 55ff.

Grünwald, Gerald: Die Teilrechtskraft im Strafverfahren, Göttingen 1964

— Zur verfassungsrechtlichen Problematik der rückwirkenden Änderung von Verjährungsvorschriften, in: MDR 1965, S. 521 ff.

— Beweisverbote und Verwertungsverbote im Strafverfahren, in: JZ 1966, S. 489ff.

Hahn, G.: Die gesamten Materialien zur Strafprozeßordnung und zum Einführungsgesetz zu derselben, Bd. 1, 2. Aufl., Berlin 1885

Hanack, Ernst-Walter: Die Rechtsprechung des BGH zum Strafverfahrensrecht, in: JZ 1973, S. 727 u. 1972, S.114

Hegler, August: Mündlichkeit und Unmittelbarkeit im Prozeß, in: Der Rechtsgang, Band I, Heft 2, S. 192ff.; Heft 4, S. 385ff.; Band II, Heft 3/4, S. 267ff.; 1913/14

Hegler, U.: Die Merkmale des Verbrechens, in: ZStW 1915, S. 184ff.

Hellweg, Konrad: Anspruch und Klagerecht. Beiträge zum bürgerlichen und zum Prozeßrecht, Jena 1900

Hellwig, Albert: Sparmaßnahmen in der Strafrechtspflege, in: JW 1932, S. 2672

Hengsberger: Anmerkung zu BGH 1 StR 305/66, in: Lindenmaier-Möhring, Nachschlagewerk des BGH, Nr. 51 zu § 261 Bl. 2

Henke, Horst-Eberhard: Die Tatfrage. Der unbestimmte Rechtsbegriff im Zivilrecht und seine Revisibilität, Berlin 1966

Henkel, Heinrich: Strafverfahrensrecht, 2. Aufl., Stuttgart/Berlin/Köln/Mainz 1968

Herdegen, Gerhard: Bemerkungen zum Beweisantragsrecht, in: NStZ 1984 S. 84ff.

Hillenkamp, Thomas: Verwirkung des Strafanspruchs durch Verzögerung, in: JR 1975, S. 133ff.

Hippel, Fritz von: Zur modernen konstruktiven Epoche der deutschen Prozeßrechtswissenschaft, ZZP 1925, S. 424ff.

Hippel, Robert von: Der deutsche Strafprozeß, Hamburg 1941

Jansen, Paul: Freiwillige Gerichtsbarkeit, Kommentar, Bd. 1, 2. Aufl., Berlin 1969

Jauernig, Othmar: Materielles Recht und Prozeßrecht, in: JuS 1971, S. 329ff.

John, Richard Ed.: Strafprozeßordnung für das deutsche Reich nebst Einführungsgesetzen, in: Die Gesetzgebung des deutschen Reiches mit Erläuterungen; hrsg. v. Ernst Bezold, dritter Teil, Strafrecht Band VI, erste Abteilung, Erlangen 1884

Kaiser, Eberhard: Bindungswirkung gem. § 358 Abs. 1 StPO bei übersehenem Eintritt der Verfolgungsverjährung, in: NJW 1974, S. 2080f.

Kappe: Ist die Entscheidung über die Bestellung eines Pflichtverteidigers gem. § 140 Abs. 2 StPO eine Ermessensentscheidung? in: GA 1960, S. 357ff.

Karlsruher Kommentar zur Strafprozeßordnung und zum Gerichtsverfassungsgesetz, hrsg. v. Gerd Pfeiffer, 2. Aufl., München 1987

Kaser, Max: Das römische Zivilprozeßrecht, München 1966

Kaufmann, Hilde: Strafanspruch, Strafklagerecht, Göttingen 1968

Kautter, Julius: Feststellung prozessual erheblicher Tatsachen im Strafprozeß, Diss. Tübingen 1913

Keidel, Theodor / *Kuntze*, Joachim / *Winkler*, Karl: Freiwillige Gerichtsbarkeit, Kommentar, Teil A, 12. Aufl., München 1986

Kleinknecht, Theodor: Anmerkung zu BGH JR 68, 466, in: JR 1968, S. 467

Kleinknecht, Theodor / *Meyer*, Karlheinz: Strafprozeßordnung mit Gerichtsverfassungsgesetz und Nebengesetzen, Kommentar, 38. Aufl., München 1987

Kleinknecht / Müller / Reitberger: Strafprozeßordnung, Kommentar, Loseblattsammlung, 7. Aufl., hrsg. v. Hermann Müller, Walter Sax u. Rainer Paulus, Darmstadt 1987

Klug, Ulrich: Referat zu den Beweisverboten, in: Verhandlungen des 46. DJT, Essen, 1966, Band II, S. F 30ff.

Kohlhaas, Max: Die Verlesung von Niederschriften über frühere Vernehmungen in der Hauptverhandlung (§ 251 StPO), in: NJW 1954, S. 535ff.

Kollhosser, Helmut: Zur Stellung und zum Begriff der Verfahrensbeteiligten im Erkenntnisverfahren der freiwilligen Gerichtsbarkeit, München 1970

Kopp, Ferdinand: Verwaltungsgerichtsordnung, Kommentar, 8. Aufl., München 1989

Krause, Dietmar: Die Revision im Strafverfahren, 3. Aufl., Köln / Berlin / Bonn / München 1987

Krause, Friedrich-Wilhelm: Dreierlei Beweis im Strafverfahren, in: JURA 1982, S. 225ff.

Kreuzer, Arthur: Heranwachsendenrecht, kurze Freiheitsstrafen und Beschlußverwerfungspraxis, in: Der Strafverteidiger 1982, S. 443ff.

Kries, August von: Lehrbuch des deutschen Strafprozeßrechts, Freiburg 1892

— Die Prozeßvoraussetzungen des Reichsstrafprozesses, in: ZStW 1885, S. 1ff.

Kuchinke, Kurt: Grenzen der Nachprüfbarkeit tatrichterlicher Würdigung und Feststellungen in der Revisionsinstanz. Ein Beitrag zum Problem von Rechts- und Tatfrage, Bielefeld 1964

Lackner, Karl: Strafgesetzbuch, Kommentar, 17. Aufl., München 1987

Larenz, Karl: Methodenlehre der Rechtswissenschaft, 5. Aufl., Berlin / Heidelberg / New York 1983

Lehmann, Burghard: Die Behandlung des zweifelhaften Verfahrensverstoßes im Strafprozeß, Diss. Frankfurt / M. 1983

Leipziger Kommentar zum Strafgesetzbuch, Dritter Band §§ 61 - 79b 10. Aufl., hrsg. v. Hans-Heinrich Jescheck, Wolfgang Ruß u. Günther Willms, Berlin / New York 1985, (*zit:* LK-Bearbeiter)

Löhr, Holle Eva: Der Grundsatz der Unmittelbarkeit im deutschen Strafprozeß, Strafrechtliche Abhandlungen, Neue Folge Band 8, Berlin 1972

Löwe / Rosenberg: Die Strafprozeßordnung und das Gerichtsverfassungsgesetz, Großkommentar, 23. Aufl. Bd. 1 - 6, hrsg. v. Hans Dünnebier, Walter Gollwitzer, Karlheinz Meyer, Lutz Meyer-Goßner, Karl Schäfer u. Günter Wendisch, Berlin / New York 1976-1980, 24. Aufl., Bd. 1 - 5, hrsg. v. Peter Rieß, Berlin / New York 1987-1989, (*zit:* LR(Aufl.)-Bearbeiter)

Maiwald, Manfred: Die Beteiligung des Verletzten am Strafverfahren, in: GA 1970, S. 33ff.

Manigk, Alfred: Die Revisibilität der Auslegung von Willenserklärungen, in: Die Reichsgerichtspraxis im deutschen Rechtsleben, Festgabe der juristischen Fakultäten zum 50-jährigen Bestehen des Reichsgerichts, Bd. VI, S. 94ff., Berlin/Leipzig 1929

Mann, Dietrich u. Ulrich: Die Anwendbarkeit des Grundsatzes „in dubio pro reo" auf Prozeßvoraussetzungen, in: ZStW 1964, S. 264ff.

Mannheim, Herrmann: Beiträge zur Lehre von der Revision wegen materiellrechtlicher Verstösse im Strafverfahren, Berlin 1925

Martin, Reiner: Prozeßvoraussetzungen und Revision, Erlangen 1974

Mattern, Friedrich: Neues Vorbringen in der Revisionsinstanz, in: JZ 1963, S. 649ff.

Maunz/Dürig/Herzog: Grundgesetz, Kommentar, Loseblattsammlung, Stand Januar 1987, hrsg. v. Theoder Maunz, Günter Dürig, Roman Herzog, Rupert Scholz, Peter Lerche, Hans-Jürgen Papier, Albrecht Randelhofer u. Eberhard Schmidt-Assmann, München 1987

Mayer, Hellmuth: Strafrecht, Allgemeiner Teil, Stuttgart/Berlin/Köln/Mainz 1967

Meyer, Fritz: Stellungnahme zur Kritik an der Praxis der Revisionsverwerfung nach § 349 Abs. 2 StPO, in: Der Strafverteidiger, 1984, S. 222ff.

Meyer, Maria-Katharina: Zur Rechtsnatur und Funktion des Strafantrags, Heidelberg 1984

Mezger, Edmund: Der psychiatrische Sachverständige im Prozeß, in: AcP 1918, Beilagenheft zu Bd. 17, S. 1ff.

Mohrbotter, Kurt: Grenzen der Bindung an aufhebende Entscheidungen im Strafprozeß, in: ZStW 84, S. 612ff.

Müller, Hermann: Einführung in das Strafprozeßrecht, Darmstadt 1973

Nelles, Ursula: Der Einfluß der Verteidiger auf Beweiserhebungen im Ermittlungsverfahren, in: Der Strafverteidiger 1986, S. 74ff.

Niese, Werner: Doppelfunktionelle Prozeßhandlungen. Ein Beitrag zur allgemeinen Prozeßrechtslehre, Göttingen 1950

Niethammer, Emil: Der Kampf um die Wahrheit im Strafverfahren, in: Festschrift für Wilhelm Sauer, S. 26ff., Berlin 1949

Oehler, Dietrich: Internationales Strafrecht, 2. Aufl., Köln/Berlin/Bonn/München 1983

Peters, Egbert: Der sogenannte Freibeweis im Zivilprozeßrecht, Köln/Berlin 1962, (*zit:* Eg. Peters, S.)

Peters, Karl: Der Strafprozeß, 4. Aufl., Heidelberg/Karlsruhe 1985, (*zit:* Peters, S.)

Pfitzner, Thomas: Bindung der Revisionsgerichte an vorinstanzliche Feststellungen im Strafverfahren, Frankfurt/Bern/NewYork/Paris 1988

Rasenack, Christian: Die Feststellung von Tatsachen durch das Revisionsgericht im verwaltungsgerichtlichen Prozeß, in: Tatsachenfeststellung in der Revisionsinstanz, Arbeiten zur Rechtsvergleichung, Band 112, S. 57ff., Hrsg. Peter Schlosser, Frankfurt 1982

Redeker, Konrad/*van Oertzen*, Joachim: Verwaltungsgerichtsordnung, Kommentar, 8. Aufl., Stuttgart/Berlin/Köln/Mainz 1985

Rieker, Robert: Die Ablehnung von Beweisanträgen in der Hauptverhandlung, Diss. Jena 1935

Rieß, Peter: Statistische Beiträge zur Wirklichkeit des Strafverfahrens, in: Festschrift für Werner Sarstedt zum 70. Geburtstag, S. 253 ff., Berlin / New York 1981

— Verfahrenshindernisse von Verfassungs wegen? in: JR 1985, S. 45 ff.

— Über Aufhebungsgründe in Revisionsentscheidungen des Bundesgerichtshofes, in: NStZ 1982, 49 ff.

— Die Bestimmung und Prüfung der sachlichen Zuständigkeit und verwandter Erscheinungen im Strafverfahren, in: GA 1976, S. 1 ff.

Rimmelspacher, Bruno: Zur Prüfung von Amts wegen im Zivilprozeß. Göttinger rechtswissenschaftliche Studien, Band 59, Göttingen 1966

— Prozeßvoraussetzungen in der Revisionsinstanz, in: ZZP 1975, S. 245 ff.

Rosenberg, Leo / *Schwab*, Karl-Heinz: Zivilprozeßrecht, 14. Aufl., München 1986

Rottmann, Klaus: Die Zurückweisung der Revision wegen offensichtlicher Unbegründetheit, Diss. Göttingen 1981

Roxin, Claus: Strafverfahrensrecht, 20. Aufl., München 1987

Rüping, Hinrich / *Dornseifer*, Gerhard: Dysfunktionales Verhalten im Prozeß, in: JZ 1977, S. 417 ff.

Sarstedt, Werner / *Hamm*, Rainer: Die Revision in Strafsachen, 5. Aufl., Berlin 1983

Sauer, Wilhelm: Grundlagen des Prozeßrechts, 2. Aufl., Stuttgart 1929, (*zit:* Sauer, S.)

— Die Prozeßvoraussetzungen, in: Leipziger Zeitung für deutsches Recht (LZ) 1919, Sp. 671 ff.

Sax, Walter: Zur Anwendbarkeit des Satzes „in dubio pro reo“ im strafprozessualen Bereich, in: Studien zur Strafrechtswissenschaft, Festschrift für Ulrich Stock, S. 143 ff., Würzburg 1966

Schlüchter, Ellen: Das Strafverfahren, 2. Aufl., Köln / Berlin / Bonn / München 1983

Schmid, Werner: Die „Verwirkung“ von Verfahrensrügen im Strafprozeß, Frankfurt / M. 1967

— Der Revisionsrichter als Tatrichter, in: ZStW 1973 (Bd. 85), S. 360 ff.

— Der revisionsgerichtliche Augenscheinsbeweis, in: ZStW 1973 (Bd. 85), S. 893 ff.

— Dienstliche Äußerungen als Mittel der Freibeweisführung im Strafprozeß, in: SchlHA 1981, S. 2 ff.

Schmidhäuser, Eberhard: Objektive Strafbarkeitsbedingungen, in: ZStW 1959, S. 545

Schmidt, Eberhard: Revisionsrechtliche Fragen bzgl. der Anrechnung der U-Haft, in: MDR 1968, S. 537

— Anmerkung zu BGH 2 StR 719/67, in: JZ 1968, S. 434

— Die Verletzung der Belehrungspflicht gem. § 55 Abs. 2 StPO als Revisionsgrund, in: JZ 1958, S. 596 ff.

— Der Strafprozeß. Aktuelles und Zeitloses, in: NJW 1969, S. 1137 ff.

— Anmerkung zu BGH JZ 63, 605, in: JZ 1963, S. 606f.

— Anmerkung zum Urteil des OLG Hamburg, 2 Ss 117/68, in: JR 1969, S. 310

— Lehrkommentar zur Strafprozeßordnung und zum Gerichtsverfassungsgesetz, Göttingen, Teil I, 2. Aufl. 1964, Teil II 1957, Nachtrag I zu Teil II 1967, Nachtrag II zu Teil II 1970, Teil III 1960

Schönke/Schröder: Strafgesetzbuch, Kommentar, 23. Aufl., hrsg. v. Theodor Lenckner, Peter Cramer, Albin Eser u. Walter Stree, München 1988

Schreiber, Hans-Ludwig: Zur Zulässigkeit der rückwirkenden Verlängerung von Verjährungsfristen früher begangener Delikte, in: ZStW 1968, S. 348ff.

— Gesetz und Richter. Zur geschichtlichen Entwicklung des Satzes nullum crimen, nulla poena sine lege, Frankfurt/M. 1976

Schünemann, Bernd: Grundfragen der Revision im Strafverfahren, in: JA 1982, S. 71ff.

Schwab, Karl-Heinz: Gegenwartsprobleme der deutschen Zivilprozeßrechtswissenschaft, in: JuS 1976, S. 69ff.

Schwinge, Erich: Grundlagen des Revisionsrechts, 2. Aufl., Bonn 1960

Simander, Walter: Die Ablehnung von Beweisanträgen in der Hauptverhandlung. Würzburger Abhandlungen zum deutschen und ausländischen Prozeßrecht, Heft 27, Leipzig 1933

Stein/Jonas: Zivilprozeßordnung, 20. Aufl., Bd. 3, hrsg. v. Wolfgang Grunsky, Dieter Leipold, Wolfgang Münzberg, Peter Schlosser u. Ekkehard Schumann, Tübingen 1977, (*zit:* St.-J.-Bearbeiter)

Stenglein, M.: Anfechtbare und unanfechtbare Feststellungen im deutschen Strafprozeß, in: Der Gerichtssaal 1892, S. 1f.

Stree, Walter: In dubio pro reo. Tübinger rechtswissenschaftliche Abhandlungen, Bd. 5, Tübingen 1962

Stützel, Karl: Der Beweisantrag im Strafverfahren. Würzburger Abhandlungen zum deutschen und ausländischen Prozeßrecht, Heft 24, Leipzig 1932

Sulanke, Hans-Eberhard: Die Entscheidung bei Zweifeln über das Vorhandensein von Prozeßvoraussetzungen und -hindernissen im Strafverfahren, Berlin 1974

Systematischer Kommentar: Strafgesetzbuch Bd. I, Allgemeiner Teil, Loseblattsammlung, 5. Aufl., 10. Lieferung, Januar 1988, hrsg. v. Hans-Joachim Rudolphi, Ekkehard Horn u. Erich Samson, Frankfurt am Main 1988

Thomas, Heinz/*Putzo*, Hans: Zivilprozeßordnung mit Gerichtsverfassungsgesetz und Einführungsgesetzen, Kommentar, 15. Aufl., München 1987

Tiedtke, Klaus: Die innerprozessuale Bindungswirkung von Urteilen der obersten Bundesgerichte, Berlin 1976

Többens, Hans-Werner: Der Freibeweis und die Prozeßvoraussetzungen im Strafprozeß, Diss. Freiburg 1979

— Der Freibeweis und die Prozeßvoraussetzungen im Strafprozeß, in: NStZ 1982, S. 184ff.

Ule, C. H.: Verfassungsrecht und Verwaltungsprozeßrecht, in: DVBl 1959, S. 537ff.

— Vor einer einheitlichen Verwaltungsprozeßordnung? in: DVBl 1981, S. 363ff.

Ulsenheimer, Klaus: Einschränkungen des Beweisrechts in Gegenwart und Zukunft, in: AnwBl. 1983, S. 373ff.

Vogler, Theo: Straf- und strafverfahrensrechtliche Fragen in der Spruchpraxis der Europäischen Kommission und des Europäischen Gerichtshofs für Menschenrechte, in: ZStW 89 (1977), S. 761ff.

Volk, Klaus: Prozeßvoraussetzungen im Strafrecht, Ebelsbach 1978 (*zit:* Volk, S.)

Warda, Günter: Dogmatische Grundlagen des richterlichen Ermessens im Strafrecht, Köln 1962

Weber, Hellmuth von: Die Prüfung von Amts wegen, in: ZZP 1933, S. 91ff.

Welp, Jürgen: Anmerkung zu OLG Düsseldorf, JZ 1986, 121f., in: JZ 1986, S. 122ff.

Welzel, Hans: Das deutsche Strafrecht, 11. Aufl., Berlin 1969

Wengler, Wilhelm: Völkerrechtliche Schranken des Anwendungsbereichs von Strafgesetzen, in: JZ 1977, S. 257

Wessels, Johannes: Die Aufklärungsrüge im Strafprozeß, in: JuS 1969, S. 1ff.

Wetzell: System des ordentlichen Civilprozesses, 3. Aufl., Leipzig 1878

Wieser, Eberhard: Zulässigkeit und Begründetheit der Klage, in: ZZP 1971, S. 304ff.

Wieczorek, Bernhard: Zivilprozeßordnung und Nebengesetze, Kommentar, Bd. III, 2. Aufl., Berlin 1976

Willms, Günther: Wesen und Grenzen des Freibeweises, in: Ehrengabe für Bruno Heusinger, S. 393ff., München 1968

Wroblewski, Herbert: Freibeweis im Strafverfahren, Diss. Jena 1935

Zielinski, Diethart: Strafantrag — Strafantragsrecht. Zur Frage der Funktion des Strafantrags und seiner Wirksamkeitsvoraussetzungen, in: Gedächtnisschrift für Hilde Kaufmann, Berlin/New York 1986

FSC
www.fsc.org
MIX
Papier | Fördert gute Waldnutzung
FSC® C083411

Kolibri 360 GmbH
Ferdinand-Jühlke-Straße 7
99095 Erfurt, Deutschland
produktsicherheit@kolibri360.de

Druck:
CPI Druckdienstleistungen GmbH
im Auftrag der
Kolibri 360 GmbH
Ferdinand-Jühlke-Str. 7
99095 Erfurt